ANTIFA

Mirja Keller / Lena Kögler /
Moritz Krawinkel / Jan Schlemermeyer

ANTIFA

Geschichte und Organisierung

Reihe
theorie.org

Schmetterling Verlag

Bibliografische Informationen der Deutschen Nationalbibliothek
Die Deutsche Nationalbibliothek verzeichnet diese Publikation in der Deutschen Nationalbibliografie; detaillierte bibliografische Daten sind im Internet über http://dnb.d-nb.de abrufbar.

Schmetterling Verlag GmbH
Lindenspürstr. 38b
70176 Stuttgart
www.schmetterling-verlag.de
Der Schmetterling Verlag ist Mitglied von aLiVe,
der assoziation Linker Verlage

ISBN 3-89657-665-8
1. Auflage 2011
Printed in Tschechien

Satz und Reproduktionen: Schmetterling Verlag
Druck: EuroPB

Inhalt

1. Einleitung

*U*m aus der Geschichte lernen zu können, also historische Fehler nicht zwangsläufig zu wiederholen, muss die radikale Linke ihre Geschichte kennen. Gerade weil die Geschichte der Kämpfe gegen die herrschende Ordnung strukturell immer im Nachteil ist gegenüber der herrschenden Geschichtsschreibung, ist es eine dringende Aufgabe radikaler Linker, ihr Wissen und ihre Erfahrungen weiterzugeben – ihre Geschichte zu schreiben. Vielleicht können auch das Wissen und die Erfahrungen der AkteurInnen aus der Geschichte des radikalen Antifaschismus ermöglichen, zukünftig manches weniger falsch zu machen.

Antifaschismus ist seit neunzig Jahren eines der zentralen Aktionsfelder der Linken in Deutschland. Gezwungenermaßen musste sie sich all diese Jahre mit dem Phänomen des Faschismus beschäftigen: sowohl theoretisch als auch in der direkten Auseinandersetzung mit dem Nationalsozialismus und seinen NachfolgerInnen. So haben sich im Laufe der Zeit die unterschiedlichsten politischen Strömungen der Linken – von sozialdemokratischen bis hin zu anarchistischen und kommunistischen – hinter dem Banner des Antifaschismus versammelt. Entsprechend vielseitig waren ihre Ansätze, Theorien und Praxen.

Der Versuch, die antifaschistischen Aktivitäten der deutschen Linken in einem einführenden Band wie diesem dokumentieren und einordnen zu wollen, muss sich daher immer und zu Recht vorwerfen lassen, diesen oder jenen wichtigen Aspekt vernachlässigt zu haben. Auch die Beschränkung auf eine bestimmte Spielart des Antifaschismus kann sich von diesem Vorwurf nicht frei machen; zu erbittert und engagiert waren nicht nur zwischen, sondern auch innerhalb der Spektren die theoretischen Auseinandersetzungen, zu vielfältig die Aktivitäten, zu rasant die politischen Entwicklungen. Es gibt also nicht *die* Geschichte einer Bewegung, sondern nur Geschichten, von denen wir eine darstellen und uns bewusst sind, dass andere sie ganz anders erzählen würden.

Im Folgenden soll also trotzdem versucht werden, einen Überblick über eine dieser Strömungen der antifaschistischen Linken in Deutschland zu geben. Dabei geht es um jenes linksradikale Konzept von Antifaschismus, das seit den 1920er Jahren immer schon mehr bedeutete als es eine enge Auslegung des Begriffs vermuten lässt. Gegenstand dieser Einführung ist jener Antifaschismus in Theorie und Praxis in Deutschland, der nicht allein die reine Gegnerschaft zum unmittelbaren Faschismus und zu faschistischen Bewegungen meint, sondern der darüber hinaus diesen Kampf immer auch als einen Kampf gegen seine gesellschaftlichen Grundlagen, gegen die «Wurzeln des Faschismus», begriffen hat. Bei allen unterschiedlichen Ausprägungen, die auch dieses Verständnis von Antifaschismus im Laufe der Jahre genommen hat, lassen sich hier doch grundsätzlich verbindende Elemente ausmachen, die es bei allen Schwierigkeiten ermöglichen, einen roten Faden von der Politik antifaschistischer Organisationen (mit Schwerpunkt auf der KPD) in der Weimarer Republik über die Aktivitäten der VVN im Nachkriegsdeutschland, die Revolte der 1968er, die K-Gruppen und die Autonomen bis zur heutigen Antifa zu ziehen. Dies ist auch deshalb berechtigt, weil die aufgezählten AkteurInnen sich oftmals selbst in diese Reihe stellten und stellen.

Ihnen allen gemeinsam ist – von Max Horkheimer mit dem Diktum: «Wer aber vom Kapitalismus nicht reden will, sollte auch vom Faschismus schweigen» auf den Punkt gebracht – eine zumindest implizite Positionierung gegen die kapitalistische Gesellschaft, die mit dem Anspruch verbunden ist, in der Zukunft eine Perspektive auf ihre Überwindung einzunehmen. Der Kern dieses Verständnisses von Antifaschismus lässt sich in der, Ende der 1980er Jahre bloß noch explizierten, Formel des «revolutionären Antifaschismus» zusammenfassen. Antifaschismus in diesem Sinne sollte nicht eine bloße Abwehrbewegung, sondern vielmehr auch noch in der Situation der politischen Defensive der Versuch des Angriffs auf die bestehenden Herrschaftsverhältnisse sein. In diesem Sinne noch ein Wort zur Begriffswahl: In Abgrenzung zu beispielsweise dem italienischen Faschismus benutzen wir in der Regel den Begriff «Nazis» oder «Nationalsozialismus», um die besondere Ausprägung der faschistischen Bewegung in Deutschland mit ihrer, auf Vernichtung zielenden, Verknüpfung von Rassismus und Antisemitismus deutlich zu machen. Nach 1945 benutzen wir weitgehend synonym «Nazis», «Neonazis» und «Rechtsradikale». Den Begriff «rechtsextrem», der seit ein paar Jahren immer populärer und zum Teil auch von Linken benutzt wird, verwenden wir nicht. Der Begriff stammt vom Verfassungsschutz und wurde von konservativen PolitikwissenschaftlerInnen zur sogenannten «Extremismus-Theorie» ausgebaut, die rechts und links gleich- und dazwischen eine gesellschaftliche «Mitte» voraussetzt, die sich gegen die beiden Extreme zur Wehr setzen müsse.

Zur Darstellung der Geschichte des «Konzepts Antifa», seiner historischen Wurzeln, ideengeschichtlichen Bezüge und praktischen Ausprägungen wird zunächst auf das Scheitern der Revolutionsbewegung von 1918 und die Versuche eingegangen, eine antifaschistische Einheitsfront zu bilden, die schließlich 1932 in der Antifaschistischen Aktion mündete. Dabei werden auch die faschismustheoretischen Diskussionen im Umfeld der KPD angerissen, die später noch wichtige Bezugspunkte für die inhaltliche Entwicklung der antifaschistischen radikalen Linken in Deutschland sein sollten.

Das folgende Kapitel über den Nationalsozialismus an der Macht 1933 bis 1945 hat symbolischen Charakter; die Erfahrung von Nationalsozialismus und Holocaust haben jeden Antifaschismus nach 1945 entscheidend geprägt, doch in diesem Band müsste jeder Versuch einer ausführlicheren Beschreibung der Geschichte des Nationalsozialismus und der von Deutschen und ihren HelferInnen begangenen Verbrechen als auch eine tiefergehende Bearbeitung des vielfältigen Widerstands scheitern. Zum einen kann hier keine hinreichende Auseinandersetzung mit NS und Holocaust gelingen, zum anderen könnte dieser Rahmen den antifaschistischen AkteurInnen nicht gerecht werden.

Ausführlicher wird wiederum die Entwicklung nach dem Krieg beschrieben: Anhand der Vereinigung der Verfolgten des Naziregimes (VVN) für die 1950er Jahre, der Studierendenbewegung, der K-Gruppen der 1970er Jahre und der Autonomen Antifa der 1980er Jahre wird die weitere Entwicklung des linksradikalen Antifaschismus verfolgt.

Einem kurzen Kapitel über den autonomen Antifaschismus in der DDR folgt eine Darstellung der Antifa als bundesweiter

Organisierung, im Rahmen derer das von der Antifaschistischen Aktion Berlin in den 1990er Jahren formulierte «Konzept Antifa» und die vielseitigen, teils neuen, Praxisformen vorgestellt werden. Außerdem wird auf die konzeptionelle und inhaltliche Kritik aus der radikalen Linken an der Antifa eingegangen.

Zuletzt werden die neueren Entwicklungen in der Antifa ab dem Jahrtausendwechsel vorgestellt, seitdem sich das Spektrum erheblich ausdifferenziert hat. Das Buch endet mit einer Darstellung der unterschiedlichen Zugänge der Antifa zur Mobilisierung gegen den G8-Gipfel 2007 in Heiligendamm.

Unser Dank gilt besonders dem autonomen Infoladen Frankfurt im Café ExZess für die Bereitstellung des Archivs und Peter Gingold für seine Auskunftsbereitschaft. Als ermutigendes Beispiel wird er nicht nur uns in Erinnerung bleiben. Außerdem danken wir vielen anderen FreundInnen und GenossInnen für die zur Verfügung gestellten Dokumente und Materialien, ihre Diskussionsbereitschaft und Unterstützung. Ohne sie wäre dieses Buch nicht zustande gekommen.

2. Der Weg zur Antifaschistischen Aktion von 1932

Die historische Antifaschistische Aktion ging aus den antifaschistischen Einheitsfrontbestrebungen der 1920er und 1930er Jahre hervor. Gemeinsam mit SPD und Gewerkschaften strebte die KPD den «roten Massenselbstschutz» an, um den Machtantritt der NSDAP noch zu verhindern. Die Initiative zur Antifaschistischen Aktion kam jedoch zu spät: Zu lange waren die Nazis unterschätzt worden und zu groß war der Konflikt zwischen den Organisationen der ArbeiterInnenbewegung, der sich schon in der Novemberrevolution manifestiert hatte.

2.1. Novemberrevolution – Bürgerliche Demokratie oder Räterepublik?

Mit den Fronterfahrungen und dem sozialen Elend, das der Erste Weltkrieg über die Bevölkerung brachte, schwand die Bereitschaft von Soldaten und ArbeiterInnen zunehmend, den Krieg weiter fortzusetzen, den die meisten von ihnen vier Jahre zuvor begeistert begonnen hatten. Inspiriert durch die russische Oktoberrevolution hoffte die neu entstehende oppositionelle Bewegung aus ArbeiterInnen und Soldaten auf ein Ende von Kaiserreich und Kapitalismus. Zumindest ersteres fand 1918 in der von kriegsmüden Matrosen begonnenen Novemberrevolution sein Ende. Zunächst in den Hafenstädten, dann in vielen anderen Zentren übernahmen ArbeiterInnen und Soldaten die Macht und gründeten Räte als revolutionäre Organe basisdemokratischer Organisation. Der Kaiser floh ins Exil und am 9. November riefen sowohl die SozialdemokratInnen als auch die SozialistInnen aus USPD und Spartakusbund (damals noch Teil der USPD) die Republik aus, wobei sich letztendlich das sozialdemokratische Modell einer bürgerlich-demokratischen Republik durchsetzte und zunächst trotz der Differenzen eine provisorische Übergangsregierung aus SPD und USPD gegründet wurde, die formal den Räten unterstand. Nachdem im Dezember

1914 einzig der SPD-Politiker Karl Liebknecht gegen die neuen Kriegskredite gestimmt hatte, sammelte sich um ihn die Opposition innerhalb der Sozialdemokratie – RevolutionärInnen, aber auch einfache KriegsgegnerInnen. Im April 1917 formierten sie sich in einer eigenen Partei, der Unabhängigen Sozialdemokratischen Partei Deutschlands (USPD). Den linken Flügel der USPD stellte die Spartakusgruppe um Liebknecht und Rosa Luxemburg: Sie vertraten am konsequentesten das Modell einer sozialistischen Räterepublik nach sowjetischem Vorbild. Im November 1918 benannte sie sich in Spartakusbund um und gründete noch im gleichen Monat eine Organisation zur Agitation der heimkehrenden Soldaten, den Roten Soldatenbund (RSB), der etwa ein Jahr lang existierte. Seine Aufgabe war es, kampferfahrene Soldaten für die revolutionären Ziele der SpartakistInnen zu gewinnen und den Schutz von Veranstaltungen und Demonstrationen zu gewährleisten. Als der RSB Anfang Dezember auf einer Demonstration des Spartakusbundes das erste Mal in dieser Funktion auftrat, wurden während eines Feuergefechts mit Regierungssoldaten sechzehn Menschen erschossen, zwei weitere erlagen später ihren Verletzungen. In den folgenden Monaten nahmen Mitglieder des RSB an allen kommunistischen Streiks und Aufständen teil.

Schon bald nach Ausrufung der Republik vertieften sich die Widersprüche zwischen der SPD auf der einen Seite und der USPD-Linken sowie der anarcho-syndikalistischen ArbeiterInnenorganisation Freie Vereinigung deutscher Gewerkschaften (FVdG) andererseits. Die SPD verfolgte das Ziel der Errichtung einer demokratischen Republik, auf der anderen Seite stand weiterhin die Vorstellung einer sozialrevolutionären Umgestaltung Deutschlands. Die grundlegende Frage wurde auf dem Reichskongress der Arbeiter- und Soldatenräte im Dezember 1918 diskutiert, wo schließlich eine starke Mehrheit für die Einführung einer parlamentarischen Demokratie stimmte. Der Wahltermin wurde auf den 19. Januar 1919 festgelegt.

Die SozialdemokratInnen hatten sich schon länger vom Ziel der proletarischen Revolution zur Überwindung des Kapitalismus abgewendet und strebten stattdessen die parlamentarische Demokratie sowie Reformen in Wirtschaft und Gesellschaft an. Um dieses Vorhaben gegen den revolutionären Teil der ArbeiterInnen durchsetzen zu können, ließ die SPD große

Teile des kaiserlichen Apparates bestehen und arbeitete mit den reaktionären Kräften in Militär, Justiz und Wirtschaft zusammen. Dies wurde durch die Tatsache erleichtert, dass die zivilen Institutionen des Kaiserreichs – Verwaltungen, Gerichte und Polizei – während der Revolution nur in wenigen Städten angetastet worden waren.

Als der Berliner Polizeipräsident Emil Eichhorn (USPD) zwei Wochen vor den Januarwahlen durch die Übergangsregierung abgesetzt werden sollte, weil er als Mitglied der revolutionären Linken angesehen wurde, kam es im Berliner Zeitungsviertel zum sogenannten Spartakusaufstand. Revolutionäre ArbeiterInnen, empört über die Absetzung Eichhorns, zogen spontan ins Berliner Zeitungsviertel, errichteten Barrikaden und besetzten Redaktionsgebäude – darunter das der sozialdemokratischen Parteizeitung *Vorwärts*. Einem zur Unterstützung von USPD und der kurz zuvor gegründeten KPD ausgerufenen Generalstreik folgte eine halbe Million Menschen. Auf Anweisung des militärischen Oberbefehlshabers der Übergangsregierung, Gustav Noske (SPD), gingen jedoch schließlich reaktionäre Freikorpsverbände – paramilitärische Einheiten, bestehend aus ehemaligen Soldaten – mit Flammenwerfern und Artillerie gegen die ArbeiterInnen vor, die nicht auf eine solche Konfrontation vorbereitet waren; etwa hundert von ihnen wurden getötet, außerdem eine Vielzahl unbeteiligter ZivilistInnen. Darüber hinaus ermordeten Freikorps fast die gesamte Führung der KPD, darunter am 15. Januar 1919 Karl Liebknecht und Rosa Luxemburg. Der Befehl zum harten Vorgehen gegen die BesetzerInnen vollendete den Bruch zwischen der SPD und den RevolutionärInnen.

Auch in anderen Städten kam es infolge der Geschehnisse zu Aufständen, unter anderem in Bremen, Braunschweig und München wurden Räterepubliken gegründet. Insbesondere die im April 1919 ausgerufene Münchner Räterepublik ging als Versuch in die Geschichte ein, konsequent den Weg der Revolution einzuschlagen: Unter anderem verbot sie die gegen sie agitierende bürgerliche Presse und beschlagnahmte Lebensmittel und Wohnraum für die notleidende Bevölkerung. Zum Schutz der Räterepublik wurde eine Rote Armee aufgebaut, die jedoch nicht verhindern konnte, dass von der Reichsregierung eingesetzte Soldaten und reaktionäre Freikorps die Republik zerschlugen. Hunderte Menschen starben während der Kämpfe oder wurden danach ermordet. Im September 1919 gründete sich aus dem Zusammenschluss der Freien Vereinigung deutscher Gewerkschaften, die in den letzten Monaten einen starken Mitgliederzuwachs erlebt hatte, mit AnarchistInnen und kleineren freien Gewerkschaften die Freie Arbeiter-Union Deutschland (FAUD). Auf dem Gründungskongress vertraten die Delegierten über einhundertzehntausend Mitglieder. Hochburg der Aktivitäten der AnarchosyndikalistInnen war das Ruhrgebiet, wo sie eine ganze Reihe Streiks und Aufstände organisierten.

2.2. Kapp-Putsch und Rote Ruhrarmee

Die am 19. Januar 1919 stattfindenden Wahlen bestätigten die Sozialdemokratie in ihrer Führungsrolle. Die erste Reichsregierung – auch Weimarer Koalition genannt – bildete sie zusammen mit der katholischen Zentrumspartei und der liberalen Deutschen Demokratischen Partei (DDP). Der bereits als Übergangspräsident fungierende Friedrich Ebert (SPD) wurde zum ersten Reichspräsidenten ernannt. Die Verfassung vom 11. August 1919 beendete die Übergangsphase und begründete die Weimarer Republik, die erste parlamentarische Demokratie in Deutschland.

Die KPD, die in Abgrenzung zur reformistischen SPD und der zu defensiv auftretenden USPD gegründet worden war, hatte sich auf ihrem Gründungskongress aus antiparlamentarischem Prinzip mehrheitlich gegen die Teilnahme an Wahlen ausgesprochen. Die junge Partei hatte zunächst nur wenige Mitglieder, war wenig in der ArbeiterInnenbewegung verankert und hatte nur geringen Einfluss.

Kurz vor Regierungsantritt der Weimarer Koalition wurde der Versailler Vertrag ausgehandelt, in dem von den Siegern des Ersten Weltkriegs die alleinige Schuld Deutschlands am Kriegsausbruch festgestellt und das Land deshalb zu Reparationszahlungen verpflichtet wurde. Weiter sah der Vertrag die Aufgabe der deutschen Kolonien und anderer Gebiete, die erhebliche Verkleinerung des Heeres sowie die Abschaffung der Wehrpflicht vor.

Der sogenannte «Schandvertrag von Versailles» wurde von großen Teilen der Bevölkerung nicht dem Kaiser bzw. den

Militäroberbefehlshabern Hindenburg und Ludendorff, sondern dem neuen Staat und dessen Regierung stark angelastet, während die fortdauernde politische Instabilität der Republik und das soziale Elend der Nachkriegszeit von völkisch-nationalistischen Parteien und Gruppen zur Verbreitung ihrer Ideen genutzt wurden. Für sie waren die Novemberrevolution und die nachfolgenden Jahre «bolschewistisches und anarchistisches Chaos»[1]. Sie behaupteten, die Niederlage im Ersten Weltkrieg sei nicht militärisch, sondern nur durch «vaterlandslose Gesellen» verursacht worden, «jüdisch-bolschewistische Verschwörer» hätten dem deutschen Volk einen Dolch in den Rücken gestoßen. Derartige Ideen sollten in den folgenden Jahren auf breite Zustimmung stoßen; den völkisch-nationalistischen Kreisen gelang es zunehmend, Juden, Jüdinnen und KommunistInnen als «Hauptfeinde des deutschen Volkes» zu stigmatisieren. Diese ideologische Formierung funktionierte nicht zuletzt auf der Grundlage eines insbesondere in Deutschland weit verbreiteten, reaktionär verkürzten Verständnisses des Kapitalismus. Anstatt den kapitalistischen Verwertungsprozess als Ganzes zu begreifen und zu kritisieren, wurde vielfach (teilweise auch von Gewerkschaften und ArbeiterInnenbewegung) das angeblich gute, weil produktiv «schaffende Kapital» gegen das abstrakte und angeblich «raffende» Finanzkapital in Stellung gebracht. Damit konnte zwar weder die Krisenhaftigkeit des Kapitalismus, die – wie z. B. Überproduktionskrisen zeigen – ja gerade in der Produktions- und nicht in der Zirkulationssphäre wurzelt, erklärt noch die brutale Ausbeutung in den Fabriken kritisiert werden. Dieses «Verständnis» der kapitalistischen Funktionsmechanismen diente aber als ideologischer Kitt zwischen Kapital und Arbeit auf dem Weg zu einer «nationalen Schicksalsgemeinschaft» und bereitete den ideologischen Nährboden für den eliminatorischen Antisemitismus der Nazis, der das Finanzkapital einfach direkt mit dem Judentum identifizierte.

Mitte März 1920 versuchten Teile der Reichswehr, der Wirtschaft und des deutsch-nationalen Parteienspektrums mit dem nach seinen Führungsgestalten benannten «Kapp-Lüttwitz-

1 Von den reaktionären Kräften wurde Bolschewismus meist mit Kommunismus gleichgesetzt. In Wirklichkeit war der Begriff unter anderem Selbstbezeichnung der von Lenin angeführten radikalen Fraktion der Sozialdemokratischen Arbeiterpartei Russlands.

Putsch» eine Militärdiktatur zu erzwingen. Während die Regierung aus Berlin floh, riefen der Allgemeine Deutsche Gewerkschaftsbund (ADGB) sowie die VertreterInnen der drei ArbeiterInnenparteien SPD, USPD und KPD gemeinsam zum Generalstreik auf, an dem sich zwölf Millionen ArbeiterInnen und Angestellte beteiligten, viele von ihnen Mitglieder der FAUD. Zu seiner Durchsetzung und zur Abwehr der putschistischen Truppen bildete sich spontan innerhalb weniger Tage die Rote Ruhrarmee. Aufgrund ihrer Weltkriegs- und Organisationserfahrungen hatten die etwa fünfzigtausend früheren Soldaten und ArbeiterInnen der unterschiedlichen linken Lager keine Schwierigkeiten mit der militärischen Disziplin und ordneten sich den Anweisungen der militärischen Leiter unter. Neben der vereinzelten Teilnahme von Frauen am bewaffneten Kampf war eine weitere Besonderheit gegenüber regulären Armeen auch die Freiwilligkeit der Teilnahme, die jedoch mehrfach dazu führte, dass KämpferInnen die Stellungen einfach verließen. Trotz Schwierigkeiten dieser Art sowie latenten Materialmangels gelang es den RotarmistInnen im Laufe einer Woche, die Region von den putschistischen Militärverbänden zu befreien. Der Generalstreik tat sein Übriges, um den Putschisten die politische und wirtschaftliche Basis zu entziehen und sie zum Rückzug zu zwingen.

In der Folge erklärte die geflohene Reichsregierung die Wiederaufnahme ihrer Tätigkeit und rief zur Beendigung des immer noch andauernden Generalstreiks und zur Auflösung der entstandenen ArbeiterInnenräte auf. Die revolutionären RetterInnen der Republik beschlossen dagegen die Fortsetzung des Streiks und stellten Bedingungen für seine Beendigung: Die Putschisten sollten die Reichswehr verlassen und bestraft, Wirtschaftszweige sozialisiert werden und die alte Regierung sollte zurücktreten. Eine reine ArbeiterInnenregierung aus SPD, USPD und Gewerkschaften sollte gebildet werden. Nach zähen Verhandlungen wurde am 24. März 1920 das Bielefelder Abkommen geschlossen, in dem es hieß: «Sofortige Entwaffnung und Bestrafung aller am Putsch oder am Sturz der verfassungsmäßigen Regierung Schuldigen (...) Auflösung aller der Verfassung nicht treu gebliebenen konterrevolutionären militärischen

Formationen.»[2] Außerdem versprach die angesichts der zunehmenden Selbstorganisation der ArbeiterInnen um ihre Machtposition fürchtende SPD, keine Reichswehr ins Ruhrgebiet einmarschieren zu lassen, um gegen die Rote Ruhrarmee und die Räte vorzugehen. Im Gegenzug sollten die ArbeiterInnen ihre Waffen abliefern. Doch bereits eine Woche später brach die Reichsregierung das Abkommen und beschloss den Einsatz der Reichswehr. Auf deren Feldzug wurden schätzungsweise zweitausend Linke ermordet. Die Gründung eines sozialistischen Rätesystems als Alternative zur parlamentarischen Republik war erneut gescheitert und abermals hatte die SPD und die nach ihren Vorstellungen handelnde ArbeiterInnenschaft die Hoffnung auf ein gemeinsames Vorgehen der ArbeiterInnenklasse zunichte gemacht.

Die KPD-Linke sah das Bielefelder Abkommen skeptisch, weil sie fürchtete, dass die Partei den revolutionären Kampf aufgeben würde. Deshalb gründeten linke KPD-Mitglieder im April 1920 die Kommunistische Arbeiterpartei Deutschlands (KAPD). Ihre etwa achtzigtausend Mitglieder lehnten die Teilnahme an Wahlen ebenso strikt ab wie das hierarchische Organisationsmodell der KPD; bestehen blieb jedoch die Forderung nach der Diktatur des Proletariats. In den folgenden Jahren verlor die KAPD infolge diverser Spaltungen jedoch zusehends an Einfluss. Die FAUD konnte zunächst ihren Einfluss in der ArbeiterInnenschaft behaupten und organisierte bzw. beteiligte sich in den folgenden Jahren an vielen Arbeits- und Erwerbslosenkämpfen. Ab 1924 verlor sie jedoch, ebenso wie der ADGB, viele Mitglieder. Ursache hierfür war wohl neben der Auseinandersetzung mit dem Individualanarchismus vor allem die Enttäuschung über verlorene Streiks und die Nichterfüllung der Hoffnung auf eine baldige revolutionäre Umgestaltung. Infolge der staatlichen Repression ließ sich auch die zuvor starke Organisationskraft der AnarchosyndikalistInnen kaum noch aufrecht erhalten.

---

2 Aufzeichnung über die Verhandlungen des Reichsrats und der Unterstaatssekretäre im Reich und in Preußen in den Tagen vom 15. bis 20. März 1920, in: Golecki, Anton (Bearb.): Akten der Reichskanzlei, Weimarer Republik. Das Kabinett Bauer (21. Juni 1919 bis 27. März 1920), Harald Boldt Verlag, Boppard am Rhein 1980, S. 790f.

2.3. KPD und Einheitsfront

Im Dezember 1920 schloss sich der linke Flügel der USPD der KPD an; aus der bisher marginalen KPD wurde eine Massenpartei mit etwa dreihundertsiebzigtausend Mitgliedern und einer starken Parlamentsfraktion. Diese neugewonnene Schlagkraft sollte den Ausgangspunkt für eine neue Strategie legaler revolutionärer Politik bilden. Nachdem das bisherige Umsturzkonzept gescheitert war, gab die KPD das Konzept einer bewaffneten Umwälzung zunächst auf und wandte sich der parlamentarischen Arbeit zu: Indem sie in der Tagespolitik die radikalste und entschlossenste Kraft stellte, wollte sie das Vertrauen der Massen gewinnen und sie an sich binden. Hierzu beschloss die KPD 1921 die sogenannte Einheitsfronttaktik: Einheitsfront meinte die Einheit der ArbeiterInnenschaft der verschiedenen Lager in einer breiten proletarischen Kampffront, um einerseits Bourgeoisie und Großkapital direkt anzugreifen, andererseits auf indirektem Wege den Einfluss des sozialdemokratischen Reformismus zurückzudrängen. Über Letzteres gab es jedoch unterschiedliche Auffassungen in der Partei: Die linke Fraktion wollte keine Zusammenarbeit mit SPD und Gewerkschaften, sondern Fundamentalopposition und Entlarvung des «arbeiterfeindlichen Charakter[s] sozialdemokratischer Politik»[3] – eine «Einheitsfront von unten». Die Partei-Rechte war dagegen auch für Bündnisse mit der SPD; ihr Konzept einer «Einheitsfront von oben» setzte sich zunächst durch: Um eine Massenbasis herzustellen, entschloss sich die KPD-Führung also, auch mit der SPD-Spitze zusammenzuarbeiten. Dabei sollte jedoch darauf hingearbeitet werden, die ArbeiterInnen von der SPD zu lösen. Auch international wurde die Bündelung linker/fortschrittlicher Kräfte als Konsequenz der ausbleibenden Weltrevolution vorangetrieben: In diesem Kontext beschlossen die Delegierten des III. und IV. Weltkongresses (Sommer 1921 und Winter 1922) der Kommunistischen Internationalen (Komintern) – des von der Sowjetunion dominierten Zusammenschlusses der kommunistischen Parteien – ebenfalls die Politik der Einheitsfront.

3 Voß, Angelika / Büttner, Ursula / Weber, Hermann: Vom Hamburger Aufstand zur politischen Isolierung. Kommunistische Politik 1923–1933 in Hamburg und im Deutschen Reich, Landeszentrale für politische Bildung, Hamburg 1983, S. 23f.

Ihren ersten Versuch zur Umsetzung der Einheitsfrontstrategie machte die KPD im Januar 1921 mit einem offenen Brief, in dem sie die SPD und die Gewerkschaften zur Erarbeitung eines gemeinsamen Minimalprogramms einlud. Auf der Agenda standen die Sicherung der Einflussmöglichkeiten der ArbeiterInnenklasse in Politik und Wirtschaft, die Schaffung von Selbstschutzorganisationen sowie die Aufnahme von Handels- und diplomatischen Beziehungen zu Sowjetrussland. In der gemeinsamen Arbeit sollten die Gegensätze zwischen den Lagern nicht unter den Teppich gekehrt werden, sondern unter dem Motto «Getrennt marschieren – vereint schlagen!» die organisatorische und ideologische Unabhängigkeit gewährleistet bleiben. Der Brief wurde von den Spitzen von SPD und Gewerkschaften zwar abgelehnt – die «Einheitsfront von oben» scheiterte; an der Basis jedoch wurde das Angebot zur Zusammenarbeit gerne angenommen.

Trotz der kurz zuvor deklarierten Absage an weitere Umsturzversuche und in einer grandiosen Fehleinschätzung des revolutionären Potentials bereiteten KPD und KAPD im damaligen Mitteldeutschland für den März 1921 Aufstände vor. Sie sollten auch den geschwächten revolutionären Prozess in der Sowjetunion unterstützen. In der KPD hatte zuvor ein Wechsel in der Führungsspitze stattgefunden, so waren der KPD-Vorsitzende Paul Levi und Clara Zetkin, beide Gegner von Aufstandsaktionen, wegen Streitigkeiten mit der Komintern zurückgetreten; die moskautreuen linken Kräfte, die nun den Kurs bestimmten, gingen in ihrer «Offensivtheorie» davon aus, dass die SPD-geführte Regierung geschwächt und die Lage günstig für eine erfolgreiche Erhebung sei. Die mitteldeutsche Industrieregion wurde Schauplatz von zahlreichen Anschlägen, Brandstiftungen, Plünderungen und blutigen Auseinandersetzungen zwischen etwa zweitausend bewaffneten ArbeiterInnen, die sich zum Teil in ihren Betrieben verschanzten, und der preußischen Sicherheitspolizei unter Befehl von Sachsens Oberpräsident Otto Hörsing (SPD). Hundertachtzig Menschen kamen ums Leben, viertausend wurden zu Gefängnisstrafen und vier zum Tode verurteilt. Zur Unterstützung des Aufstands hatten die KPD und KAPD einen Generalstreik ausgerufen, an dem sich aber lediglich zweihunderttausend ArbeiterInnen beteiligten.

Lenin, zu dieser Zeit Regierungschef der Sowjetunion und unumstrittene Führungspersönlichkeit der internationalen kommunistischen Bewegung, verurteilte in einem Brief vom August 1921 das Vorgehen der KPD scharf und forderte die Rückkehr zur Einheitsfrontpolitik. Nachdem die Partei aufgrund des «Mitteldeutschen Aufstands» rund zwei Drittel ihrer Mitglieder verloren hatte und zahlreiche Personen ausgeschlossen worden waren, wurde die Einheitsfrontstrategie schließlich in veränderter Form wieder aufgenommen: Die geschwächte KPD suchte nun auch erneut das Bündnis mit der Führung der SPD.

2.4. Entstehung des Faschismus

Durch Umbenennung der Deutschen Arbeiterpartei entstand 1920 die Nationalsozialistische Deutsche Arbeiterpartei (NSDAP) mit Adolf Hitler an der Spitze. In der folgenden Zeit kam es aus dem aufstrebenden völkisch-nationalistischen Lager immer wieder zu Übergriffen und Morden an politischen GegnerInnen. Im Juni 1922 wurde Außenminister Walter Rathenau (DDP) von einem Mitglied einer ultrarechten militärischen Organisation ermordet. Grund für den Mord war vor allem Rathenaus Unterzeichnung des Rapallo-Vertrags, eines politisch-wirtschaftlichen Abkommens mit der Sowjetunion, das die SU als ersten sozialistischen Staat anerkannte und die deutschen Reparationszahlungen an Russland beendete. Der Vertrag wurde von den Rechten als Schlag ins Gesicht aufgefasst: Nicht nur, dass die «Novemberverbrecher» 1918 der Monarchie ein Ende gesetzt hatten, jetzt paktierten schon bürgerliche Kreise mit dem Bolschewismus. Angesichts des Mordes organisierte die KPD mit breiten Bündnissen Demonstrationen in allen Großstädten gegen die völkisch-nationalistische Bewegung, die, motiviert durch den Machtantritt der italienischen Faschisten unter Führung ihres «Duce», Benito Mussolini, 1922, nun auch in Deutschland massiver in Erscheinung trat.

Der Begriff Faschismus bezieht sich auf vor 1900 existierende italienische Arbeiterbünde. Ihr Name leitete sich aus dem lateinischen Plural für Rutenbündel, «fasces», ab, bei denen es sich um Herrschaftssymbole während des Römischen Reichs handelte. 1919 übernahmen von Mussolini gegründete Kampfbünde den Begriff «Faschismus» als Selbstbezeichnung. Wirklich wahrgenommen wurde der Begriff allerdings erst durch die aufkommende antifaschistische Bewegung, die den Begriff nicht auf die italienischen Faschisten beschränkte, sondern weiter fasste.

Die nach dem Ersten Weltkrieg in Teilen Europas entstehende faschistische Bewegung war durch Führerkult, Antikommunismus, Nationalismus und Militarismus geprägt und gab sich darüber hinaus antikapitalistisch – letzteres stand jedoch im Widerspruch dazu, dass die Gesellschaftsstruktur unter dem Faschismus weitgehend unverändert blieb. Seine AnhängerInnen kamen zunächst vor allem aus den Mittelschichten und waren, zumindest in Deutschland, infolge der Bedrohung ihrer wirtschaftlichen Existenz nach dem Ersten Weltkrieg besonders empfänglich für die faschistische Ideologie. Der Faschismus zielte im Allgemeinen auf ein totalitäres politisches System, das insbesondere durch die Zerstörung der Organisationen der ArbeiterInnenklasse, der Gewaltenteilung sowie der Institutionen des bürgerlichen Rechtsstaates und den Drang zur militärischen Expansion gekennzeichnet war. Die spezifische Ausformung der faschistischen Ideologie im Nationalsozialismus war zudem durch eine enge, auf Vernichtung zielende, Verknüpfung von Rassismus und Antisemitismus geprägt. Dabei konnten die Nazis auf seit dem Mittelalter in der Gesellschaft virulente antisemitische Vorurteile und christlichen Antijudaismus aufbauen. Immer wieder hatte die Feindschaft gegenüber den Juden und Jüdinnen zu sozialer Ausgrenzung, Verfolgung und Pogromen geführt.

Das Anwachsen der faschistischen Bewegungen führte in der Linken zu Diskussionen über die Einschätzung des Phänomens. Zu Beginn der kontroversen kommunistischen Faschismusdiskussion wurde sich auf die Feststellung der konterrevolutionären und pro-kapitalistischen Funktion des Faschismus beschränkt. Er wurde als Folge der Entwicklung in den Nachkriegsjahren und konkret als Reaktion der Bourgeoisie auf die Krise des Kapitalismus und die Gefahr einer kommunistischen Revolution gesehen und als nicht besonders gefährlich betrachtet. Führende KommunistInnen waren der Ansicht, der Krieg habe das kapitalistische System ohnehin so schwer erschüttert, dass – so Rosa Luxemburg im Dezember 1918 – die Alternative nur noch zwischen Untergang in der Anarchie oder Rettung durch den Sozialismus bestehe, das Ende des Kapitalismus jedenfalls sei besiegelt. Die

Bezeichnung «faschistisch» wurde schnell zum Kampfbegriff gegen alle möglichen Erscheinungen.

Anfang des Jahres 1923 warfen die Siegermächte des Ersten Weltkriegs der deutschen Regierung vor, sie verzögere die durch Inflation ohnehin geminderten Reparationszahlungen. In der Folge besetzten französische und belgische Truppen das Ruhrgebiet, während sich gleichzeitig die Notlage in der Bevölkerung weiter verschärfte und es überall zu Streiks und Demonstrationen kam. In weiten Teilen des Landes wurden die völkisch-faschistischen Gruppen zur Massenbewegung. Gegen diese rief die KPD-Zentrale schon im Juli 1923 zum militanten Kampf auf. In einem martialisch formulierten Aufruf hieß es: «Erschlagen die Faschisten (...) die proletarischen Kämpfer, so müssen diese erbarmungslos alle Faschisten vernichten. Stellen die Faschisten jeden zehnten Streikenden an die Wand, so müssen die revolutionären Arbeiter jeden fünften Angehörigen der Faschistenorganisation an die Wand stellen.»[4]

In dieser Situation schlug die moderate Führung der KPD der SPD im Sinne der Einheitsfront vor, gemeinsam für den Schutz der Weimarer Reichsverfassung einzutreten; in der nicht-revolutionären Phase der Weimarer Republik sollte verteidigt werden, was in den Jahren zuvor erkämpft worden war. Zudem wollte der linke KPD-Flügel in Erwartung der kommenden Revolution eine möglichst gute Ausgangssituation schaffen. Also trat die KPD auf dem Höhepunkt der Inflationskrise 1923 in die sächsische und thüringische Regierung ein, wo sie in Koalition mit der SPD regieren wollte. Am 21. Oktober 1923 beauftragte Reichspräsident Friedrich Ebert jedoch die Reichswehr, in beide Länder einzumarschieren und erklärte ihre Regierungen für abgesetzt. Die KPD hatte den Widerstand der Regierung erwartet und versuchte, sich auf eine solche Situation vorzubereiten. Auf der von ihr organisierten und gleichzeitig mit der Intervention Eberts stattfindenden Chemnitzer ArbeiterInnenkonferenz forderte die KPD die Wahl politischer ArbeiterInnenräte und den Generalstreik, um Druck auf die Reichsregierung auszuüben.

---

4 Aus dem Aufruf zum Antifaschistentag am 11. Juli 1923, in: Thalheimer, August: 1923: Eine verpaßte Revolution? Die deutsche Oktoberlegende und die wirkliche Geschichte von 1923, Junius-Verlag, Berlin 1931, S. 32.

Die Streikkraft war jedoch in den meisten Gebieten erschöpft, die KPD trat schnell den Rückzug an.

Trotzdem löste die militante Sektion der KPD-Wasserkante zwei Tage später in Hamburg einen Aufstand aus, an dem sich jedoch nur ein Bruchteil der achtzehntausend Hamburger KPD-Mitglieder beteiligte. Nachdem es den Aufständischen zunächst gelungen war, bei Überfällen auf Polizeistationen Waffen zu erbeuten, wurden die aufständischen ArbeiterInnen binnen kurzer Zeit von einer Übermacht aus Polizei und Reichswehr niedergeschlagen. Die Bilanz: Über neunzig Menschen starben, fast dreihundert wurden verletzt, gegen zweitausenddreihundert Personen wurden Ermittlungsverfahren eingeleitet und achthundert schließlich verurteilt. Kurze Zeit später wurde die KPD zusammen mit der militärischen Organisation der Einheitsfront, den Proletarischen Hundertschaften, verboten. Das Verbot der KPD hielt sich jedoch nicht lange – schon im März 1924 wurde die in der Zwischenzeit illegal weitergeführte KPD wieder legalisiert. In der Folge konzentrierte sich die Partei vor allem auf die Reichstagswahl im Mai 1924, bei der sie über dreieinhalb Millionen Stimmen erhielt und auf zweiundsechzig Mandate kam.

Kurz nach dem Hamburger Aufstand hatte die in Bayern inzwischen relativ starke NSDAP einen Putschversuch in München unternommen, um von dort aus – angelehnt an Mussolinis Marsch auf Rom – nach Berlin zu marschieren. Der Putschversuch wurde jedoch bereits am folgenden Tag niedergeschlagen und die Aufrührer, darunter unter anderem Hitler, festgenommen und inhaftiert. Die NSDAP wurde vorübergehend verboten und Hitler zu fünf Jahren Festungshaft verurteilt, schon nach einem Jahr jedoch wieder freigelassen. Er hatte in der Zwischenzeit «Mein Kampf» verfasst.

Während Hitler noch im Gefängnis saß, fand in Halle im Mai 1924 der sogenannte «Deutsche Tag» statt, ein Treffen von hunderttausend Mitgliedern und SympathisantInnen der völkischen Rechten, die ein Denkmal für den preußischen Generalfeldmarschall Moltke einweihten. Das Denkmal war im Jahr zuvor durch einen Anschlag zerstört worden. Die KPD organisierte eine Gegendemonstration, an der knapp zehntausend Menschen teilnahmen. Dabei kam es zu einem Feuergefecht mit der Polizei, fast fünfhundert Menschen wurden festgenommen.

2.5. «Schlageter-Kurs» und Diffamierung der SPD

Die Diskussion über das Phänomen Faschismus wurde in der kommunistischen Bewegung fortgesetzt. Die Frauenrechtlerin und Reichstagsabgeordnete der KPD, Clara Zetkin, argumentierte im Juni 1923: Der Faschismus ist «keineswegs die Rache der Bourgeoisie dafür, dass das Proletariat sich kämpfend erhob. Historisch, objektiv betrachtet, kommt der Faschismus vielmehr als Strafe, weil das Proletariat nicht die Revolution, die in Russland eingeleitet worden ist, weitergeführt und weiter getrieben hat. Und der Träger des Faschismus ist nicht eine kleine Kaste, sondern es sind breite soziale Schichten, große Massen, die selbst bis in das Proletariat hineinreichen.»[5] Aus ihrer Analyse folgerte Zetkin, dass die KommunistInnen «mit aller Konsequenz den ideologischen und politischen Kampf um die Seelen» der Angehörigen der ArbeiterInnenklasse aufnehmen sollten.[6] Der Widerstand müsse sich gegen das Großkapital richten und gleichzeitig müsse versucht werden, die sozialen Schichten, die den Faschismus befürworteten, wieder für sich zu gewinnen bzw. zu neutralisieren. Daraus folgte eine Verknüpfung des Kampfes gegen den Faschismus mit einer Orientierung auf die Politik der Einheitsfront von unten.

Anknüpfend an Zetkin sagte Karl Radek, Mitglied des Zentralkomitees der Kommunistischen Partei der Sowjetunion, im Juni 1923: «Wir glauben, dass die große Mehrheit der national empfindenden Massen nicht in das Lager des Kapitals, sondern in das Lager der Arbeit gehört. Wir wollen und wir werden zu diesen Massen den Weg suchen und den Weg finden.»[7] Radek wurde 1927 als «Trotzkist» aus der Kommunistischen Partei der Sowjetunion ausgeschlossen und nach Sibirien verbannt. Als er sich Stalin unterwarf, wurde er zwar begnadigt, 1937 jedoch im zweiten Moskauer Schauprozess erneut zu zehn Jahren Haft verurteilt, die er nicht überlebte. Seinem programmatischen Aus-

---

5 Institut für Marxismus-Leninismus beim Zentralkomitee der SED (Hrsg.): Zetkin, Clara: Ausgewählte Reden und Schriften, Band 2, Dietz Verlag, Berlin (Ost) 1960, S. 690.

6 Ebd., S. 724.

7 Radek, Karl: Leo Schlageter, der Wanderer ins Nichts, Die Rote Fahne, 26. Juni 1923.

spruch von 1923 entsprechend übernahm die KPD eine Zeit lang die antisemitischen und nationalistischen Parolen der Rechten, um die AnhängerInnen des Faschismus wieder für kommunistische Politik zu gewinnen. Benannt wurde diese verhängnisvolle Taktik nach einem «Märtyrer» der nationalistischen Bewegung, Albert Leo Schlageter, der aufgrund seiner Beteiligung am Kampf gegen die Besetzung des Ruhrgebiets von einem französischen Militärgericht zum Tode verurteilt worden war. Doch der «Schlageter-Kurs» wurde schnell wieder aufgegeben. Auf dem V. Weltkongress der Komintern im Sommer 1924 kritisierte der deutsche Delegierte Hermann Remmele die entstandene Möglichkeit von Bündnissen zwischen KommunistInnen und Nazis und konstatierte, der Faschismus sei das «Instrument der Bourgeoisie gegen das revolutionäre Proletariat»[8]. Außerdem wurde während des Kongresses auf die angebliche Gleichartigkeit von Faschismus und Sozialdemokratie eingegangen.

Bereits im Januar 1923 wurde die SPD zu einem Teil des faschistischen Problems erklärt: Der Bankrott ihrer Politik und «in ihrem Gefolge die furchtbare Not des ständischen Mittelstandes sind die Hauptquelle des Anschwellens einer faschistischen Bewegung in Deutschland. (...) Die Gefahr des Faschismus in Deutschland ist ernst. Sie ist um so größer, je länger es noch der Sozialdemokratie gelingt, breite Arbeitermassen zu lähmen und die Bildung einer proletarischen Kampffront hinanzuhalten.»[9] Im Januar 1924 sagte der Komintern-Vorsitzende Grigorij Sinowjew auf der 13. Parteikonferenz der Bolschewiki: «Wenn die Sozialdemokratie zu einem Flügel des Faschismus geworden ist, dann muss man sie an der Kehle packen, dann muss man auf jede Verhandlung mit ihren Spitzen verzichten. (...) Worin besteht das Neue in der internationalen Arbeiterbewegung? Darin, dass die Sozialdemokratie zu einem Flügel des Faschismus geworden ist.»[10] Im gleichen Jahr formulierte Stalin, zu diesem Zeitpunkt bereits hoch gehandelt als Nachfolger Le-

---

8 Zitiert bei Wippermann, Wolfgang: Faschismustheorien. Die Entwicklung der Diskussion von den Anfängen bis heute, Primus Verlag, Darmstadt 1997, S. 17.

9 Gruppe MAGMA: ...denn Angriff ist die beste Verteidigung – Die KPD zwischen Revolution und Faschismus, Pahl-Rugenstein Nachfolger, Bonn 2001, S. 47.

10 Sinowjew, Grigorij: Der deutsche Koltschak, Internationale Pressekorrespondenz, 4. Februar 1924.

nins in der Führungsspitze der Sowjetunion, das in seiner «Zwillingsbruderthese» so: «Der Faschismus ist eine Kampforganisation der Bourgeoisie, die sich auf die aktive Unterstützung der Sozialdemokratie stützt. Die Sozialdemokratie ist objektiv der gemäßigte Flügel des Faschismus (...). Diese Organisationen schließen einander nicht aus, sondern ergänzen einander. Es sind keine Antipoden, sondern Zwillingsbrüder.»[11]

In der zunehmend bolschewisierten, das heißt weitestgehend KPDSU-hörigen KPD wurde nun jegliche Zusammenarbeit mit der SPD-Führung als «Klassenverrat» verstanden. Die KPD versuchte in der Folge, den «verräterischen» Charakter der Sozialdemokratie zu entlarven und durch die «Einheitsfront von unten» die Loslösung der ArbeiterInnenschaft von der SPD zu erreichen.

In den folgenden Jahren konnten die reaktionären Kräfte in der Gesellschaft die Kräfteverhältnisse immer weiter zu ihren Gunsten verschieben.

2.6. *Sozialfaschismusthese und Siegeszug des Faschismus*

Mit Ausbruch der Weltwirtschaftskrise im Jahre 1929 stieg erneut die Hoffnung der KPD-Führung auf ein baldiges Ende des Kapitalismus. Damit wurde die SPD, die mit ihrem reformistischen Programm für die Ruhigstellung der ArbeiterInnen verantwortlich gemacht und als Feindin der Revolution gebrandmarkt wurde, endgültig zum Hauptangriffsziel von Komintern und KPD. Auf dem VI. Komintern-Kongress 1928 hieß es: «Entsprechend der jeweiligen politischen Konjunktur bedient sich die Bourgeoisie sowohl der faschistischen Methode als auch der Methode der Koalition mit der Sozialdemokratie, wobei die Sozialdemokratie selbst, besonders in für den Kapitalismus kritischen Zeiten, eine faschistische Rolle spielt. Die Sozialdemokratie zeigt im Laufe der Entwicklung faschistische Tendenzen, was sie jedoch nicht hindert, im Falle einer Änderung der politischen Konjunktur gegen die bürgerliche Regierung als oppositionelle Partei anzutreten. Faschismus und Koalition mit der

11 Stalin, Josef: Zur internationalen Lage, Bolschewik, 20. September 1924.

Sozialdemokratie sind beide für den normalen Kapitalismus ungewöhnliche Methoden. Sie sind Anzeichen für das Bestehen einer allgemeinen Krise des Kapitalismus und werden von der Bourgeoisie benützt, um den Vormarsch der Revolution zu hemmen.»[12]

Während einige oppositionelle KommunistInnen, darunter Leo Trotzki, der Sozialfaschismusthese – also der Einschätzung, dass die Sozialdemokratie der «linke Flügel des Faschismus» sei – ablehnend gegenüber standen, wurde der Kampf gegen die Sozialdemokratie in den folgenden Jahren zum Schwerpunkt der KPD-Politik. Selbst als die NSDAP immer stärker wurde (bei den Reichstagswahlen 1930 gewann sie im Vergleich zu 1928 über fünfzehn Prozent der Stimmen hinzu), wurde absurderweise behauptet, dass erst durch die Konzentration auf die Sozialdemokratie die Voraussetzungen für eine wirksame Bekämpfung des Faschismus geschaffen würden. Der Faschismus könne nicht besiegt werden ohne den Sieg über den Sozialfaschismus. Andererseits sei der Sieg über die Sozialdemokratie gleichbedeutend damit, die Mehrheit des Proletariats zu erobern und damit die wichtigste Voraussetzung für die proletarische Revolution. Die KPD nannte diese Politik «revolutionäre Einheitsfront».

Erst nach der Reichstagswahl vom 31.7.1932, als die NSDAP die größte Fraktion im Reichstag stellte, rief die KPD zur sogenannten «elastischen Einheitsfronttaktik» gegen den immer autoritärer auftretenden Staat auf. Angesichts der fortschreitenden Aushöhlung der Demokratie durch die Präsidialkabinette und die faktische Aufhebung des Föderalismus mit dem sogenannten «Preußenschlag», mit dem die Reichsregierung die Funktion der Landesregierung Preußens übernahm, forderte die KPD die SPD und die Gewerkschaften dazu auf, einen gemeinsamen Generalstreik durchzuführen, was aber von der Sozialdemokratie abgelehnt wurde.

Als infolge der Notverordnungen unter der Regierung Papen die Löhne auch bei den Berliner Verkehrsbetrieben (BVG)

---

12 Programm der Kommunistischen Internationale, angenommen auf dem VI. Weltkongress der Kommunistischen Internationale in Moskau am 1. September 1928, in: Institut für Marxismus-Leninismus beim Zentralkomitee der SED (Hrsg.): Geschichte der deutschen Arbeiterbewegung, Band 4, Dietz Verlag, Berlin (Ost) 1966, Dok. 54, S. 493f.

gesenkt werden sollten, unternahm die KPD ihren politisch fatalsten Versuch einer «Einheitsfront» der ArbeiterInnenklasse: In der Leitung des am 2. November 1932 ausgerufenen Streiks saßen neben KPD-Angehörigen und SozialdemokratInnen auch zwei Mitglieder der Nationalsozialistischen Betriebszellenorganisation. Die reale Zusammenarbeit zwischen KommunistInnen und Nazis war zwar begrenzt, das politische Signal jedoch fatal. Die Reichsregierung wertete den Streik als politisch motiviert und ging gegen seine OrganisatorInnen vor, hauptsächlich gegen die KPD. Der BVG-Streik wurde in der Folge oftmals für die These der von Rechts und Links bedrohten Weimarer Demokratie herangezogen und zeigt die grobe Fehleinschätzung des Nationalsozialismus durch die KPD. Deutlich wurde die fatale Haltung der KPD und ihrer Mitglieder auch schon Monate vorher: Während der Auszählung der Stimmzettel zu den Hamburger Bürgerschaftswahlen am 24. April 1932 wurde einem Bericht des Hamburger Anzeigers zufolge «im ‹kommunistischen Sektor› der versammelten Menschenmassen ‹jeder nationalsozialistische Erfolg wie ein eigener beklatscht›» und dies damit begründet, dass nach dem Sieg der Nazis der Umsturz käme, «und nach dem Umsturz kommen wir!».[13]

2.7. *Faschismustheorie nach 1933: Dimitroff und das Institut für Sozialforschung*

Zwei Jahre nach Machtantritt der Nazis wurde die Sozialfaschismusthese auf dem VII. Weltkongress der Komintern endlich verworfen und die «Volksfront gegen den Faschismus» ausgerufen. Ein Wegbereiter dieses Wandels war Georgi Dimitroff, zu dieser Zeit Generalsekretär der Komintern. 1933 war der Faschismus vom Exekutivkomitee der Komintern als «die offene terroristische Diktatur der am meisten reaktionären, chauvinistischen und imperialistischen Elemente des Finanzkapitals»[14]

13 Voß, Angelika / Büttner, Ursula / Weber, Hermann: Vom Hamburger Aufstand zur politischen Isolierung. Kommunistische Politik 1923–1933 in Hamburg und im Deutschen Reich, Landeszentrale für politische Bildung, Hamburg 1983, S. 82.

14 Komintern: Der Faschismus in Deutschland. XIII. Plenum des EKKI, Dezember 1933, Verlagsgenossenschaft ausländischer Arbeiter in der

bezeichnet worden. Diese Interpretation wurde von Dimitroff 1935 weiterentwickelt. Er sagte, der Machtantritt des Faschismus bedeute «keine einfache Ersetzung einer bürgerlichen Regierung durch eine andere, sondern die Ablösung einer Staatsform der Klassenherrschaft der Bourgeoisie, der bürgerlichen Demokratie, durch eine andere, durch die offene terroristische Diktatur.»[15] Dabei sei «der Faschismus (...) nicht eine über den Klassen stehende Macht, auch nicht die Macht des Kleinbürgertums oder des Lumpenproletariats über das Finanzkapital. Der Faschismus – das ist die Macht des Finanzkapitals selbst.»[16] «Die reaktionärste Spielart des Faschismus ist der Faschismus deutschen Schlages. Er hat die Dreistigkeit, sich Nationalsozialismus zu nennen, obwohl er nichts mit Sozialismus gemein hat.»[17] Unter dem Motto «Hinter dem Faschismus steht das Kapital!» prägte Dimitroffs Analyse über lange Zeit die Faschismustheorie revolutionärer AntifaschistInnen. Dimitroffs einseitiger Fokus auf das Finanzkapital ist nicht nur fragwürdig, sondern verkannte vor allem noch immer die Gefahr der Ideologien, auf denen die «Volksgemeinschaft» und das spätere nationalsozialistische Vernichtungsprogramm fußten. Damit entsprach Dimitroff der Linie von Teilen der KPD, die schon selbst versucht hatte, mit Antisemitismus Politik zu machen – wie die Partei auch den Führerkult der Nazis nicht angriff, sondern mit der Überhöhung ihres Vorsitzenden Thälmann selbst praktizierte.

Einen anderen Zugang hatten die MitarbeiterInnen des 1933 emigrierten Frankfurter Instituts für Sozialforschung (IfS), das im Gegensatz zum ökonomistischen Ansatz der KPD-TheoretikerInnen einen differenzierteren Ansatz repräsentiert, der vor allem die Studierendenbewegung der 1960er Jahre und spätere Auseinandersetzungen mit dem Thema prägte. Die InstitutsmitarbeiterInnen gingen von einem engen Zusammenhang zwischen Faschismus und der gesamten Gesellschaftsstruktur

UdSSR, Moskau – Leningrad 1934, S. 270.

15 Dimitroff, Georgi: Die Offensive des Faschismus und die Aufgaben der Kommunistischen Internationale im Kampf für die Einheit der Arbeiterklasse gegen den Faschismus, Referat auf dem VII. Weltkongress der Komintern, 2. August 1935, in: ders.: Gegen Faschismus und Krieg. Ausgewählte Reden und Schriften, Reclam, Leipzig 1982, S. 52.

16 Ebd., S. 51.

17 Ebd., S. 50f.

des Kapitalismus aus: «Wer aber vom Kapitalismus nicht reden will, sollte auch vom Faschismus schweigen» formulierte 1939 der Leiter des Instituts, Max Horkheimer.[18] Die kapitalistischen Produktionsverhältnisse wurden als Grundlage der Entstehung des Faschismus begriffen. Soziale Herrschaft könne im aktuellen Stadium des Kapitalismus nicht mehr allein mit ökonomischen, sondern müsse darüber hinaus mit politischen Mitteln gesichert werden. Im Gegensatz zur monolithischen Deutung Dimitroffs interpretierte der Institutsmitarbeiter Friedrich Pollock den Nationalsozialismus als totalitäre Variante des Staatskapitalismus, der von verschiedenen Fraktionen zusammengehalten werde: Großindustrie, Wehrmacht, Partei und Bürokratie. Franz Neumann, ebenfalls Institutsmitglied, interpretierte den Nationalsozialismus dagegen als «totalitäre Monopolwirtschaft», im Gegensatz zu Pollock also als primär privatkapitalistisches System, das politisch totalitär strukturiert sei und dessen Fraktionen dadurch zusammengehalten würden.[19]

Nachdem der marxistische Psychologe Wilhelm Reich schon 1933 einen engen Zusammenhang zwischen autoritärer Triebunterdrückung und faschistischer Ideologie annahm und davon ausging, dass die patriarchalische Familie die Charaktere schaffe, die sich der repressiven Ordnung unterwerfen, führte IfS-Mitarbeiter Erich Fromm diesen sozialpsychologischen Ansatz weiter. Ihm zufolge hatte sich im Kaiserreich und durch die allgemein obrigkeitshörige Einstellung vieler Deutscher ein «autoritärer Charakter» gebildet, dessen Persönlichkeitsstruktur eine hohe Bereitschaft zu konformem Verhalten, die Tendenz zur Unterwerfung unter Stärkere und zur Beherrschung Schwächerer, übermäßige Kontrolle der eigenen Gefühle, sexuelle Prüderie, Rassismus und insbesondere Antisemitismus aufweise. Berühmt wurde das überarbeitete Konzept des «autoritären Charakters» durch die von Theodor W. Adorno (IfS) 1950 in den USA veröffentlichte Studie «The Authoritarian Personality».

18 Horkheimer, Max: Die Juden und Europa, in: ders.: Gesammelte Werke, Band 4, Suhrkamp, Frankfurt am Main 1988, S. 308f.

19 Neumann, Franz: Behemoth. Struktur und Praxis des Nationalsozialismus 1933–1944, Frankfurt am Main 2004, S. 269.

2.8. Kommunistische und antifaschistische Kampfgruppen

Bereits nach Niederschlagung des Generalstreiks 1920 begann die KPD festere Strukturen für ihren Selbstschutz aufzubauen, die sowohl legal als auch klandestin arbeiteten. Damit folgte sie einer Direktive der Komintern, die im Juli 1920 einundzwanzig Bedingungen zur Aufnahme einer Partei in die Komintern beschlossen hatte. Darin verpflichtete sie die KommunistInnen, «einen parallelen illegalen Organisationsapparat zu schaffen, der im entscheidenden Moment der Partei helfen soll, ihre Pflicht gegenüber der Revolution zu erfüllen».[20]

Der KPD-Funktionär Karl Retzlaw stellte rückblickend fest: «Wir standen im Zeichen des Vormarsches der Konterrevolution, und die Partei war verpflichtet, sich über den Gegner und seine Absichten zu informieren und über die Sicherheit ihrer Mitglieder zu wachen. Es musste ein wirksamer Schutz geschaffen werden gegen willkürliche Verhaftungen, von denen die Partei oft Wochen später erfuhr, gegen Morddrohungen und Morde, aber auch gegen Spitzel und Provokateure, die die Freikorps und die politische Polizei hineinzuschleusen versuchten. Nicht nur gegen willkürliche Übergriffe der Staatsmacht mussten wir uns wehren, wenn sie die Rechte, die nach der Verfassung auch den Kommunisten zustanden, missachtete; es mussten auch Anschläge der rechten illegalen Verbände, die weiter wie Pilze aus dem Boden schossen, abgewehrt werden.»[21]

Um in dieser Situation bestehen zu können, wurden ein für Schutz und Spionage zuständiger Nachrichtenapparat, die heute wieder existierende Rote Hilfe zur finanziellen und juristischen Unterstützung kriminalisierter GenossInnen und ihrer Angehörigen, sowie ein Militärapparat zur Ausbildung von kommunistischen Kampfgruppen gegründet.

Anfang 1923 entstanden aus Mitgliedern von KPD, SPD und freien Gewerkschaften die Proletarischen Hundertschaften, die über fünfzigtausend Mitglieder hatten. Sie waren in der Regel

20 Leitsätze über die Bedingungen der Aufnahme in die Kommunistische Internationale, in: Lenin: Sämtliche Werke, Band XXV, Verlag für Literatur und Politik, Wien – Berlin 1930, S. 693.

21 Gruppe MAGMA: ...denn Angriff ist die beste Verteidigung, S. 87.

nicht mit Schusswaffen ausgerüstet, sondern bewaffneten sich mit Stöcken und anderen Schlagwaffen für die von nun an regelmäßig stattfindenden Auseinandersetzungen mit Nazis. Die KPD, die die Führung der Hundertschaften innehatte, begriff sie jedoch nicht nur als antifaschistische Abwehrorganisation, sondern auch als Mittel zur Durchsetzung ihrer revolutionären Ziele. Die Hundertschaften hielten Paraden ab, wurden gedrillt und in abgelegenen Gegenden fanden unter großen Sicherheitsvorkehrungen militärische Übungen statt. Während das Verbot der KPD im März 1924 wieder aufgehoben wurde, blieben die Hundertschaften illegal.

Im Sommer 1924 gründete die KPD als Teil der «Einheitsfront von unten» die, für Angehörige aller ArbeiterInnenparteien offene, paramilitärische Organisation Roter Frontkämpferbund (RFB). Der eingetragene Verein gilt als Nachfolgeorganisation der Ende 1923 verbotenen Proletarischen Hundertschaften. Seine Hochburgen lagen ebenfalls vor allem im damaligen Mitteldeutschland. Der Aufbau des uniformiert auftretenden Rotfrontkämpferbundes war streng hierarchisch, seine Leitung war mit derjenigen der KPD identisch. Einige Monate vor dem RFB hatten die sozialdemokratischen Organisationen das Reichsbanner Schwarz-Rot-Gold gegründet. Vom SPD-Politiker Otto Hörsing wurde das Reichsbanner als «überparteiliche Schutzorganisation der Republik und der Demokratie im Kampf gegen Hakenkreuz und Sowjetstern» gepriesen. Gleichzeitig förderte jedoch auch das Reichsbanner Ideologien, die ob ihres reaktionären Gehalts nicht umsonst Monopol der Nazis sein sollten. So hieß es in einer Ausgabe der Zeitung des Reichsbanners von 1925, Ziel der Organisation sei, «über alles Trennende der Klasse und parteipolitischen Weltanschauung hinweg ein eisernes Band deutscher Zusammengehörigkeit und Volksgemeinschaft zu schmieden»[22].

Auf der ersten der bis zu seinem Verbot 1929 jährlich stattfindenden Reichskonferenz des Rotfrontkämpferbundes hieß es, der Bund stelle sich die «Pflege des Klassenbewusstseins und die Pflege der Kriegserinnerungen zum Zwecke der Abwehr na-

22 Rohe, Karl: Das Reichsbanner Schwarz Rot Gold. Ein Beitrag zur Geschichte und Struktur der politischen Kampfverbände zur Zeit der Weimarer Republik, Droste Verlag, Düsseldorf 1966, S. 187.

tionalistisch-militärischer Propaganda für neue imperialistische Kriege» zur Aufgabe.[23] Hierzu veranstaltete der zu fünfzig Prozent aus Kommunisten bestehende Bund Schulungen, Feste, Konzerte, Aufmärsche und jährliche Reichstreffen, auf denen sich die Ortsverbände präsentierten und neben anderen Aktivitäten ihren Gefallenen gedachten. Angesichts der Gefahr von faschistischen oder polizeilichen Überfällen auf die oftmals von Kapellen angeführten Demonstrationen wurden alle größeren Versammlungen durch einen Beobachtungs- und Meldedienst gesichert, der den Zug begleitete.

Ab 1926 wurde das Augenmerk verstärkt auf die militärische Ausbildung gerichtet und entsprechende Übungen organisiert. Mitglieder des RFB versuchten immer wieder, faschistische und völkisch-nationale Veranstaltungen zu verhindern und lieferten sich Straßenschlachten mit Angehörigen der faschistischen und völkisch-nationalen Organisationen.

Da der Rotfrontkämpferbund eine reine Männerorganisation war, wurde auch der Rote Frauen- und Mädelbund gegründet, dessen Aufgabe es war, «breite, indifferente Frauenmassen ohne Unterschied der Partei und Religion zu erfassen, sie sowohl durch Vorträge, Kurse usw. theoretisch als auch durch Teilnahme an allen Aktionen der Arbeiterklasse praktisch politisch zu schulen.»[24] Daneben existierte als Reminiszenz an den Matrosenaufstand auch eine Rote Marine und außerdem eine Jugendorganisation, deren Mitgliedszahlen im Gegensatz zu denen des Gesamtverbands jedoch kaum anstiegen.

Verboten wurde der Rotfrontkämpferbund nach dem Blutmai am 1. Mai 1929 in Berlin, an dem die KPD im Gegensatz zu SPD und Gewerkschaften ein von der Regierung aus Angst vor Auseinandersetzungen erlassenes Demonstrationsverbot ignorierte und es zu blutigen Scharmützeln zwischen DemonstrantInnen und der Polizei kam.

Nach dem Verbot des Rotfrontkämpferbundes fehlte der KPD eine Massenorganisation, die ihre Politik auf die Straße trug, den Betriebs-, Demonstrations- und Agitationsschutz gewähr-

23 Gruppe MAGMA: ...denn Angriff ist die beste Verteidigung, S. 94.

24 GdV – Team der radikal: Gegen das Vergessen – Sozialrevolutionärer Widerstand und Verweigerung in Deutschland, Unrast, Münster 1999, S. 51.

leisten und auch parteilose ArbeiterInnen einbinden konnte; vor allem fehlte eine einheitliche Organisation für den antifaschistischen Kampf, der angesichts des Erstarkens der rechtsradikalen Verbände immer notwendiger wurde. Im Juli 1929 erließ das Zentralkomitee der KPD deshalb in Zusammenarbeit mit der Komintern «Richtlinien über die Organisierung eines proletarischen Selbstschutzes».

Nach den Wahlen vom 28. September 1930, bei denen die NSDAP nach der SPD zweitstärkste Kraft wurde, rief die KPD den Kampfbund gegen den Faschismus (KGF) als Nachfolgeorganisation des Rotfrontkämpferbundes ins Leben; seine Strukturen bauten auf den Resten des illegal weitergeführten Rotfrontkämpferbundes auf. Auch als Reaktion auf die Gründung der Schutzformationen (Schufo) des sozialdemokratischen Reichsbanners sollte der Verband als überparteiliche proletarische Massenorganisation «allen parteilosen, sozialdemokratischen und christlichen Arbeitern, (...) die gewillt sind mit uns zusammen den Faschismus niederzukämpfen»[25] offen stehen. Ziel des Kampfbunds war es laut Statut, «alle antifaschistischen Kräfte organisatorisch zu einer breiten antifaschistischen Massenbewegung zusammenzufassen, die Mitglieder für den Kampf gegen den Faschismus zu schulen und den Kampf mit den geeigneten politischen und organisatorischen Mitteln zu führen»[26]. Die Bezirksverbände und Ortsgruppen des KGF waren in weitere Abteilungen untergliedert, es wurden Jugendstaffeln sowie Frauen- und Mädchengruppen organisiert. Bei Angriffen von Nazis wurden die Mitglieder zusammengerufen, um bei Attacken zurückschlagen zu können. Im Dezember 1931 hatte der Bund im ganzen Reich über hunderttausend Mitglieder – zum Vergleich: Im Reichsbanner Schwarz-Rot-Gold waren eine Million Menschen organisiert. Und Ende 1931 entstand aus dem sozialdemokratischen Spektrum die Eiserne Front, eine weitere offene ArbeiterInnenorganisation, die den überhand nehmenden Naziangriffen Paroli bieten sollte. Die gesamtpolitische Führung hatte die SPD-Spitze, das Reichsbanner die technische Leitung, in Betrieben und Berufsgruppen wurden sogenannte «Hammerschaften» aufgestellt, die Übergriffe von Faschisten abwehren sollten. Dass die Eiserne Front keine Strahlkraft über

25 Gruppe MAGMA: ...denn Angriff ist die beste Verteidigung, S. 122.
26 Ebd.

die sozialdemokratische Klientel hinaus entwickeln konnte, lag vor allem daran, dass organisierte KommunistInnen auf Weisung der Leitung ausgeschlossen blieben.

Auch die AnarchosyndikalistInnen, die sich in den letzten Jahren vor allem auf Betriebskämpfe konzentriert hatten und pazifistisch orientiert waren, reagierten auf die Übergriffe der Nazis. Zwar war diese Maßnahme in der FAUD stark umstritten, doch an einigen Orten gründete sie schließlich einen Kampfverband, die Schwarze Schar, die uniformiert und zum Teil bewaffnet war. Sie führte Demonstrationen an und lieferte sich Auseinandersetzungen mit den Nazis, bei denen es Tote und Verletzte gab.

2.9. Die Antifaschistische Aktion

Nachdem kommunistische Abgeordnete am 24. Mai 1932 im Reichstag von Mitgliedern der NSDAP-Fraktion angegriffen worden waren, reagierte auch die KPD und rief am folgenden Tag die Antifaschistische Aktion aus, in die der Kampfbund gegen den Faschismus überging. Allerdings nicht ohne daran zu erinnern, dass der Hauptfeind im Sinne der «Einheitsfront von unten» immer noch die Sozialdemokratie sei. Trotzdem nahmen viele ArbeiterInnen das Signal der KPD mit Erleichterung auf, der Aufruf zur Antifaschistischen Aktion wurde an vielen Orten umgesetzt. Die Führung von SPD und Reichsbanner sah der Gründung der Antifaschistischen Aktion jedoch mit Skepsis entgegen; sie verbot ihren Mitgliedern die Teilnahme – bei Zuwiderhandlung drohten Sanktionen bis hin zum Ausschluss.

Trotzdem entstanden in vielen Betrieben Ausschüsse, in denen sozialdemokratische GewerkschafterInnen zusammen mit KPD-Mitgliedern arbeiteten. Nach zum Teil mehrjähriger Trennung nahmen sie endlich gemeinsam den Kampf gegen den Terror der Nazis auf. In Hamburg fand hierzu Ende Juni 1932 der «1. Antifaschistische Kampfkongress des Bezirks Wasserkante» statt, an dem über eintausendsiebenhundert Menschen teilnahmen: Über dreihundert KPD-Mitglieder, fast hundertdreißig SPD-AnhängerInnen, einige andere Fraktionen und vierzehn ehemalige Nazis. Auf dem Reichseinheitskongress der verschiedenen antifaschistischen Komitees am 10. Juli 1932 in Berlin wurde die Gründung der Antifaschistischen Aktion schließlich offiziell bekannt gegeben. Das Emblem bildeten zwei von rechts nach links wehende rote Fahnen in einem roten Kreis – die Fahnen standen für SPD und KPD, der Kreis für einen Rettungsring. Die Uniformierung, die beim RFB noch eines der zentralen Merkmale war, wurde fallengelassen.

Im Gründungsaufruf hieß es: «Die Antifaschistische Aktion muss durch den organisierten roten Massenselbstschutz in breitester Einheitsfront den Mordterror des Hitlerfaschismus brechen. Die Antifaschistische Aktion muss durch den Massenkampf für eure Forderungen, für die Verteidigung der Lebensinteressen aller Werktätigen, durch die Streiks der Betriebsarbeiter, durch die Massenaktionen der Millionen Erwerbslosen, durch den politischen Massenstreik der geeinten Arbeiterklasse dem Hitlerfaschismus den Weg zur Macht verlegen! Die Antifaschistische Aktion muss alle Kräfte der Arbeiterklasse und der von ihr geführten Millionen Werktätigen in Stadt und Land zum Einsatz bringen, um der Faschisierung Deutschlands Einhalt zu gebieten, um den blutigen Plan des Hitlerfaschismus zu vereiteln, der die offene faschistische Diktatur über Deutschland aufrichten will.»[27]

Zwar wurde die Sozialfaschismusthese auf Druck der Komintern bis 1935 beibehalten, in der KPD setzte sich mit der Entstehung der Antifaschistischen Aktion aber zunehmend die Erkenntnis durch, dass der antifaschistische Kampf nur gemeinsam mit der gesamten SPD und den Gewerkschaften erfolgreich sein könne. Nun war es abermals die Führung der SPD, die ein Zusammengehen der ArbeiterInnenklasse verunmöglichte. An der Basis aber gelang die Zusammenarbeit: Antifaschistische Kundgebungen, Demonstrationen, Flugblattaktionen und Kampfwochen gegen den Faschismus wurden organisiert, immer wieder gab es gewalttätige Auseinandersetzungen zwischen AntifaschistInnen und Nazis. Im Laufe des Juli 1932 starben in Deutschland rund hundert Menschen bei solchen Auseinandersetzungen, über tausend wurden verletzt. Insbesondere die nationalsozialistische Sturmabteilung (SA) griff regelmäßig Gewerkschaftshäuser und Kneipen, die der Linken zugerechnet wurden, an. Hierbei zeigte sich die Stärke der antifaschistischen Komitees, die ihre Viertel, ihre Betriebe und ihre Kulturräume

27 Ebd., S. 127f.

schützten. Im Ruhrgebiet wurden die Parteihäuser der SPD und der KPD mehrfach vor Überfällen bewahrt. Ab Mitte Juni war es der SA in vielen Vierteln des Ruhrgebietes nicht mehr möglich, offen aufzutreten, da sie gemeinsam von Reichsbannermitgliedern, christlichen, unorganisierten und kommunistischen ArbeiterInnen vertrieben wurden. Am 13. Juli 1932 gelang es tausenden Menschen im Anschluss an eine Kundgebung der Antifaschistischen Aktion in Wuppertal, einen Auftritt Hitlers und eine Demonstration der SA zu verhindern.

Am 17. Juli 1932 marschierten rund siebentausend SA-Mitglieder durch den Hamburger Stadtteil Altona, der den Ruf eines «roten Viertels» hatte. Im Verlauf des genehmigten Aufmarschs griffen die Teilnehmer GegnerInnen am Straßenrand an, daraufhin wurden zwei Nazis erschossen. Die Polizei drängte die SA ab, führte Hausdurchsuchungen bei NazigegnerInnen durch und verhaftete neunzig Personen. Sechzehn Menschen wurden von Gewehrkugeln getötet, die der Polizei zugeschrieben wurden.

Wenige Wochen später befand der KPD-Vorsitzende Ernst Thälmann: «Die Antifaschistische Aktion, die wir vor ungefähr zwei Monaten in Deutschland eingeleitet haben, war zweifellos der Schlüssel für die neuen, größeren Erfolge und auch ein wichtiger Hebel, um die Autorität der Partei und ihre Führerrolle in den Massen zu stärken. Doch muss man auch sagen, dass die Arbeit der Antifaschistischen Aktion gewisse Grenzen hatte. Die Antifaschistische Aktion war zu viel gelenkt auf Demonstrationen, auf Konferenzen, auf die Offensive gegen den Naziterror, was zweifellos eine gute revolutionäre Seite ist; aber die Antifaschistische Aktion war zu wenig orientiert auf die strategische Arbeit in den Betrieben und an den Stempelstellen.»[28] Dies wurde in der Folge zwar versucht umzusetzen, wollte jedoch nicht recht gelingen. In Hamburg hatte der Juni-Kongress entsprechend der zentralen Vorgaben den Aufbau des überparteilichen «roten Massenselbstschutzes» beschlossen; im Dezember wurden in der Stadt hundertsiebzig Staffeln mit fünftausenddreihundert Mitgliedern gezählt, die meisten von ihnen für den Häuserschutz gegründet. In den Betrieben kam die Antifaschistische Aktion im Raum Hamburg dagegen auf nur neun Staffeln

28 Wimmer, Ruth / Wimmer, Walter: Kampf dem Faschismus – Thälmann 1929–1933, Urania-Verlag, Leipzig 1986, S. 285f.

mit sechshundert Mitgliedern. Und nur ein Bruchteil der Staffelmitglieder kam aus SPD und Reichsbanner.

Mit den AnarchosyndikalistInnen arbeitete die KPD offiziell nicht zusammen – auf Betriebs- und Stadtteilebene gab es durchaus Zusammenarbeit –, mit anderen sozialistischen und kommunistischen Kräften bildete die FAUD jedoch 1932 eine Kampfgemeinschaft gegen Faschismus und Reaktion, die jedoch wie die anderen antifaschistischen Bündnisse auch nicht in der Lage war, der wachsenden Massenbasis des Nationalsozialismus etwas entgegenzusetzen.

Auch der Versuch der KPD, noch am Tag des Machtantritts der NSDAP einen deutschlandweiten Generalstreik zu organisieren, scheiterte. Bekannt wurde nur, dass sich im baden-württembergischen Mössingen am 30. Januar 1933 etwa zweihundert ArbeiterInnen in der örtlichen Turnhalle versammelten, nachdem sie durch einen Kurier über den Streikaufruf der KPD informiert worden waren. Die Versammlung beschloss noch am selben Abend die Bildung der Antifaschistischen Aktion und ein weiteres Treffen am folgenden Tag. Nach diesem Beschluss demonstrierten die TeilnehmerInnen spontan mit Parolen wie «Hitler bedeutet Krieg» durch Mössingen.

Am nächsten Tag traf sich die neu gebildete Antifaschistische Aktion und beschloss, die Belegschaften der Mössinger Betriebe zum Generalstreik zu mobilisieren. Ihre Demonstration mit dem Transparent «Hinaus zum Massenstreik» zog von einem Betrieb zum nächsten und umfasste schon bald knapp achthundert Menschen. Als die Demonstration auf dem Fabrikgelände der Firma Merz ankam, gab es jedoch Auseinandersetzungen zwischen den demonstrierenden ArbeiterInnen und einem Teil der dortigen Belegschaft, der sich dem Streik nicht anschließen wollte. Die StreikbrecherInnen wurden von den Demonstrierenden aus dem Betrieb gedrängt. Im nächsten Unternehmen, zu dem die Demonstration zog, war die Betriebsleitung bereits vorgewarnt und hatte die Fabriktore geschlossen. Wieder kam es zu Auseinandersetzungen, einige Demonstrierende kletterten über die Tore und versuchten, sie von innen zu öffnen, doch nur wenige ArbeiterInnen schlossen sich der Demonstration an. Der Streik von Mössingen fand keine NachahmerInnen, zu weiteren größeren Streikaktionen kam es in Deutschland im Januar 1933 nicht.

So konnte auch die Antifaschistische Aktion den Machtantritt der Nazis nicht mehr verhindern. Zu groß waren das Misstrauen, die politischen Gegensätze und Feindschaften der ArbeiterInnenparteien, zu tief die Gräben, als dass dieser letzte Versuch einer breiten Einheitsfront noch hätte greifen können. Hinzu kamen die analytischen Fehleinschätzungen bezüglich des aufstrebenden Faschismus. Schon Ende der 1920er Jahre interpretierte die KPD die Situation in Deutschland als faschistisch. Entsprechend erschienen Terror und Machtantritt der Nazis nicht als qualitative Veränderung, sondern nur als quantitative Steigerung. Erst 1935, als die Tragweite des Nationalsozialismus auch den Führungen von SPD und KPD allmählich klar wurde, begannen die Parteiapparate in der antifaschistischen Einheitsfront zusammenzuarbeiten. Zu dieser Zeit operierten sie jedoch schon hauptsächlich im Exil. Die Antifaschistische Aktion in Deutschland war wie alle anderen Strukturen der ArbeiterInnenbewegung unter dem Nationalsozialismus längst zerschlagen worden.

3. Folgen von Nationalsozialismus und Holocaust

Die zunächst widersprüchliche Haltung des Großteils der deutschen ArbeiterInnenbewegung und schließlich sein absolutes Scheitern im Umgang mit den Nazis – die weitgehende Verkennung der Ursachen ihres Erstarkens und die Unfähigkeit, darauf zu reagieren – ließen es geschehen, dass in Deutschland Millionen Menschen unter anderem aufgrund ihnen zugeschriebener Eigenschaften industriell ermordet wurden.

Widerstand gegen die Nazis hat es die ganzen zwölf Jahre, die sie an der Macht waren, gegeben – in Deutschland und international. Einzelpersonen, kommunistische, sozialistische, anarchistische und bürgerliche Gruppen, Freundeskreise, evangelische, katholische und freikirchliche Zusammenhänge, jüdische Vereine, Militärs und einfache Soldaten, Edelweißpiraten und andere bündische Jugendorganisationen leisteten den Nazis aus unterschiedlichsten Gründen spontan oder organisiert Widerstand, lieferten sich Schlägereien mit der Hitlerjugend, entzogen sich der Mittat am Verbrechen, halfen politisch, rassistisch und als «asozial» gebrandmarkten Verfolgten, versteckten Juden und Jüdinnen, verteilten Flugblätter, sabotierten oder versuchten Hitler zu töten. Viele von ihnen riskierten ihr Leben, um ein anderes zu retten; viele von ihnen verbrachten lange Zeit im Gefängnis oder Konzentrationslager, wurden gefoltert und ermordet. Ihr Opfer kann nicht hoch genug bewertet werden.

Doch war es nur eine verschwindend kleine Minderheit, die Widerstand leistete: Die Mehrheit der Deutschen stand hinter ihrem Führer, glaubte an die auszubügelnde «Schande von Versailles», an das «Recht auf Raum» des deutschen Volkes, an die «Überlegenheit der arischen Rasse», an die angebliche Bedrohung der «Volksgemeinschaft» durch die Juden und deren Schuld an den Widrigkeiten der kapitalistischen Moderne, glaubte an die Notwendigkeit, den vermeintlichen jüdischen Einfluss zu brechen. Die Mehrheit der Deutschen arbeitete daran mit oder nahm hin, dass ihre jüdischen NachbarInnen verschwanden, viele eigneten sich den Besitz der Deportierten an;

sie wussten, dass niemand zurückkehren würde. Und 1945, nachdem der Krieg nach Deutschland zurückgekehrt war, als deutsche Städte in Trümmern lagen und die Alliierten das Land besetzten, die Konzentrationslager befreit wurden oder sich selbst befreiten, wollte die Mehrheit der Deutschen nichts von den Gräueln gewusst haben, sahen viele Deutsche sich selbst als Opfer.

Einerseits bedeuteten Nationalsozialismus und Holocaust einen Bruch, nach dem nichts mehr war wie zuvor; andererseits bestanden ideologische und personelle Kontinuitäten des Nationalsozialismus auch nach 1945 fort.

Nationalsozialismus und Holocaust haben Konsequenzen für die antifaschistische Linke wie kein anderes historisches Ereignis. Die absolute Niederlage gegen die Nazis, die Konzentrations- und Vernichtungslager, die Empathie mit den Opfern, aber auch das Fortleben antisemitischer und rassistischer Stereotype sowie eines deutschen Opfermythos nach 1945 prägen die Gesellschaftsanalyse und Motivation der antifaschistischen Linken bis heute. Und entsprechend streitet sie über die aus der Geschichte zu ziehenden Lehren.

Die Idee einer Einheitsfront aller demokratischen Kräfte gegenüber der direkten und (vermeintlichen oder realen) gesellschaftlichen Bedrohung, die von Nazis ausgeht, findet sich bis heute in den meisten antifaschistischen Mobilisierungen. Doch im Zweifelsfall demonstrieren eben auch diejenigen gegen Nazis, die kurz zuvor noch die Asylgesetzgebung verschärft haben oder selbst den deutschen Opfermythos pflegen. Daraus folgte für einen Teil der antifaschistischen Linken auch der Bruch mit dem traditionellen Klassenkampf-Konzept: Das Aufgehen weiter Teile der ArbeiterInnenbewegung in der Volksgemeinschaft hat die Idee des Klassenkampfs für sie diskreditiert.

Ebenfalls umstritten ist das Verhältnis von Krieg und Faschismus: Welches Verhältnis zum Krieg haben AntifaschistInnen nach der Erfahrung der notwendig militärischen Zerschlagung des Nationalsozialismus? Teile der antideutschen Antifa befürworten Krieg als Mittel staatlicher Politik gegen reaktionäre Staaten und Bewegungen, schließlich gebe es etwas noch Schlimmeres als Krieg; andere Antifas ziehen aus der gleichen historischen Erfahrung den Schluss, jede Form von staatlichem Militarismus konsequent abzulehnen.

Der bewaffnete Widerstand, den AntifaschistInnen den Nazis in ganz Europa entgegensetzten, ist eine der zentralen Legitimationen militanten Vorgehens gegen Neonazis; eine in der Antifa relativ konsensfähige Position. Doch andere Linke streiten die Übertragbarkeit antifaschistischer Militanz auf die heutigen Verhältnisse ab.

4. Von den Häftlingskomitees zur Autonomen Antifa – radikaler Antifaschismus von 1945 bis 1989

Die spätere Autonome Antifa ist aus verschiedenen Ansätzen antifaschistischer Politik und linksradikaler Organisierung hervorgegangen. Geprägt hat sie vor allem die Auseinandersetzung mit dem Nationalsozialismus und die jeweilige Analyse von Faschismus und Antisemitismus. Die Zugänge von der Vereinigung der Verfolgten des Naziregimes (VVN), Studierendenbewegung, K-Gruppen und Autonomen wandelten sich dabei entsprechend den bundes- und weltpolitischen Ereignissen. Auch durch Theoriearbeit wurde der eigene Standpunkt immer wieder neu definiert. Obwohl sich die Faktoren, die ihre politischen Aktivitäten bestimmten, immer wieder grundsätzlich veränderten, lassen sich aus heutiger Perspektive Verbindungslinien zwischen den Ansätzen antifaschistischer Organisierung nach Kriegsende und jenen der Gegenwart ausmachen.

4.1. Die Nachkriegszeit

Mit der bedingungslosen Kapitulation der Wehrmacht endete am 8. Mai 1945 der Zweite Weltkrieg in Europa; Deutschland wurde von alliierten Truppen besetzt. Während zunächst sogar die bürgerlichen Parteien als Antwort auf die Verstrickung der Industrie in den Nationalsozialismus sozialistische Programme entwickelten, erlaubte unter anderem die Beschäftigung mit den unmittelbaren Problemen – Suche nach Angehörigen und Wiederaufbau – der deutschen Bevölkerung die Verdrängung der NS-Verbrechen. Bald schon wurden die Besatzungszonen in die Konstellation des Kalten Krieges einbezogen: In der französisch, britisch und US-amerikanisch verwalteten Westzone wurden Einheitsbestrebungen von SPD und KPD unterbunden, im Zuge des Kalten Krieges gewann der Antikommunismus an Kraft, die Entnazifizierung blieb trotz der Nürnberger Prozesse und verschiedener aufklärerischer Initiativen der Alliierten ein

Ideal. Viele Nazis wurden sogar in den Aufbau des «antikommunistischen Bollwerks» Westdeutschland eingebunden. In der sowjetisch besetzten Zone hingegen wurde die Integration in das Einflussgebiet der UdSSR vorangetrieben. Trotz des postulierten Ziels, ein «besseres», antifaschistisches Deutschland zu schaffen, wurde sich auch hier nicht um eine über Parolen hinausgehende Auseinandersetzung mit dem Nationalsozialismus und seinen Grundlagen bemüht. Hohe politische Ämter waren jedoch GegnerInnen des Nationalsozialismus vorbehalten. Ab Sommer 1948 wurde die Trennung zwischen Ost und West durch Einführung einer separaten Währung in den Westzonen und die Konstituierung der Bundesrepublik Deutschland vollzogen, im Osten folgte die Gründung der Deutschen Demokratischen Republik.

4.2. Die Vereinigung der Verfolgten des Naziregimes

Einige der während des Nationalsozialismus aus politischen und rassistischen Gründen Inhaftierten schlossen sich schon vor der Befreiung der Konzentrationslager zu Häftlingskomitees zusammen, um Konzepte für ein «antifaschistisches, demokratisches und sozialistisches Deutschland» zu erarbeiten. Doch nach Kriegsende war die oberste Priorität der Häftlingskomitees und spontan gebildeten Ausschüsse der Opfer des Faschismus die unmittelbare humanitäre Hilfe: der Kampf gegen Hunger und Obdachlosigkeit sowie die Organisation von Anlaufstellen für die aus den Konzentrationslagern Zurückkehrenden. Die Alliierten hatten zunächst große Zweifel an der Demokratiefähigkeit der Masse der deutschen Bevölkerung und entsprechende Vorbehalte gegenüber jeder Form der Organisierung. Bedenken hatten die West-Alliierten zudem aufgrund des hohen Anteils an KommunistInnen und SozialistInnen, eine Organisation der «Gegner des Faschismus» wurde nicht geduldet. Um der gesamtdeutschen Organisierung willen wurde schließlich auf die Bezeichnung «Kampfbund gegen Faschismus» verzichtet und sich auf den Namen «Vereinigung der Verfolgten des Naziregimes» (VVN) beschränkt. Auf zwei interzonalen Konferenzen im Juli 1946 und März 1947 schlossen sich die diversen Vereinigungen, die sich seit Kriegsende gebildet hatten, zusammen, wählten ihr Führungsgremium und beschlossen das Programm der VVN. Zu diesem Zeitpunkt repräsentierte die VVN zweihundertfünfzigtausend Mitglieder der verschiedenen Vereinigungen, die sich bundesweit gebildet hatten. In der VVN vereinten sich zunächst zwar verschiedene politische Strömungen, deren ideologische Differenzen gerade angesichts des historischen Scheiterns der Einheitsfront gegen den Nationalsozialismus überbrückt werden sollten. Dies gelang jedoch nicht: Bereits 1946 verabschiedete die SPD einen Unvereinbarkeitsbeschluss mit der VVN, in der sie vor allem ein kommunistisches Instrument sah.

Leitmotiv der politischen Arbeit der VVN wurde neben der Losung «Nie wieder Faschismus, nie wieder Krieg!» der am 19. April 1945 von den Überlebenden des KZs Buchenwald verlesene «Schwur von Buchenwald». Zahlreiche Gruppen konnten sich unter diesem Programm, das die grundsätzliche Konzeption des Antifaschismus nach 1945 ausdrückt, zusammenfinden. In ihm heißt es: «Wir schwören deshalb vor aller Welt auf diesem Appellplatz, an dieser Stätte des faschistischen Grauens: Wir stellen den Kampf erst ein, wenn auch der letzte Schuldige vor den Richtern der Völker steht! Die Vernichtung des Nazismus mit seinen Wurzeln ist unsere Losung. Der Aufbau einer neuen Welt des Friedens und der Freiheit ist unser Ziel.»[29]

Zentrales Betätigungsfeld der VVN war die Entnazifizierung: Reaktionäre Organisationen sollten aufgelöst, der Einfluss ehemaliger Nazi-Funktionäre durch Ausschluss von gesellschaftlich relevanten Positionen ausgeschaltet und die ideologische Grundlage des Faschismus durch antifaschistische Bildungsarbeit zerstört werden. Immer wieder deckte die VVN die Nazi-Vergangenheit von Personen des öffentlichen Lebens auf und forderte, diese Personen zu entlassen. Außerdem begleitete sie Prozesse gegen FunktionärInnen des Naziterrors und protestierte bei SS-Veteranentreffen.

Kontinuierlich forderte die VVN Entschädigungszahlungen für die Opfer des Nationalsozialismus. Diese Forderungen wur-

29 Carlebach, Emil / Schmidt, Willy / Schneider, Ulrich: Buchenwald. Ein Konzentrationslager. Berichte, Bilder, Dokumente. Hrsg. im Auftr. d. Lagergemeinschaft Buchenwald-Dora, Pahl-Rugenstein Nachfolger, Bonn 2005.

den 1956 auch infolge des internationalen Drucks mit dem ersten Bundesentschädigungsgesetz gesetzlich verankert, allerdings nur für einen sehr eingeschränkten Betroffenenkreis. Danach leistete die VVN vor allem Beratungsdienste und Rechtshilfe für Betroffene und protestierte gegen einen Absatz im Gesetzestext, dem zufolge den Anspruch auf Entschädigung verliert, wer beschuldigt wurde, die «freiheitlich demokratische Grundordnung» zu bekämpfen (beispielsweise durch Mitgliedschaft in der KPD). Schließlich entschied das Bundesverfassungsgericht in dieser Angelegenheit zugunsten der ehemaligen WiderstandskämpferInnen und Verfolgten, die ihre Ansprüche bedroht sahen. Immer wieder demonstrierte die VVN gegen den I.G. Farben-Konzern in Liquitation, der unter anderem das Zyklon B für den industriellen Massenmord in Auschwitz produziert und ZwangsarbeiterInnen eingesetzt hatte sowie die spätere Entschädigung der Betroffenen systematisch verschleppte. Das wurde später auch von Antifa-Gruppen aufgegriffen.

Die VVN lehnte jede Form der Wiederbewaffnung ab. Als die BRD 1952 der Europäischen Verteidigungsgemeinschaft und 1955 der NATO beitrat und im gleichen Jahr die Bundeswehr gegründet wurde, war die VVN bei den Protestaktionen dabei. 1952 wurden im Verlauf einer verbotenen Demonstration, an der in Essen dreißigtausend Menschen teilnahmen, von der Polizei Schusswaffen gegen Demonstrierende eingesetzt: Zwei der Menschen wurden schwer verletzt, der Jugendliche Philipp Müller starb durch einen Schuss in den Rücken. Gegen den späteren Vietnam-Krieg beteiligte sich die VVN auch an der internationalen Solidarität mit dem Vietcong und besonders in den 1970er und 1980er Jahren brachte sie sich in der erstarkten Friedensbewegung ein.

Außerdem leistete die VVN Widerstand gegen Gesetze, die die nach 1945 gesetzten bürgerlichen Freiheiten einschränkten. Insbesondere die Berufsverbote gegen KommunistInnen und SozialistInnen 1950, die gegen KommunistInnen gewendete Wiedereinführung von «Hoch- und Landesverrat» sowie «Staatsgefährdung» 1951, das Verbot der KPD 1956, die «Notstandsgesetze» 1968 und die Berufsverbote der 1970er Jahre riefen den Protest der VVN auf den Plan, die diese Entwicklungen immer unter dem Gesichtspunkt einer erneuten Faschisierung der Gesellschaft betrachtete.

Viele Mitglieder der VVN sympathisierten mit dem sogenannten Realsozialismus. Daher vertrat die VVN Positionen, die sich an der klassischen orthodox-kommunistischen Faschismus-Doktrin orientierten, nach der Faschismus und bürgerliche Demokratie bloß unterschiedliche Formen der Sicherung der Herrschaft des Kapitals dienen. Aufgrund ihrer Ausrichtung wurde die VVN als «linksradikale Organisation» eingestuft und sah sich in den 1950er Jahren zunehmenden Kriminalisierungsversuchen ausgesetzt: In mehreren Bundesländern wurde die VVN verboten, ein Verbot auf Bundesebene scheiterte jedoch 1964. Nicht zuletzt der Frankfurter Auschwitz-Prozess und das Verfahren in Jerusalem gegen Adolf Eichmann, einen der Organisatoren des Holocausts, ließen «die offene Unterdrückung der größten Organisation von Verfolgten, Opfern und Widerstandskämpfern nicht mehr opportun» erscheinen.[30] Vom Verfassungsschutz wird die Organisation bis heute beobachtet. Trotzdem ist gerade in den frühen Schriften ein regelrechter «positiver Patriotismus» zu erkennen, ihren Kampf gegen das Nazi-Regime begriffen viele WiderstandskämpferInnen als Verpflichtung gegenüber dem Vaterland. Von diesem Bewusstsein war auch die Stimmung nach Kriegsende bestimmt: Viele WiderstandskämpferInnen wollten die «Schande des Nationalsozialismus» durch Etablierung eines wahrhaft antifaschistischen Staats beseitigen. So ist die Forderung nach Erfüllung der durch das Grundgesetz festgelegten rechtsstaatlichen Maßstäbe für die VVN zentral in der politischen Praxis. Auch heute noch besteht ein ausgesprochen positiver Bezug auf das Grundgesetz und Deutschland.

Die VVN bezog sich von Anfang an positiv auf die deutsche Zivilbevölkerung, die als Opfer des «Hitlerregimes» betrachtet wurde. Zwar wurde eine konsequente Entnazifizierung im öffentlichen Bereich gefordert, die Rolle der Bevölkerung im Dritten Reich aber kaum thematisiert. Stattdessen wurde der Faschismus als ein der deutschen Gesellschaft äußeres Übel wahrgenommen und vor allem Großkapital und Rüstungsindustrie als treibende Kräfte hinter Faschismus und Krieg benannt.

1971 erweiterte sich die VVN aufgrund des Interesses vieler junger Leute zum Bund der Antifaschistinnen und Antifaschisten. Nun konnten sich nicht mehr nur vom Nationalsozialismus

30 Elm, Ludwig: Oberländer versus VVN, antifa. Magazin der VVN-BdA für antifaschistische Politik und Kultur, Nr. 7–8/2009.

Verfolgte und deren Angehörige, sondern auch junge Leute in die Organisation einbringen. Erst 2002 vereinigten sich die West-Verbände mit ihren Pendants aus der ehemaligen DDR.

4.3. Die 1960er Jahre

Im August 1961 wurde die Trennung zwischen BRD und DDR mit dem Bau der Berliner Mauer durch die DDR zwischen dem Ost- und dem Westteil der Stadt zementiert, sieben Jahre später marschierten die Truppen des Warschauer Pakts in die Tschechische Sozialistische Sowjetrepublik (CSSR) ein und beendeten das dortige reformsozialistische Projekt. Während die SPD den längst begonnenen Wandel von einer sozialistischen zur Volkspartei vollzog, betrat 1964 die Nationaldemokratische Partei (NPD) die politische Bühne und zog bereits zwei Jahre später in die Landesparlamente von Hessen und Bayern ein, 1968 kam sie in Baden-Württemberg auf fast zehn Prozent. Bis zu diesem Zeitpunkt hatten viele alte Nazis in der CDU und vor allem in der FDP ihre politische Heimat gefunden. Gegründet worden war die NPD von Mitgliedern neonazistischer und nationalistischer Splittergruppen sowie ehemaligen Mitgliedern der NSDAP und der Sozialistischen Reichspartei (SRP). Nach dem Verbot der SRP 1952 wegen ihrer offenen Bezugnahme auf die NSDAP sollten die unterschiedlichen rechtsradikalen Fraktionen in der NPD aufs Neue vereint werden. 1963 begann in Frankfurt der erste Auschwitzprozess, bei dem sich zweiundzwanzig Angeklagte für ihre Handlungen während des Nationalsozialismus verantworten sollten. 1965 wurden schließlich nach hundertvierundfünfzig Prozesstagen die Urteile verkündet: Sechs Täter erhielten lebenslängliche Freiheitsstrafen, drei wurden aus Mangel an Beweisen freigesprochen, der Rest wurde zu Gefängnisstrafen zwischen dreieinhalb und vierzehn Jahren verurteilt. Das geringe Strafmaß spricht eine deutliche Sprache – insbesondere wenn man das Strafmaß für Gefangene aus der RAF als Vergleich heranzieht: Viele RAF-Mitglieder saßen länger im Gefängnis als jedeR MittäterIn am Holocaust. Die überwiegende Mehrheit der Nazi-Größen wurde in der BRD niemals verfolgt oder gar angeklagt.

Waren die 1960er Jahre in Westdeutschland wirtschaftlich noch vom «Wirtschaftswunder» infolge des von den Westmächten subventionierten schnellen Wiederaufbaus und dem sich verbreitenden Massenwohlstand geprägt, so waren sie es international von den amerikanischen Angriffen auf Vietnam und den Befreiungsbewegungen im Trikont. 1968 wurde der Bürgerrechtler Martin Luther King ermordet, im Jahr zuvor war Che Guevara in Bolivien nach Zerschlagung seiner Guerilla auf Anweisung des Präsidenten umgebracht worden. In der BRD richtete sich die Aufmerksamkeit der Linken neben der internationalen Situation auf die Große Koalition; es wurde vor allem gegen die geplante Notstandsverfassung agitiert, die präventiv die Gesetzgebungskompetenz der Regierung bei verschiedenen Bedrohungsszenarien ausweiten und die Grundrechte einschränken sollte. Bei Verabschiedung der Notstandsgesetze im Sommer 1968 demonstrierten hunderttausend Menschen dagegen, unter ihnen viele aus der Studierendenbewegung.

4.4. Die Studierendenbewegung

Als nachfolgende Generation war die Studierendenbewegung die erste Gruppe, die sich, ohne persönlich in den Nationalsozialismus involviert gewesen zu sein, mit dessen Geschichte auseinandersetzte und daraus eine antifaschistische Politik ableitete.

Nachdem sich schon in der Friedensbewegung der frühen 1960er Jahre viele SchülerInnen und Studierende beteiligt hatten, entstand gegen Mitte des Jahrzehnts eine Protestbewegung, für die die Werte der älteren Generation an Verbindlichkeit verloren: Rockmusik und Hippiekultur gegen die biederen 1950er Jahre, die Pille für sexuelle Freizügigkeit und gegen die konservative Sexualmoral. Insbesondere aus der Unzufriedenheit, dass der Großen Koalition praktisch keine parlamentarische Opposition gegenüberstand, bildete sich die Außerparlamentarische Opposition (APO), die im Nachhinein auf den Begriff der Achtundsechziger gebracht wurde. Neben der Kritik der Regierungspolitik, vor allem der Notstandsgesetze, forderte die Bewegung eine Demokratisierung der Hochschulen, kritisierte die herrschende Autoritätshörigkeit und solidarisierte sich mit revolutionären Bewegungen im Trikont; eine Vielzahl von Gruppen, Zeitschriften und Initiativen entstand. Als während einer Protestkundgebung gegen den Besuch des persischen Schahs in West-Berlin am 2. Juni 1967 der Student Benno Ohnesorg von einem Polizisten erschossen wurde, führte dies zu einer starken Radikalisierung der Bewegung.

Schnell entwickelten die Studierenden Programme, die den revolutionären Umsturz der bestehenden Verhältnisse forderten und die sie zum Teil mit Gewalt durchzusetzen versuchten; gleichzeitig wollten AktivistInnen in Wohngemeinschaften und Projekten wie der Kommune 1 das befreite Leben durch freie Liebe und Drogenkonsum vorwegnehmen und verweigerten sich den herrschenden Idealen von Fleiß und Arbeit. Mit ihnen entwickelten sich neue und kreative Protestformen wie Sit-Ins und Teach-Ins, auf denen Inhalte und Strategien diskutiert wurden. Demonstrationen entwickelten eine bis dahin unbekannte Dynamik und Entschlossenheit. Nachdem im April 1968 Rudi Dutschke, einer der Köpfe der Bewegung, von einem Rechtsradikalen niedergeschossen und schwer verletzt wurde, wandte sich der Zorn der Studierenden schnell auch gegen die Bild-Zeitung, die immer wieder gegen die Bewegung gehetzt hatte und als mitverantwortlich für das Attentat angesehen wurde. Dutschke starb 1979 an den Spätfolgen des Attentats.

Getragen wurde die APO hauptsächlich vom Sozialistischen Deutschen Studentenbund (SDS), der 1946 als Studierendenorganisation der SPD gegründet worden war, jedoch relativ selbstständig agierte und in der Auseinandersetzung um die Wiederbewaffnung in offenen Konflikt mit der Mutterpartei trat, was 1961 schließlich zum Ausschluss aller SDS-Mitglieder aus der SPD führte, die sich weiter radikalisierten.

Ein wichtiges Element der Studierendenbewegung war die Abgrenzung von der TäterInnengeneration des Dritten Reichs; einerseits die Auseinandersetzung mit dem Nationalsozialismus und den von Deutschen begangenen Verbrechen, andererseits das Schweigen der Elterngeneration über ihre eigene Vergangenheit wurden zentrale Ansatzpunkte für viele Jugendliche. d Diese begannen selbstständig die deutsche Vergangenheit und die ihrer Eltern zu erforschen. Diese «Entdeckung der Vergangenheit» führte zu weiteren Konflikten mit der Elterngeneration und zur Entwicklung eines antifaschistischen Selbstverständnisses. Kritisiert wurde auch die Totalitarismustheorie, die eine

Gleichstellung von kommunistischen Regimes mit faschistischen Diktaturen bzw. konkret der stalinistischen Diktatur mit dem Nationalsozialismus formulierte und im antikommunistischen Klima der Restauration zum verpflichtenden Lehrinhalt wurde.

In den 1960er und 1970er Jahren wurde der Begriff Faschismus zunehmend auf alle kritisierten Missstände der Gesellschaft und ihre kapitalistischen Strukturen angewandt. Neben einer zunehmenden Faschisierung der deutschen Gesellschaft selbst wurden andere «Faschismen» entdeckt. Deutlichstes Beispiel des problematischen Antifaschismus-Verständnisses eines großen Teils der Studierenden- und linken Bewegung ist deren Verhältnis zu Israel: Zunächst stand die deutsche Linke dem 1948 gegründeten Staat durchweg positiv gegenüber. «Keine westliche Linke war vor 1967 so philosemitisch und prozionistisch.»[31] Dies änderte sich schlagartig, als Israel 1967 den Sechs-Tage-Krieg gewann und in der Wahrnehmung der deutschen Linken aus der Opfer- in die Täterrolle schlüpfte. Damit ging eine Neuausrichtung in Bezug auf den Nahen Osten einher: Während die Situation der palästinensischen Bevölkerung zuvor keinerlei Beachtung gefunden hatte, identifizierte sich die deutsche Linke nun mit ihr – und brandmarkte Israel als faschistisch. Ebenso wie die USA, denen die antiimperialistische Solidarität mit den nationalen Befreiungsbewegungen in Asien und Lateinamerika entgegengesetzt wurde. Dieses relativierende Faschismusverständnis erlaubte es, den antiimperialistischen Kampf gegen die USA als antifaschistisch zu begreifen. So konnte der Antiimperialismus als aktuelle Form des Antifaschismus fungieren, wodurch quasi nachträglich in die Geschichte eingegriffen und sich durch die Identifikation mit einer als absolut gut begriffenen Sache der «Last der Geschichte» entledigt werden konnte. Das offensichtlichste Problem dieser «Faschismustheorie» war das Unvermögen, den Holocaust jenseits ökonomistischer Ansätze zu erklären; der Antisemitismus beispielsweise spielte kaum eine Rolle. Demgegenüber machte sich jedoch ein Teil der Bewegung auch die sozialpsychologischen Ansätze der Kritischen Theorie zu eigen, die in den dreißiger Jahren entwickelt worden waren. Insbesondere weil der autoritäre Charakter als

31 Postone, Moishe: Antisemitismus und Nationalsozialismus, in: ders.: Deutschland, die Linke und der Holocaust, ça ira, Freiburg 2005, S. 174.

Entstehungsbedingung für den Faschismus ausgemacht wurde, folgerten die Studierenden daraus die Notwendigkeit einer antiautoritären Erziehung, um die Ursachen des Faschismus nachhaltig zu bekämpfen.

Bereits Ende der 1960er Jahre zersplitterte die Studierendenbewegung in verschiedene Fraktionen, die das Erbe der Achtundsechziger-Bewegung antraten.

4.5. Die 1970er Jahre

1969 wurde die von großen Teilen der Bevölkerung kritisierte Große Koalition von einer sozialliberalen Regierung abgelöst, die – angestoßen durch die Proteste der Studierendenbewegung – viele liberale Reformen umsetzte: Unter anderem Verbesserung des Mieterschutzes, Öffnung und Demokratisierung der Hochschulen, Verkürzung des Wehrdienstes und Abschaffung der Gewissensprüfung für Kriegsdienstverweigerer. Der wirtschaftliche Aufschwung der BRD kam 1973 mit der «Ölkrise» an seine Grenzen, die Arbeitslosigkeit stieg und die Integrationskraft der «sozialen Marktwirtschaft» sank stetig ab. Im Verhältnis zwischen BRD und DDR zeichnete sich eine Entspannung ab, verschiedene Abkommen wurden getroffen, 1970 wurden auch mit Polen und der Sowjetunion Verträge geschlossen, die das politische Klima verbesserten. 1973 beendeten die USA ihren Kriegseinsatz in Vietnam, im September des gleichen Jahres putschte in Chile das Militär mit Unterstützung der USA gegen den sozialistischen Präsidenten Allende, der während der Kämpfe getötet wurde.

Zu Beginn der 1970er Jahre war die Studierendenbewegung in den Alternativ- und Spontizusammenhängen, den dogmatischen K-Gruppen und bewaffneten Gruppen wie Bewegung 2. Juni, RAF und Revolutionären Zellen aufgegangen. Ziel der bewaffneten Gruppen war es, den Kampf gegen Kapitalismus und Imperialismus in die Metropolen zu tragen. Hatten sie zu Beginn noch eine breite SympathisantInnenbasis innerhalb studentischer und linker Kreise, brach diese Unterstützung mit zunehmender Brutalisierung der Aktionen, insbesondere denen der RAF, ein. Gleichzeitig waren auch die nicht-militanten Teile der westdeutschen Linken einem generellen Terrorismusverdacht ausgesetzt, Tausende erhielten wegen angeblicher Verfassungsfeindschaft Berufsverbote für den öffentlichen Dienst und wurden kriminalisiert. In diesen Jahren hatte es immer wieder Entführungen von und Anschläge auf Personen aus Politik und Wirtschaft gegeben. Viele RAF-Mitglieder waren bei ihren Verhaftungen erschossen worden oder kamen in der Haft ums Leben. Im «Deutschen Herbst» 1977 eskalierte der Konflikt mit der Entführung des Altnazis und Arbeitgeberpräsidenten Hanns-Martin Schleyer durch die RAF. Ziel dieser Aktion war es, gefangene Mitglieder der Gruppe freizupressen. In der Folge entführte eine mit der RAF verbündete, palästinensische Gruppe eine Passagiermaschine nach Mogadischu, die von deutschen Elite-Polizisten befreit wurde. In der aufgeheizten Stimmung wurde im Krisenstab der Regierung auch laut über die Erschießung der inhaftierten RAF-Mitglieder nachgedacht. Tatsächlich starben die RAF-Gefangenen Andreas Baader, Gudrun Ensslin und Jan-Carl Raspe in der Nacht zum 18. Oktober 1977 im Hochsicherheitsgefängnis Stuttgart-Stammheim, Irmgard Möller überlebte schwer verletzt. Die offizielle Todesursache lautete Selbstmord, bis heute gibt es jedoch Stimmen, die diese Version bezweifeln. Die Regierung versuchte mit allen Mitteln, die Oberhand zu behalten: Fünfundvierzig Tage lang bildete ein Krisenstab eine Parallelregierung ohne verfassungsmäßige Grundlage und unter Ausschaltung der Gewaltenteilung. Gleichzeitig wurden Nachrichten zensiert, Polizei und Geheimdienste langfristig hochgerüstet, deren Zugriffsbefugnisse erweitert, das Strafprozessrecht verschärft und dank der Einführung der Datenverarbeitung flächendeckende Kontrolle und Überwachung, zum Beispiel mit der Rasterfahndung, ermöglicht. Schon 1976 wurde der Paragraph 129, «Bildung einer kriminellen Vereinigung», um einen Absatz a) ergänzt, der sich auf die «Mitgliedschaft in einer terroristischen Vereinigung» richtete.

Der Wandel von der pluralistischen Studierendenbewegung hin zu straff organisierten, hierarchischen Kaderparteien markierte neben dem bewaffneten Kampf einen weiteren Paradigmenwechsel in der Neuen Linken. Begonnen hatte dieser mit der erneuten Hinwendung zur ArbeiterInnenklasse als «revolutionärem Subjekt», auf das sich die Agitation der Studierenden bald konzentrierte. Die K-Gruppen, die sich einer dogmatisch marxistisch-leninistischen (ML) Ideologie verschrieben, waren sich einig in der Ablehnung der in der DKP aufgegangenen alten KPD und des Sowjet-Systems. Dagegen setzten sie den Maoismus, die permanente (Kultur-)Revolution und Unterstützung revolutionärer Bewegungen in aller Welt.[32] Untereinander verfeindet beanspruchte jede Gruppe für sich, die richtige Parteilinie zu vertreten. Zwar strebten alle die Gründung der «wahren» Kommunistischen Partei an, wegen ihrer Streitigkeiten gab es jedoch bis auf wenige Ausnahmen nicht einmal punktuelle Zusammenarbeit. Dank der völligen Hingabe ihrer Mitglieder erreichten die Gruppen trotz geringer Mitgliedszahlen einen extrem hohen Output und einen durchorganisierten Apparat. Weil sie sich allesamt als (einzig) legitime Nachfolgerin der Weimarer KPD sahen, standen sie in der Tradition militanten Vorgehens gegen Nazis und befürworteten eine entsprechende Praxis. Allerdings spielte Antifaschismus als selbstständiges Arbeitsfeld bei den meisten Gruppen nur eine untergeordnete Rolle; mit Ausnahme des Kommunistischen Bundes (KB), der als Wegbereiter der autonomen Anti-Nazi-Arbeit angesehen werden kann.

4.6. Kommunistischer Bund

1971 war der KB infolge der «proletarischen Wende» der Studierendenbewegung aus dem Zusammenschluss zweier Hamburger marxistisch-leninistischer Gruppen entstanden, dem Kommunistischen Arbeiterbund (KAB) und dem Sozialistischen Arbeiter- und Lehrlingszentrum (SALZ). Der Schwerpunkt des KAB hatte bis dahin in der theoretischen Arbeit gelegen, während das SALZ eher praktische Agitationsarbeit in Betrieben leistete und dort verankert war. Die neue Gruppe wollte innerhalb der ML-Bewegung einen pragmatischen Ansatz etablieren. Im Gegensatz zu anderen Gruppierungen hatte der KB eine realistische Einschätzung seiner, selbst in der ML-Bewegung begrenzten, Einflussmöglichkeiten. Ende der 1970er Jahre hatte der KB bundesweit etwa zweitausendfünfhundert Mitglieder.

Seine Ausrichtung bezeichnete der KB als «revolutionäre Realpolitik», deren Ziel der Umsturz der herrschenden Verhältnisse

32 Böke, Henning: Maoismus, theorie.org, Schmetterling Verlag, Stuttgart 2007.

war, die aber trotzdem direkt in tagespolitische Auseinandersetzungen intervenierte. Das Selbstverständnis war antikapitalistisch, antiimperialistisch, antifaschistisch und im Gegensatz zu anderen K-Gruppen dezidiert antinational, wobei die politische Einflussnahme in aktuelle Konflikte für wichtiger erachtet wurde als dogmatische Linientreue. Durch diesen Pragmatismus konnte der KB über Jahre hinweg eine hohe Handlungsfähigkeit und Offenheit für Bündnispolitik aufrechterhalten, was insbesondere ab Mitte der 1970er Jahre zu verstärktem Engagement in den Neuen Sozialen Bewegungen führte.

Als erste Organisation entwickelte der KB als zentralen Aspekt seiner Arbeit eine kontinuierliche Praxis gegen Nazis, recherchierte ihre Strukturen und ging militant gegen sie vor.

4.6.1. Faschismustheorie und Faschisierungsthese

Wie alle aus der Studierendenbewegung hervorgegangenen ML-Bünde pflegte der KB die antiimperialistische Tradition. Vor allem der US-Imperialismus und die NATO bestimmten das Feindbild, wegen der deutschen Geschichte galt ihm jedoch die BRD als gefährlichste imperialistische Macht Westeuropas. Der KB ging davon aus, dass die BRD durch die Westintegration versuchte, wieder eine stabile Machtposition zu etablieren, um dann von neuem ihre Großmachtbestrebungen in der europäischen Region auszudehnen. Die Europäische Wirtschaftsgemeinschaft (EWG) diente demzufolge lediglich dazu, im Kampf um Hegemonie einen Gegenpol zur Wirtschaftsmacht USA zu etablieren.

Faschismus wurde im KB definiert als «terroristische Diktatur der Bourgeoisie», die mit einer «präventiven Konterrevolution» darauf reagieren könne, dass die kapitalistischen Metropolen und das globale Kapital durch viele zeitgleiche antiimperialistische Kämpfe im Trikont beeinträchtigt würden.[33] Allerdings schränkte der KB seine Theorie insofern ein, dass eine Krise des Kapitals nicht zwangsläufig zum Faschismus führe. Ausgehend von seiner Analyse der politischen Situation entwickelte der

33 Steffen, Michael: Geschichten vom Trüffelschwein. Politik und Organisation des Kommunistischen Bundes 1971 bis 1991, Assoziation A, Berlin 2002, S. 96f.

KB daneben die sogenannte «Faschisierungsthese», die davon ausging, dass die BRD spätestens mit der Erschießung Benno Ohnesorgs 1967 den Wandel von einem postfaschistischen zu einem präfaschistischen Staat vollzogen habe. Als Akteure dieser Faschisierung wurden sowohl Wirtschaft als auch Parteien ausgemacht. Für die politische Praxis galt daher, dass der Kampf gegen den Faschismus nicht nur den Kampf gegen Nazis beinhalten, sondern in der Mitte des politischen Systems stattfinden müsse. Weiter ging der KB davon aus, dass das Mobilisierungspotential für den Faschismus in der CDU-nahen Mittelschicht zu finden und durch Fremdenfeindlichkeit und Nationalstolz ansprechbar wäre. In seiner Zukunftsprognose ging der KB von einer Verschärfung der gesellschaftlichen Widersprüche und einer Zunahme der Klassenkämpfe aus. Während eine funktionierende bürgerliche Gesellschaft in der Lage sei, ein gewisses Maß an Widersprüchen zu integrieren, würde der Staat bei einer Zunahme der Kämpfe zum Faschismus als Instrument der Herrschaftssicherung greifen. Vor allem den Abbau demokratischer Grundrechte und Repressionsmaßnahmen wie beispielsweise im Rahmen der RAF-Fahndung begriff der KB als vorbeugende Maßnahme, um mögliche gesellschaftliche Proteste zu unterdrücken.

Insgesamt blieben der Faschismusbegriff der gesamten ML-Bewegung und die Angaben zum «Faschisierungsprozess» auch beim KB vage, waren allerdings als Agitationsformeln erfolgreich. Doch der Widerspruch zwischen propagierter Faschisierungsthese und den realen Entwicklungen wurde immer offensichtlicher und letztlich entsprang die Faschisierungsthese vor allem dem Unvermögen, die Krise des Fordismus mit seinen ökonomischen, politischen und gesellschaftlichen Umbrüchen adäquat analysieren zu können. Deshalb wurde ab 1985 der Versuch unternommen, die Faschisierungsthese neu zu bestimmen. Als alternativer Erklärungsansatz wurde die Regulationstheorie aufgegriffen, die entgegen dem traditionellen Marxismus von einer nichtlinearen Entwicklung kapitalistischer Gesellschaften ausgeht. Für die BRD der 1970er und 1980er Jahre ging man von einem «präventiven Sicherheitsstaat» als charakteristischer Formation eines kapitalistischen Staates in dieser Zeit aus. Diese Position war starker Kritik aus den eigenen Reihen ausgesetzt: Zwar wurde der inflationäre Gebrauch der

Faschisierungsthese und der Irrtum der Prognose eingeräumt, der neuen Position aber vorgeworfen, dass sie der BRD eine Normalität zuspreche, die sie als Nachfolgestaat des Nationalsozialismus nicht habe und nicht haben könne. In der politischen Analyse und Praxis gelte es daher, auf die Kontinuitäten zwischen dem Nationalsozialismus und der BRD hinzuweisen. Die beiden Positionen standen sich dann später auch in der Beurteilung der «Wiedervereinigung» diametral gegenüber.

4.6.2. Antifa-Arbeit

Im Diskurs, den die Studierendenbewegung durch den Bruch mit der TäterInnengeneration eröffnet hatte, wurde orthodox-marxistisch versucht, den Zusammenhang von Kapitalismus und Faschismus zu erklären. In Ermangelung besserer theoretischer Werkzeuge und differenzierter Analysen verfielen weite Teile der Linken damit in Erklärungsmuster, die aktuelle politische Entwicklungen mit faschismustheoretischen Kategorien begreifen wollten. So auch der KB: «Mit der Interpretation der postfaschistischen Situation der Bundesrepublik als präfaschistisch eröffnete sich ein breites Feld ‹antifaschistischen› Kampfes.»[34] Im Sinne dieses permanenten antifaschistischen Kampfes entwickelte der KB eine bundesweit sehr erfolgreiche Strategie für den Kampf gegen organisierte Neonazis und ihre Veranstaltungen.

Zu diesem Zweck wurde 1974 eine zentrale Antifa-Kommission gegründet, deren Arbeit für die gesamte spätere antifaschistische Linke in Deutschland, besonders für die Autonomen und die Autonome Antifa, stilbildend war. Ihre Strategie bestand in der Organisation breiter Bündnisse und medienwirksamer Aktionen gegen bestimmte Neonazi-Gruppen. Insbesondere durch die organisierte Pressearbeit erzielte diese Antifa-Arbeit auch Wirkung über die konkreten Aktionen hinaus. Bei der Besetzung eines Hamburger Vereinshauses 1977 zur Verhinderung einer Veranstaltung der Deutschen Volksunion (DVU) beispielsweise wurde vor Ort ein Informationszentrum eingerichtet, das im Laufe der Aktion Pressearbeit machte und dafür sorgte, dass das Anliegen in die Tagespresse transportiert wurde.

Ein weiterer Schwerpunkt, der ebenso für nachfolgende Generationen von AntifaschistInnen Vorbildcharakter haben

---

34 Ebd., S. 217.

sollte, war die systematische Recherchearbeit, die vom KB zum Aufdecken von Nazistrukturen betrieben wurde. Zu diesem Zweck wurden Nazis observiert, fotografiert und das anfallende Material archiviert, um es für antifaschistische Aktionen nutzbar zu machen. Teilweise wurden die betreffenden Nazis dann auf Plakaten und in Broschüren geoutet, was allerdings später auch innerhalb der eigenen Reihen kontrovers diskutiert wurde. Erfolgreich war eine 1977 durchgeführte Kampagne gegen den «Freizeitverein Hansa», hinter dem sich ein Kreis militanter Hamburger Neonazis verbarg, die bald darauf die «Aktionsfront Nationaler Sozialisten/Nationale Aktivisten» (ANS/NA) gründeten – die erste bundesweite Nazi-Organisierung, die sich wieder offen auf den Nationalsozialismus als Vorbild bezog. Die vom KB gesammelten und veröffentlichten Informationen über Strukturen und Mitglieder der ANS/NA erreichten überregionale Aufmerksamkeit in den Medien. Ein Jahr später wurde die gesamte Führungsspitze verhaftet, darunter die Leitung in Person von Michael Kühnen und zum Teil noch heute aktiven Nazis. 1983 wurde die ANS/NA verboten.

Auf bundesweiten Zuspruch stieß die von einem breiten Bündnis getragene Kampagne «Rock gegen Rechts». Mit einer Demonstration in der Frankfurter Innenstadt, an der trotz Verbots fünfzigtausend Menschen teilnahmen, und anschließendem Konzert außerhalb des Zentrums konnte das «Deutschlandtreffen» der NPD am 17. Juni 1979 verhindert werden. In den Jahren zuvor hatte die NPD bereits für den gleichen Termin mobilisiert: 1977 waren dreitausend Nazis mit Fahnen, Trommeln und Hitlergruß durch die Stadt bis zum Rathaus marschiert und hatten unterwegs immer wieder Gruppen von AntifaschistInnen überfallen; am Rathaus auf dem Römerberg trafen schließlich tausend GegendemonstrantInnen auf die Nazis. Es kam zu Auseinandersetzungen mit mehreren Verletzten. 1978 waren es erneut dreitausend Nazis, die jedoch eine verkürzte Route laufen mussten, während fast zehntausend AntifaschistInnen, mobilisiert unter anderem vom KB, den Platz vor dem Rathaus besetzten. Es war eines der ersten Male, dass DemonstrantInnen geschlossen in schwarz, gepanzert mit Helmen und Schutzpolstern sowie bewaffnet mit Stöcken der Polizei entgegentraten – das, was später «Schwarzer Block» genannt wurde, trat in Erscheinung. Mit CS-Gas und Wasserwerfern wurde der Platz schließlich brutal geräumt, mehrere Menschen schwer verletzt. In der Folge kam es in der Innenstadt zu schweren Auseinandersetzungen zwischen AntifaschistInnen und Polizei.

Besonders die Heterogenität des Vorbereitungsbündnisses für die Rock-gegen-Rechts-Kampagne 1979 kann als einmalig bezeichnet werden, da es dem KB gelang, weit über sein eigenes Spektrum hinaus Gewerkschaften, Spontis, KommunistInnen und bis in die Jugendkultur hinein zu mobilisieren. Dabei wurde auch die Breite und Vielfalt antifaschistischer Gruppen und Initiativen deutlich. Der 1980 vom KB unternommene Versuch, sie in einer Organisation zu sammeln, kam nicht über das Anfangsstadium hinaus. Ein Jahr später jedoch führte ein ähnlicher Ansatz der Antifaschistischen Initiative Hannover zu mehr Erfolg: Mehrere Gruppen taten sich im Norddeutschen Antifa-Treffen zusammen.

Gemäß seiner politischen Ausrichtung blieb der KB nicht dabei stehen, aktive Neonazis zu verfolgen, sondern sah die Gefahr des Faschismus in der Mitte der Gesellschaft. Entsprechend bemühte sich der KB darum, seine grundsätzliche Gesellschaftskritik über die antifaschistische Praxis zu vermitteln, indem er argumentierte, die Aktivitäten der Nazis würden vom Staat geduldet und dies habe strukturelle Ursachen, die im Bestreben der BRD zu suchen seien, ein faschistisches Standbein zu etablieren. Dieses Standbein speise sich aus der so genannten «Braunzone» von alten Nazis, Neonazis und christlich-konservativen Kreisen. Diese Interpretation konnte sich allerdings kaum durchsetzen.

Relativ lange gelang es dem KB, sich über die Mitte der 1970er Jahre eintretenden Zerfallserscheinungen der ML-Bewegung hinwegzusetzen. Die Krise der anderen K-Gruppen entstand aus dem Wegbrechen des chinesischen Bezugsrahmens infolge von dessen Kooperation mit westeuropäischen, imperialistischen Staaten und diktatorischen Regimen im Trikont wie beispielsweise Chile. Außerdem waren Ideologie und Sozialstruktur der Mitglieder der K-Gruppen nicht mehr vereinbar – eine tatsächliche Etablierung innerhalb der ArbeiterInnenbewegung konnte nicht erreicht werden. Beim KB folgte daraus die Abwendung von der proletarisch orientierten Politik hin zu den

Neuen Sozialen Bewegungen und anderen linksradikalen Positionen, wie denen der Autonomen.

Die Krise des KB begann erst zehn Jahre später, Ende der 1980er Jahre, als die Organisation sich an der Frage der Faschisierungsthese und der Diskussion über die «Wiedervereinigung» spaltete. Zu dieser Zeit kristallisierten sich in einem Teil des KB jene Positionen heraus, die als Vorläufer eines antideutschen Politikverständnisses gelten können.

Trotz ihres K-Gruppen-typischen Dogmatismus erzielte auch die Kommunistische Partei Deutschlands/Marxisten-Leninisten (KPD/ML) Breitenwirkung, als sie sich mit einer «Stoppt Strauß!»-Kampagne in den Bundestagswahlkampf 1980 einschaltete. Hierzu wurde die Volksfront gegen Reaktion, Faschismus und Krieg gegründet, die auch bei der Wahl antrat und der es gelang, auf breiter Front Stimmung gegen den Kanzlerkandidaten der CSU, Franz-Josef Strauß, zu machen, der die Wahl dann auch verlor. Strauß, Symbol reaktionärer Politik in der BRD, war unter anderem einer der Fürsprecher atomarer Bewaffnung der Bundeswehr gewesen, hatte die chilenische Militärdiktatur besucht und während des «Deutschen Herbst» 1977 die Erschießung der RAF-Gefangenen erwogen. Beliebtes Protestsymbol war ein Anstecker mit dem Titel der Kampagne, auch das Logo der alten Antifaschistischen Aktion fand Verwendung. In Hamburg demonstrierten im August 1980 rund fünfzehntausend Menschen gegen einen Wahlkampfauftritt von Strauß auf dem Hamburger Messegelände. Dreitausend Polizisten versuchten dagegen, das zuvor erlassene Demonstrationsverbot durchzusetzen: Stadtteile wurden abgeriegelt, Straßensperren errichtet, Greiftrupps durchkämmten anliegende Viertel, DemonstrantInnen wurden niedergeknüppelt und mit Tränengas beschossen. Im Anschluss an die Auseinandersetzungen trieb ein brutaler Knüppeleinsatz der Polizei DemonstrantInnen auf den Bahnsteig der S-Bahnstation Sternschanze, einige flohen auf die Gleise. Dabei wurde der sechzehnjährige Demonstrant Olaf Ritzmann von einem Zug überrollt; er erlag vier Tage später seinen Verletzungen.

4.7. Die 1980er Jahre

Das Wettrüsten zwischen den realsozialistischen Staaten und dem Westen dominierte in den 1980er Jahren die Weltpolitik. Die Stationierung von atomaren Mittelstreckenraketen in Europa durch die USA führte zu einem Gefühl persönlicher Bedrohung durch Krieg und Atomwaffen. Das verschaffte der Friedensbewegung mit ihren Forderungen nach Frieden und Abrüstung starken Zulauf: 1982 brachte sie gegen den Besuch von US-Präsident Reagan dreihundertfünfzigtausend und ein Jahr später in Bonn eine halbe Million Menschen auf die Straße. Die Unfälle in den AKW Harrisburg 1979 und Tschernobyl 1986 bestätigten die Befürchtungen gegenüber der Atomtechnik.

Insgesamt waren die 1980er Jahre von zunehmender Perspektivlosigkeit vieler Jugendlicher geprägt, die mit der Kampfansage des Punk, «No future!», Hausbesetzungen und alternativen Lebensstilen einen Ausweg aus der vorgezeichneten Bahn suchten. Zahlreiche gesellschaftliche Konflikte kennzeichneten das Jahrzehnt: Im Rhein-Main-Gebiet wurde gegen die Erweiterung des Frankfurter Flughafens protestiert. Im Jahre 1981 demonstrierten hundertzwanzigtausend Menschen gegen die geplante Startbahn West, über Jahre kam es immer wieder zu massenhaften militanten Aktionen. Auch nach der Inbetriebnahme 1984 gingen die Proteste weiter, zweieinhalb Jahre später wurde auf einer Demonstration an der Startbahn mit einer entwendeten Dienstwaffe auf Polizisten geschossen, zwei von ihnen starben. Die Folge war massive Repression gegen die autonome Szene im Rhein-Main-Gebiet. Nachdem bereits in den 1970er Jahren aus der Ökologie-Bewegung hervorgegangene Proteste gegen den Bau von Atomkraftwerken stattgefunden hatten, nahmen diese in den 1980er Jahren noch einmal zu und wurden zu einer prägenden Erfahrung für eine ganze Generation. 1981 kamen hunderttausend Menschen zu einer Demonstration am Bauplatz des AKW Brokdorf bei Hamburg. Rund zehntausend Polizisten versuchten, das Verbot eines Teils der Demonstrationsroute durchzusetzen, heftige Auseinandersetzungen zwischen militanten AKW-GegnerInnen und der Polizei waren die Folge. Bürgerkriegsähnliche Zustände bei Großdemonstrationen mit militanten Angriffen auf die Polizei und brutalen Einsätzen der Staatsmacht mit hunderten Verletzten spielten sich auch über Jahre am Gelände für die Wiederaufbereitungsanlage Wackersdorf in der Oberpfalz ab. Als parlamentarische Vertreterin der (friedlich) Protestierenden konnte die Partei Die Grünen im Frühjahr 1983 zum ersten Mal in den Bundestag einziehen.

Nachdem 1982 der CDU-Politiker Helmut Kohl per konstruktivem Misstrauensvotum ins Amt des Bundeskanzlers gehoben worden war, folgte das, was er als «geistig-moralische Wende» angekündigt hatte. Schon die sozialliberale SPD/FDP-Regierung hatte die Grundrechte eingeschränkt, die Gesellschaft militarisiert und die Sozialleistungen gekürzt. Unter Kohl folgte neben der weiteren Liberalisierung der Wirtschft nun auch eine neue Geschichtspolitik, die deutlich revisionistisch geprägt war und ihren beispielhaften Ausdruck im gemeinsamen Besuch von Kohl und US-Präsident Ronald Reagan auf einem Soldatenfriedhof in Bitburg fand, auf dem auch SS-Soldaten liegen. Vor dem Hintergrund dieser Neudefinition von Geschichte und dem Postulat des Historikers Ernst Nolte, die nationalsozialistischen Konzentrationslager seien eine Reaktion auf die stalinistischen Gulags gewesen, entbrannte der sogenannte Historikerstreit. Dagegen warf der aus der Frankfurter Schule stammende Philosoph Jürgen Habermas Nolte eine Verharmlosung des Nationalsozialismus vor.

Gleichzeitig waren die 1980er Jahre gekennzeichnet durch eine Zunahme von Nazi-Aktivitäten. Beim Anschlag eines Neonazis auf das Münchner Oktoberfest 1980 starben dreizehn Menschen; die Stimmung in der Gesellschaft gegenüber MigrantInnen wurde aggressiver, rechtsradikale Organisationen traten vermehrt in die Öffentlichkeit und Ende der 1980er Jahre erzielten Parteien wie Republikaner, DVU und NPD auch einige Wahlerfolge.

Im Verhältnis zwischen DDR und BRD zeichnete sich spätestens mit dem Besuch des DDR-Staatsratsvorsitzenden Erich Honecker im September 1981 eine Wende ab. Gleichzeitig begannen unter dem Namen Perestroika auch Veränderungen in der Sowjetunion. Während das sowjetische Staatsoberhaupt Michail Gorbatschow 1989 Westdeutschland besuchte, eröffneten sich in Ungarn und der CSSR Möglichkeiten für DDR-BürgerInnen, legal in den Westen auszureisen. Diese Nachricht stieß weitere Fluchtbewegungen aus der DDR an, gleichzeitig wurde neben Reformforderungen diejenige nach Öffnung der Mauer und «Wiedervereinigung» immer lauter. Am 9. November 1989 besiegelte schließlich die spontane Öffnung der Grenze das Ende der DDR.

4.8. Die Autonomen

*D*ie Autonomen der 1980er Jahre, die schließlich die Autonome Antifa gründeten, gingen aus den antiautoritären Strömungen nach 1968 und den vielfältigen Protestbewegungen der 1970er Jahre hervor.

Nachdem der bewaffnete Kampf spätestens im Herbst 1977 gescheitert, die Hoffnung auf eine baldige Revolution gestorben war und diese auch nicht von den K-Gruppen herbei-organisiert werden konnte, zerfiel die radikale Linke in Teilbewegungen. Neben autonomer Frauen-, Schwulen- und Lesbenbewegung, Dritte-Welt- und Solidaritätsbewegung sowie Friedens- und Ökologiebewegung entstand eine breite Alternativszene, in der neue und umweltverträgliche Lebensformen ausprobiert wurden: Die AktivistInnen riefen Landkommunen, gemeinschaftlich verwaltete Bioläden, die RadfahrerInnenbewegung, Zeitschriften und eine Vielzahl von Arbeitskollektiven und Werkstätten ins Leben, die ein Einkommen jenseits des wirtschaftlichen Mainstreams ermöglichen sollten. Diese Ein-Punkt-Bewegungen kamen weitgehend ohne klare politische Zielvorstellungen aus und entwickelten sich aus den spontanen Bedürfnissen der Aktiven, gepaart mit der Forderung nach einem besseren Umgang mit der Natur. In diesem Kontext entstand auch eine jugendliche Subkultur, deren Wurzeln im antiautoritären Flügel der Studierendenproteste der 1960er Jahre lagen. Die Spontis grenzten sich von den Intellektuellen der APO ab und suchten stattdessen einen direkteren Zugang zur politischen Praxis; Spontaneität, Emotionen und Identität standen im Vordergrund des politischen Bewusstseins. In dieser «Politik der ersten Person» – also dem Herleiten politischer Praxis aus der unmittelbaren persönlichen Betroffenheit – waren schon zentrale Aspekte autonomer Politik enthalten. Die immer noch starke Mobilisierungskraft der Spontis zeigte sich im Januar 1978, als fünfzehntausend Menschen dem Aufruf zum Tunix-Kongress nach Berlin folgten, um linksradikale Themen zu diskutieren und die Lähmung infolge des «Deutschen Herbstes» 1977 zu überwinden. Auf dem Kongress entstand die Initiative zur Gründung der taz.

Weitere Inspiration lieferte die italienische Autonomia, eine Ende der 1970er Jahre zu Ende gegangene Bewegung gegen Lohnarbeit und Staat, die aus der Zusammenarbeit zwischen ArbeiterInnen- und Studierendenbewegung stammte. Die Bewegung organisierte sich in den Stadtteilen vor allem in sozialen Zentren und besetzten Häusern, wo sie eine vielseitige Alternativ- und Aneignungskultur entwickelte. Auf ihrem Höhepunkt 1977 kamen Hunderttausende zu den immer militanteren Autonomia-Demonstrationen, bei denen zum Teil Waffengeschäfte geplündert wurden und es Tote sowohl auf Seiten der Autonomia wie der Polizei gab. Gleichzeitig formierten sich, unterstützt vom Staat, rechtsradikale Terrorgruppen, die die Bevölkerung mit Anschlägen einzuschüchtern versuchten. Auf das Anwachsen und die Militanz der Autonomia reagierte der Staat mit brutaler Repression: Die Strukturen der Bewegung wurden zerschlagen, Tausende zu langjährigen Haftstrafen verurteilt. Die internen Konflikte, unter anderem um die Gewaltfrage, trugen ihren Teil zum Niedergang der Autonomia bei.

Die Autonomen in Deutschland postulierten ebenfalls eine radikale, anti-staatliche und antikapitalistische Haltung: Jede Form von Herrschaft, Hierarchie und Autorität wurde abgelehnt. Aus subjektiver Betroffenheit und den Erfahrungen der repressiven Verhältnisse entwickelte sich das Ziel des Umsturzes, nicht mittels einer Machtübernahme, wie sie von den dogmatischen KommunistInnen vorgeschlagen wurde, sondern durch eine (anarchistische) Weltrevolution, die sämtliche Herrschaftsverhältnisse beseitigen sollte. Zunächst bedeutete dieses Programm jedoch den unmittelbaren, militanten Kampf in den Städten: für autonome Freiräume und ein selbstbestimmtes Leben ohne Unterordnung unter eine politische Ideologie oder verbindliche organisatorische Strukturen. Selbstbestimmung sollte bedeuten, sich den Zwängen der Gesellschaft – Schule, Studium, Berufsleben – zu entziehen und nicht auf staatliche Strukturen angewiesen zu sein. In Wohngemeinschaften, Infoläden, besetzten Häusern, autonomen Zentren, kurz: In kollektiven Strukturen sollte die Vereinzelung aufgehoben werden und ein anderes, herrschaftsfreies Leben so weit wie möglich im Hier und Jetzt realisiert werden.

Die Strukturen der Autonomen basierten auf sozialen Beziehungen, aus denen zwar vielfältige Initiativen entstanden, die aber nicht transparent waren. Durch die personelle Stärke der Bewegung waren zwar auch ohne verbindliche Strukturen halbwegs stabile Zusammenhänge entstanden, die über Jahre hinweg tausende Menschen zu großen Aktionen mobilisieren konnten, die Formen der Vernetzung stießen allerdings immer dann an ihre Grenzen, wenn es darum ging, kontinuierliche Arbeit zu leisten und auf Analysen basierende Strategien zu entwickeln. Theorie und Praxis blieben tendenziell getrennt, der Schwerpunkt lag auf einer aktionistischen Kampagnenpolitik, die nur in den seltensten Fällen Konsequenz einer strategischen bzw. gesellschaftspolitischen Debatte waren. Zwar gab es einige Versuche, größere Vernetzungen anzustoßen, sie scheiterten jedoch und konnten keine Kontinuität entwickeln.

Ins öffentliche Bewusstsein trat die autonome Bewegung erst mit einer Welle von Hausbesetzungen in Berlin und anderen europäischen Städten, vor allem aber am 6. Mai 1980: In Bremen störten zehntausend DemonstrantInnen eine Rekrutenvereidigung der Bundeswehr im Weserstadion, warfen Molotow-Cocktails, beschossen die Veranstaltung mit Leuchtkugeln und verletzten rund zweihundertfünfzig Polizisten und Soldaten.

Die Initiativen und Kampagnen der folgenden Jahre waren vielfältig, es herrschte Aufbruchstimmung in der autonomen Bewegung, die sich zunächst an den breiten Protesten der Anti-AKW- und Friedensbewegung sowie dem Widerstand gegen die Startbahn West beteiligte. Mehr oder weniger bewusstes Ziel der meist militanten, Öffentlichkeit und Widerspruch garantierenden, Interventionen war die Radikalisierung der Ein-Punkt-Bewegungen, um zu einer gesamtgesellschaftlichen Kritik zu gelangen.

Der Staat reagierte auf die, in jeder größeren Stadt mit Hausbesetzungen und anderen Initiativen präsente, unüberschaubar werdende Bewegung mit einer Stärkung des Repressionsapparates, Vermummungsverbot und dem Einsatz von Bundesgrenzschutz und Polizei. Viele Initiativen wurden mit Paragraph 129 StGB kriminalisiert, insbesondere auf den sogenannten Schwarzen Block hatte man es abgesehen. Dies hatte einerseits die reale Einschränkung der Aktivitäten zufolge, andererseits eignete sich die Kriminalisierung, um eine Spaltung zwischen «friedlichen» und «gewaltbereiten» ProtestlerInnen zu forcieren, da die friedlichen DemonstrantInnen nicht mit den Militanten in einen Topf geworfen werden wollten. Aus diesem Grund und weil sie in der Vermittlung ihrer Positionen kaum Erfolge vorweisen konnten, zogen sich die Autonomen gegen Mitte der 1980er Jahre zunehmend aus den Neuen Sozialen Bewegungen zurück und kümmerten sich stattdessen stärker um ihre eigenen Kampagnen wie die Olympia-Bewerbung Berlins ab 1990. Außer der Rücknahme der Olympia-Bewerbung war jedoch keine der Kampagnen mehr unmittelbar erfolgreich. Auch wenn dabei produktive Diskussionen geführt und Erfahrungen gemacht werden konnten, hatte der Rückzug aus der Bündnispolitik und in die Isolation der selbstbestimmten Freiräume und besetzten Häuser zum Verlust der Anschlussfähigkeit an andere soziale Bewegungen geführt. Inhaltliche Differenzen zwischen den fraktionierten Zusammenhängen und Grüppchen wurden unter diesen Umständen unüberbrückbar.

Während der Planungen für die Kampagne gegen den Internationalen Währungsfonds (IWF), der sich im September 1988 in Berlin traf, kam es auf dem autonomen Westberliner Vorbereitungstreffen auch zur Spaltung zwischen Frauen und Männern, die Frauen organisierten sich schließlich jenseits der von ihnen als patriarchal kritisierten Strukturen. Bereits seit Mitte der 1980er Jahre hatte die Kritik an patriarchalem Redeverhalten, Sexismus, Machismus und selbstzweckhafter Militanz bei den Autonomen zugenommen und zu heftigen Auseinandersetzungen zwischen KritikerInnen und Kritisierten geführt. Viele Männer reflektierten aufgrund dieser Diskussionen ihre Verhaltensmuster, doch insbesondere die polarisierenden Auseinandersetzungen um Vergewaltigungsvorwürfe gegen Szenemitglieder, um Definitionsrecht[35] und Täterschutz führten zu Konflikten und Spaltungen. Mit der Selbstorganisierung von

35 Gemäß diesem Definitionsrecht kann eine Frau selbst entscheiden, ob die Handlung eines Mannes ihr gegenüber eine sexuelle Grenzüberschreitung oder Vergewaltigung darstellt und welche Konsequenzen bzw. Sanktionen für ihn daraus folgen sollen. In der Regel bedeutet dies den Ausschluss des Mannes aus allen Zusammenhängen.

Frauen gingen auch neue Praxen einher: Auf Demonstrationen traten insbesondere Ende der 1980er Jahre häufig abgegrenzte Frauenblöcke auf, Frauen-Nacht-Taxen und Frauen-Notrufe wurden eingeführt.

Die Debatten um den IWF-Kongress mündeten im «Drei zu Eins»-Papier, einer schriftlichen Diskussion zwischen Klaus Viehmann, der damals als Mitglied der Bewegung 2. Juni im Gefängnis saß, und GenossInnen. Kern dieses Ansatzes, der in der autonomen Bewegung breit rezipiert wurde, ist die Annahme einer mehrfachen Unterdrückung (Triple Oppression) aufgrund geschlechtlicher, ethnischer und klassenspezifischer Herkunft.[36]

4.9. Autonome Antifa

Die Faschismusanalyse der Autonomen ging wie die der K-Gruppen von einem Zusammenhang zwischen Faschismus und kapitalistischer Gesellschaft aus: Um die Ursachen des Faschismus, der insgesamt als Auswuchs von Unterdrückung und Konkurrenz im Kapitalismus, als Produkt der bürgerlichen Gesellschaft begriffen wurde, anzugreifen, musste antifaschistische Politik eine revolutionäre Ausrichtung haben. Entsprechend integrierten die Autonomen den Antiimperialismus in ihre Kampfansage an Kapitalismus und Faschismus. Obwohl die repressiven Reaktionen des deutschen Staates auf die Protestbewegungen als faschistisch bezeichnet wurden und die gerne gerufene Parole «Polizei, SA, SS» eine Gleichsetzung von bürgerlich-demokratischer und faschistischer Gewalt behauptete, blieb der «revolutionäre Antifaschismus» der Autonomen in den 1980er Jahren meist auf den reinen Kampf gegen Nazis beschränkt.

Im November 1981 trafen sich auf Bestreben der Antifaschistischen Initiative Hannover, in der neben Autonomen auch Mitglieder des KB mitarbeiteten, neun norddeutsche und Frankfurter Gruppen. Sie vereinbarten einen kontinuierlichen Informationsaustausch und weitere Treffen des neu gegründeten Norddeutschen Antifa Treffens, an dem trotz Fluktuation etwa zehn Gruppen kontinuierlich teilnahmen. Während die KBler

---

36 Strobl, Ingrid / Viehmann, Klaus und GenossInnen / autonome l.u.p.u.s.-Gruppe: Drei zu Eins. Metropolen(gedanken) und Revolution?, Verlag ID-Archiv, Berlin 1993.

das Treffen jedoch vor allem zum Informationsaustausch nutzen wollten, erhofften sich die Autonomen auch gemeinsame Aktionen. Ähnliche Diskussionen gab es im ebenfalls seit 1981 in Hamburg existierenden Antifa-Bündnis, in dem verschiedene Gruppen gegen das Erstarken der Naziszene zusammenarbeiteten. Hier warf der KB den Autonomen vor, dass sie lediglich auf Schlägereien aus wären. Daraufhin gründeten einige Aktive des Bündnisses im Februar 1983 die Antifaschistische Aktion Hamburg (AAH), die zum einen die Arbeit der AntifaschistInnen koordinieren, zum anderen über den bisher von Autonomen betriebenen bloßen Aktionismus gegen Nazis hinausgehen und den Kampf gegen den Faschismus mit jenem gegen den «imperialistischen Herrschaftsapparat» verbinden wollte – die Autonome Antifa war geboren. Zudem sollte die Zersplitterung der Bewegung aufgehoben werden, wozu die AAH die subkulturelle Isolation verlassen wollte. Diese Zielsetzungen gingen weit über das hinaus, was Autonome bisher formuliert hatten und stand auch im Gegensatz zum Selbstverständnis des KB. Trotzdem arbeiteten alle Fraktionen im Norddeutschen Antifa Treffen mit.

Die Auffassungen der AAH blieben vorerst minoritär: Antifa bedeutete zunächst die reine Reaktion auf Naziaktivitäten, die in den 1980er Jahren massiv zunahmen. Dem Vorbild des KB entsprechend betrieben die am «Norddeutschen» beteiligten Gruppen Recherchearbeit, um die DrahtzieherInnen in der rechten Szene zu enttarnen, herauszufinden, wer die FunktionärInnen der Parteien und Gruppierungen waren und wer als MitläuferIn einzuschätzen sei. Neonazis wurden auf Demonstrationen oder bei Veranstaltungen fotografiert und in der Folge versucht, ihre Namen, Kontakte und Verbindungen herauszubekommen. Auf Grundlage dieser Informationen wurde sich auch um eine antifaschistische Praxis bemüht, deren Ziel in der Regel war, Treffen und Aufmärsche von neonazistischen Organisationen durch Angriffe auf die jeweiligen Veranstaltungsorte und TeilnehmerInnen zu verhindern oder wenigstens zu stören.

Im Mai 1983 fand in Bad Hersfeld ein Veteranentreffen der SS-Totenkopfdivision statt, gegen das der DGB eine antifaschistische Kundgebung organisierte. Als die Nazis der ANS/NA dort aufmarschierten, wurden sie von Autonomen angegriffen, dann aber von DGB-Ordnern daran gehindert, vor der knüppelnden

Polizei in den Schutz der Kundgebung zurück zu fliehen. Einen Monat später besetzten AktivistInnen des Norddeutschen Antifa Treffens einen Saal in Celle, in dem eine Naziveranstaltung stattfinden sollte. Als die Polizei die Besetzung beendete, kam es vor dem Veranstaltungsort zu Auseinandersetzungen mit den AntifaschistInnen.

Nach diesen Erfahrungen beteiligten sich Gruppen aus dem «Norddeutschen» an den überregionalen Vorbereitungstreffen von DGB und VVN, die im Oktober 1983 eine Demonstration von zweitausendfünfhundert Menschen gegen den NPD-Parteitag in Fallingbostel organisierten. Die Polizei hatte die Situation offensichtlich falsch eingeschätzt und nicht mit der starken Beteiligung autonomer Gruppen gerechnet, die in Konvois aus Hamburg, Bremen, Hannover und Göttingen anreisten: Nazis wurden angegriffen und ihre Autos zerstört; der Versuch, die Veranstaltungshalle zu stürmen, scheiterte jedoch. VVN und DGB hatten eine räumliche Trennung zu den Nazis beibehalten wollen, auf der Straße setzte sich jedoch das Konzept der Autonomen durch. Die Ereignisse von Fallingbostel füllten die Schlagzeilen und die Kontroverse um die Aktionsformen führte zu stärkeren Positionierungen: Insbesondere Autonome und der KB in Hamburg stritten miteinander. Zum einen um Fotos, die in der KB-Zeitung Arbeiterkampf von der Aktion veröffentlicht wurden und die zur Kriminalisierung beteiligter Autonomer führten. Zum anderen warfen die Autonomen dem KB und auch der VVN vor, dass diese sich mit ihren Verbotsforderungen zu positiv auf den Staat bezögen. Die Autonomen vertrauten wenig auf den staatlichen Antifaschismus und wollten keine Appelle an ihn richten, Nazi-Organisationen zu verbieten. Demgegenüber warf der KB den Autonomen vor, die Nazis überzubewerten und wandte sich gegen die Praxis, den Nazis auch zu weniger relevanten Veranstaltungen oder Treffen hinterherzufahren. Im Zuge dieser Debatte wurde der KB aus dem «Norddeutschen» gedrängt.

Über die Forderung nach einem Verbot neonazistischer und rechter Organisationen fanden heftige Debatten statt, die oft zur Beendigung von Bündnissen zwischen Autonomen und bürgerlichen AntifaschistInnen führten. In anderen Fällen folgten aber auch Absprachen über den Stellenwert etwaiger Verbotsforderungen in der Außenwirkung. In den Bündnissen setzten sich nun häufiger die Analysen, Aktionsvorschläge und Zielsetzungen der autonomen Antifas durch; auch aufgrund der Recherchearbeit, die sie hier produktiv einbringen konnte, wurde die Antifa ein kaum zu umgehender Faktor in Mobilisierungen gegen Rechts. Auch die Militanz der Autonomen trug ihren Teil dazu bei und führte in vielen Fällen zur erfolgreichen Verhinderung oder Störung von Naziaktivitäten. Mit diversen Brandanschlägen gegen ihre Zentren und andere Einrichtungen wurde die Infrastruktur der Nazis in Norddeutschland angegriffen.

Aufgrund ihrer Entschlossenheit gegenüber dem tatsächlichen Erstarken von neonazistischen Organisationen und Straßennazis konnten die Autonomen also konkrete Erfolge verbuchen, doch zugleich machte die Militanzfrage eine Zusammenarbeit mit Gruppen wie der VVN oft unmöglich. Historische Bezüge wurden trotzdem aufgemacht: Das Abzeichen der Antifaschistischen Aktion aus dem Jahre 1932 wurde wieder aufgegriffen; auch weil es für eine militante Praxis gegenüber Nazis stand. In einem Entwurf der Göttinger Initiative Kunst und Kampf wehten die Fahnen allerdings von rechts nach links, die kleine Fahne wurde als Zeichen des Anarchismus schwarz.

Trotz der Verbote von Naziorganisationen blieb die Hauptaufgabe des Staates in der Wahrnehmung der Autonomen die Verfolgung der AntifaschistInnen. Eine Zäsur markierte in dieser Hinsicht der Tod Günter Sares in Frankfurt. Ende September 1985 fand im Bürgerhaus Gallus eine Saalveranstaltung der NPD statt, gegen die etwa tausend Menschen protestierten. Während die Nazis zu ihrem Veranstaltungsort geleitet wurden, trieb die Polizei die GegendemonstrantInnen mit Schlagstöcken und Wasserwerfern auseinander, dabei wurde Sare von einem Wasserwerfer überfahren und getötet. Als Reaktion gab es über mehrere Tage «Scherbendemos», trotz Verbot demonstrierten Tausende gegen die Polizei und in Gedenken an Günter Sare. Während einer der Demonstrationen in Frankfurt wurden hunderte Menschen verhaftet und ins Polizeigefängnis Klapperfeld gebracht, wo sie in den Sammelzellen weiter randalierten, die Zellen unter Wasser setzten und begannen, die Backsteinwände einzureißen. Gegen die im ersten Stock eingesperrten Frauen setzte die Polizei Wasserwerfer und Tränengas ein. In vielen anderen Städten fanden ebenfalls militante Solidaritätsdemonstrationen und Anschläge statt.

Von nun an war fast jedes größere Nazitreffen antifaschistischer Gegenwehr ausgesetzt. In Mainz-Gonsenheim beispielsweise wurde am 20. April 1986 eine Gärtnerei von AntifaschistInnen belagert, die als bundesweiter Nazitreffpunkt galt. In einer großen Holzbaracke auf dem Gelände wurden regelmäßig am 20. April Hitler-Geburtstage gefeiert. In der folgenden Nacht brannte die Baracke ab.

Die militante Antifa-Praxis wurde aber auch von Teilen der radikalen Linken hinterfragt. In einem 1990 veröffentlichten und viel diskutierten Papier mit dem Titel «Doitschstunde», das 1991 in der radikal Nr. 144 abgedruckt wurde, kritisierte die autonome l.u.p.u.s.-Gruppe neben einer Auseinandersetzung mit der «Wiedervereinigung» die auf Neonazis zentrierte militante Praxis des autonomen Antifaschismus. Zwar müsste die radikale Linke in der Lage sein, sich und andere gegen Neonazis zu verteidigen, wenn diese angriffen, doch warum «müssen wir, wie so oft, Neonazis hinterherrennen, warum diese Auseinandersetzungen geradezu suchen? (...) Wir bezweifeln, dass uns – ganz praktisch gesehen – dieses ‹offensive› Vorgehen schützt, dass wir sie mit der Verhinderung ihrer Parteitage und Kundgebungen tatsächlich treffen.» Diese Praxis stütze stattdessen die Deutung, nach der sich «politische ExtremistInnen» gegenseitig bekämpfen und «hochschaukeln» würden. Darüber habe dieser Ansatz keinen Begriff vom staatlichen Antifaschismus. Gerade die «Wiedervereinigung» bewies, der l.u.p.u.s.-Gruppe zufolge, wie wenig politische Bedeutung die Neonazis hätten und «wie wichtig es den Herrschenden ist, ohne sie auszukommen». Trotzdem müsse «gerade aufgrund dieses Großdeutschlands mit wachsenden Angriffen von Neonazis» gerechnet werden. Abschließend forderte die l.u.p.u.s.-Gruppe in ihrem Papier, MigrantInnen nicht mehr nur als Opfer wahrzunehmen und antifaschistischen Widerstand in ihrem Namen zu begründen.

Überhaupt nicht einverstanden mit den Abschnitten über militanten Antifaschismus waren die AutorInnen des Antwortpapiers «Schneutzstunde», das in der gleichen radikal-Ausgabe erschien. Hier hieß es, dass den Nazis – insbesondere angesichts ihrer immer weiter eskalierenden Gewalt – eher zu wenig hinterher gerannt würde und diese gleichzeitig stärker demoralisiert und isoliert werden müssten. Dazu könnten Nazis geoutet, gezielte Aktionen gegen Führungskader unternommen, Treffpunkte angegriffen und Vergeltung gegen lokale Nazistrukturen nach Brandanschlägen geübt werden. Außerdem sollte den AutorInnen zufolge das ganze Land mit einer verstärkten Reisetätigkeit überzogen werden, denn je nachdem, wie ungehindert sich der «Rassismus gewalttätig austoben kann, wirkt das wieder zurück in die Gesellschaft, erweitert die Toleranzgrenze, der Terror wird alltäglich. Oder andersherum, wenn wir die militante Spitze des Rassismus abbrechen, sind die deutschen SpießerInnen auch wieder kleinlauter.»

Mitte der 1980er Jahre gab es einige Vernetzungsversuche in der Autonomen Antifa. Fruchtlos geblieben war allerdings 1984 der Versuch der autonomen Antifas aus Hamburg, neben dem Norddeutschen Antifa Treffen ein eigenes überregionales Bündnis zu etablieren. Sie waren sich mit den am «Norddeutschen» Beteiligten zwar einig, dass Antifaschismus auch den Kampf gegen das System bedeuten müsse, in Bezug auf den Stellenwert des Antiimperialismus gab es allerdings keinen Konsens. 1985 scheiterte auch der Versuch, ein eigenes Antifa-Frauen-Treffen einzurichten. In Süddeutschland jedoch gelang im Mai 1986 die Initiative zu einem Vernetzungstreffen von Antifa-Gruppen und auch in Nordrhein-Westfalen entwickelte sich in Anlehnung ans Norddeutsche das Westdeutsche Antifa Treffen. Über Delegierte standen die regionalen Vernetzungen in Kontakt miteinander, Westberliner Gruppen nahmen am Norddeutschen Treffen teil.

Die Antifa konnte noch einige erfolgreiche Aktionen durchführen, wie im Juni 1986 bei der Behinderung des ersten Bundesparteitags der neonazistischen Freiheitlichen Arbeiterpartei (FAP) in Stuttgart. 1987 wurden in Berlin – zunächst als deutsch- und türkischsprachige Ausgabe – das bis heute wichtige Antifaschistische Infoblatt und das Antifaschistische Presse-Archiv (heute Antifaschistisches Presse-Archiv und Bildungszentrum Berlin, apabiz e.V.) gegründet, um die Ergebnisse antifaschistischer Recherchearbeit auszuwerten und zur Verfügung zu stellen. Doch gegen Ende der 1980er Jahre geriet die Antifa in die Krise: Trotz vielversprechender Ansätze hatte sich ihr Konzept kaum weiterentwickelt. Anfang des Jahrzehnts, als es noch eine zahlenmäßig starke autonome Bewegung gab, konnte die Neuformierung von Nazi-Organisationen noch militant behindert werden, mit abnehmender Mobilisierungskraft der autonomen Szene kam dieses Konzept aber an seine Grenze: Im Oktober 1987 scheiterte eine autonome Demonstration gegen das Nazizentrum Hetendorf in der niedersächsischen Südheide, weil die Polizei die – trotz bundesweiter Mobilisierung – lediglich dreihundert TeilnehmerInnen einkesseln konnte. Ein militantes Konzept wie in Fallingbostel konnte nicht mehr umgesetzt werden, die Polizei hatte ihre Strategie angepasst und außerdem reichte das Vertrauen auf die eigene Kraft, das nach Fallingbostel geherrscht hatte, nicht mehr aus. Aus Sicht der Autonomen Antifa [M], die 1991 in Göttingen gegründet wurde, hatte die Bündnisarbeit in Fallingbostel zwar den Beginn einer Öffnung markiert, war jedoch in den Jahren danach nicht weiter praktiziert worden. Stattdessen hätte Mangel an Phantasie dazu geführt, dass jahrelang den Nazis hinterhergefahren wurde, Anschläge auf Nazizentren zwar zu medialer Aufmerksamkeit, nicht aber zu einem Nachahmer-Effekt geführt hätten. Zudem trügen persönliche Konflikte innerhalb des Norddeutschen Treffens zur Lähmung bei, viele hätten sich aus der Struktur zurückgezogen, getragen würde sie fast nur noch von Leuten, die keine lokale Verankerung mehr hätten. Entsprechend der Entwicklung der autonomen Szene insgesamt lösten sich viele Zusammenhänge auf. Das NRW-Treffen zerstritt sich infolge eines Vergewaltigungsvorwurfs, das Süd-Treffen endete nach den Schüssen an der Startbahn West und das Norddeutsche Antifa Treffen wurde 1989 eingestellt.

Vor allem in Göttingen aber wurde versucht, die gemachten Erfahrungen aufzugreifen und neu zu beginnen: Die Gruppe der späteren Antifa [M][37] wollte gegenüber dem bisherigen Konzept weniger auf Militanz als vielmehr auf breitere Bündnisse setzen, die sich in Göttingen mit Gewerkschaften und SchülerInnen ergaben. Trotz Kritik aus der Szene an der neuen Politik bildete sich ein Antifa-Bündnis, das im Mai 1988 gegen das seit fünf Jahren bestehende FAP-Zentrum in Mackenrode bei Göttingen mobilisierte. Mackenrode war zu dieser Zeit Kristallisati-

---

37 Für das «[M]» scheint es keine eindeutige Erklärung zu geben. Einige gehen von Mittwoch aus, sonst reichen die Deutungen «von militant bis marxistisch. Einige Spötter meinten, es stehe für Mistkäfer». Vgl. Langer, Bernd: Operation 1653. Stay rude – stay rebel, Plättners Verlag, Berlin 2004, S. 206.

onspunkt der Naziszene in Südniedersachsen: Schulungen wurden abgehalten, zahllose Übergriffe und viele Aufmärsche gingen von hier aus. Das Plakat zur Demo, ein Entwurf der Initiative Kunst und Kampf, wurde aufgrund des Textes «Wir schlagen die Faschisten!» wegen dem Vorwurf des Aufrufs zu Straftaten polizeilich verfolgt. Die Demonstration selbst wurde ein Erfolg: Fünfzehn Busse des DGB brachten die tausendfünfhundert TeilnehmerInnen nach Mackenrode, wo sie ungehindert von der Polizei am FAP-Haus vorbeizogen, obwohl ein ausgerüsteter Schwarzer Block etwa ein Drittel der Demo ausmachte und das Haus mit Farbeiern und Steinen angegriffen wurde. Im September 1988 kam es dann zur Spaltung der autonomen Szene in zwei große Lager: Die eine Fraktion wollte verhindern, dass in den breiten Bündnissen die eigenen Positionen untergehen und sich vor allem auf die eigene Stärke verlassen, die andere, die spätere Antifa [M], den eingeschlagenen Weg der Bündnisarbeit fortsetzen. Hierzu gehörte vor allem Kontinuität in der Wahrnehmbarkeit, also ein Name mit Wiedererkennungswert, und Ansprechbarkeit, also eine Adresse. In der Übergangszeit, in der die Antifa-Strukturen in Göttingen vorübergehend geschwächt waren, kam es wiederholt zu Auseinandersetzungen mit Nazis in der Göttinger Innenstadt, zu denen über ein antifaschistisches Notruftelefon mobilisiert wurde. Infolge einer solchen Auseinandersetzung wurde im November 1989 Conny Wessmann von einem Kommando der Zivilpolizei vor ein fahrendes Auto gejagt und starb. Zuvor hatten die Polizisten sich über Funk verabredet, die Antifas «plattzumachen». Nach einer bundesweiten Mobilisierung kamen zwanzigtausend Menschen in Göttingen zur Demo gegen Polizei und Nazis zusammen, ein Jahr später waren es noch siebentausend Menschen, die in engem Polizeispalier demonstrierten. Bis heute finden immer wieder Veranstaltungen und Demonstrationen im Gedenken an Conny statt. Dabei wird aber kontrovers diskutiert, ob so einer Stilisierung zur Märtyrerin Vorschub geleistet werde.

1989 gab es ein kurzes bundesweites Strohfeuer antifaschistischer Neuorganisationen infolge der Wahlsiege von NPD und Republikanern in Berlin und Frankfurt sowie der Beteiligung einer neonazistischen Liste D an der Europawahl. Auf deren Wahlkampfveranstaltungen wurde bundesweit mit breiten Mobilisierungen reagiert, fast in jeder größeren Stadt fanden

Kundgebungen und Aktionen gegen Veranstaltungen der Nazis statt, die oftmals in Auseinandersetzungen mit der Polizei endeten. Doch nach dem Urnengang lösten sich die Strukturen so schnell auf, wie sie entstanden waren. Es folgte die Zeit der «Wiedervereinigung», des schnellen Erstarkens neofaschistischer Strukturen, der unzähligen Übergriffe, der Brandanschläge und Morde an Nicht-Deutschen und AntifaschistInnen.

5. *Antifa in der DDR*

*I*m Jahre 1945 waren nicht nur die Westalliierten darauf bedacht, dass sich keine eigenständigen, außerparlamentarischen Organisationen aus der Bevölkerung bildeten. Auch in der sowjetischen Besatzungszone wurden die spontan entstandenen Antifa-Ausschüsse und -Komitees der ehemaligen KZ-Häftlinge und antifaschistischen WiderstandskämpferInnen mit erheblichem Misstrauen betrachtet. Wenn sie sich nicht der Kontrolle der von der Sowjetunion legitimierten KPD-Führer, die zum Teil aus dem Exil zurückkehrten, unterstellten, wurden sie zerschlagen. Ihre Mitglieder sollten sich in die dominanten Strukturen einfügen; der spätere Generalsekretär des ZK der SED, Walter Ulbricht, erklärte im Juni 1945: «Wenn die Partei eine richtige Politik betreibt, dann bleibt für antifaschistische Sekten kein Platz mehr.»[38] Als die DDR sich endgültig konsolidierte und die neue Verwaltung aufgebaut wurde, wurden die Ausschüsse endgültig beseitigt.

In der Folge wurde der Antifaschismus zur Staatsdoktrin der DDR, deren Führung sich selbst in die Tradition des antifaschistischen und kommunistischen Widerstands gegen den Nationalsozialismus stellte. Die BRD wurde demgegenüber als postfaschistischer Nachfolger des NS angesehen, gegen den sich mit dem «antifaschistischen Schutzwall», der Berliner Mauer, abgegrenzt werden müsse. Eine wirkliche Auseinandersetzung mit dem Nationalsozialismus und dessen Grundlagen fand in der DDR nicht statt, Gedenken konzentrierte sich vor allem auf die sozialistischen und kommunistischen KämpferInnen, andere Opfergruppen wurden nur am Rande thematisiert. Weil die Rassenideologie als bloßes «Instrument der Herrschenden» in-

38 Ulbricht, Walter: Zur Geschichte der Deutschen Arbeiterbewegung, Band 2, Dietz Verlag, Berlin (Ost) 1966, S. 233.

terpretiert wurde, fand keinerlei Auseinandersetzung mit Antisemitismus (der auch in Teilen der Partei existierte) und Rassismus statt, die BürgerInnen der DDR wurden von ihrer Verstrickung in den NS reingewaschen.

Seit Beginn der 1980er Jahre entwickelten sich wie auch im Westen aus der Jugendkultur Skinhead-Gruppen, die insbesondere in den Fußballstadien Antisemitismus und Rassismus verbreiteten und MigrantInnen, Punks, Schwule und Lesben als Opfer ausmachten. Nach zunächst vereinzelten Auftritten neonazistischer Gruppen entwickelten sich ab Mitte des Jahrzehnts organisierte Nazi-Strukturen. Im Oktober 1987 überfielen Neonazis die BesucherInnen eines Konzerts in der Berliner Zionskirche, die Polizei schaute zu. Einer der OrganisatorInnen des Konzerts war Silvio Meier, der fünf Jahre später in Berlin-Friedrichshain von Nazis erstochen wurde.

Angesichts des Zuwachses der Nazis und insbesondere als Reaktion auf den Überfall in der Zionskirche entstanden ab 1988 in mehreren Städten Antifa-Gruppen. In Dresden kam sie nicht über die Gründung hinaus, in Halle bildeten Punks bewaffnete Banden, die Jagd auf echte und vermeintliche Nazis machten, sich aber bald wieder auflösten. Wiederum von Punks wurde in Potsdam eine Gruppe gegründet, die sich um Kontinuität bemühte. Die Antifa Potsdam traf sich in einer Kirche, wo sie über die Grundlagen des Faschismus und die DDR diskutierte. Mit Flugblättern sollte Druck auf die staatlichen Stellen ausgeübt werden, sich mit den Nazis auseinanderzusetzen, Reaktionen blieben jedoch aus. Im Januar 1988 organisierte die Gruppe eine Veranstaltung zur Information über die Naziszene und versuchte, Kontakt zur Jugendorganisation der SED, der Freien Deutschen Jugend (FDJ), sowie zu jüdischen Gruppen aufzunehmen.

Nachdem Mitglieder der Gruppe gegen Ende 1988 von Nazis überfallen worden waren, organisierten sie die Gegenwehr: Etwa hundert Punks verwüsteten einen Nazitreff und schlugen die anwesenden Rechten zusammen. Gegen die spätere Verurteilung beteiligter Punks organisierte die Potsdamer Antifa eine Kundgebung, in deren Folge auch die FDJ sich stärker engagierte. Die Beteiligung dieser Institution löste zu diesem Zeitpunkt jedoch nicht mehr nur Begeisterung aus.

Ende Juli 1989 fand in der Potsdamer Erlöserkirche ein Fest zur Vernetzung der verstreuten antifaschistischen «Selbsthilfe-

Gruppen» in der DDR statt: Dreihundert Menschen nahmen daran teil, argwöhnisch beäugt von der Staatssicherheit. Im September 1989 wollte die Potsdamer Gruppe sich an einer staatlichen Kundgebung für die Opfer des Faschismus beteiligen, ihr Transparent mit der Aufschrift «Warnung! Neonazis auch in der DDR» wurde ihnen jedoch von der Stasi entrissen. Infolge der Wende löste die Gruppe sich auf, ihre letzte Veranstaltung war eine Demonstration in Potsdam am 9. November mit sechshundert TeilnehmerInnen.

In Ostberlin gründete sich im Februar 1989 nach Lektüre des Antifaschistischen Infoblatts aus dem Westen eine Antifa-Gruppe in der Kirche von Unten. Im AIB war über ein bevorstehendes Nazitreffen in Potsdam an Hitlers Geburtstag, dem 20. April, berichtet worden, gegen das die BerlinerInnen mit der Gruppe aus Potsdam mobilisierten. An einer Veranstaltung zu Nazistrukturen in der DDR und antifaschistischer Gegenwehr am 19. April nahmen dreihundert Menschen teil, zwei Wochen später folgten rund hundert der Einladung zum Folgetreffen und zur Gründung der Autonomen Antifa Berlin (Ost). Es wurde eine Zeitungsredaktion gegründet, eine Jugendarbeitsgruppe, eine Ausländer- und eine Theater-AG eröffnet. Außerdem kümmerte sich eine Gruppe um die Aufarbeitung von neonazistischem Propagandamaterial. Mehrere Veranstaltungen wurden organisiert, ein Antifa-Tag von tausend Menschen besucht. Im Juli erschien mit einer schnell vergriffenen Auflage von tausendfünfhundert Stück das erste Antifa-Heft, in dem vor allem über Naziaktivitäten informiert wurde. Nach dem Mauerfall intensivierte die Antifa ihre Aktivitäten, 1990 verließ die Gruppe die Räume der Kirche und besetzte ein Haus, um dort ein Antifa-Zentrum zu eröffnen – aufgrund von Naziangriffen gaben sie das Vorhaben jedoch auf. Es setzte eine Abwanderung in den Westen ein, die schließlich das Ende der Gruppe bedeutete. Ein Rest der Zeitungsredaktion gab die dritte und letzte Ausgabe der Zeitung heraus, bevor er ebenfalls seine Arbeit einstellte.

Doch die Bewegung erfolgte auch in umgekehrter Richtung: Der rechtsfreie Raum, der sich mit dem Mauerfall für kurze Zeit öffnete, war eine Einladung an die Westberliner HausbesetzerInnenszene; in der Mainzer Straße im Stadtteil Friedrichshain wurde gleich ein ganzer Straßenzug besetzt. Gleichzeitig griffen Nazis immer wieder MigrantInnen und Linke an, die über ein Info-Radio die Gegenwehr organisierten. Als die Nazis selbst ein Haus besetzten und ein Ersatzobjekt im benachbarten Lichtenberger Weitlingkiez erhielten, verschärften sich die Auseinandersetzungen. Das Haus wurde zur Schaltzentrale der Nazis, die mehrfach auch die Mainzer Straße angriffen, aber von den BewohnerInnen verjagt werden konnten. Ende Juli folgte dann die Antifa-Demo zum Haus der Nazis. Während diese vom Dach aus mit Leuchtmunition schossen, versuchten die Antifas mit Molotow-Cocktails und Steinen die Volkspolizei zu vertreiben und den Weg zum Haus freizukämpfen. Am Ende mussten sie unverrichteter Dinge wieder abziehen, nur ein paar ausgebrannte VoPo-Lastwagen blieben zurück. Im Nachhinein herrschte bei den Antifas allerdings Erleichterung darüber, es nicht ganz bis zum Haus geschafft zu haben, den Nazis war auch der Gebrauch von Schusswaffen zugetraut worden.

Doch wenigstens in Friedrichshain gelang dank Telefonketten und einer Vielzahl engagierter AntifaschistInnen zunächst die Verdrängung der Nazis aus dem Kiez; in der Mainzer Straße gab es gar einen Bus, mit dem behelmte und mit Knüppeln bewaffnete HausbesetzerInnen zum Angriff auf gesichtete Nazis fuhren. Gleichzeitig waren die besetzten Häuser zu Festungen ausgebaut worden, um zunächst den Naziangriffen und dann auch der Polizei standzuhalten. Die begann schließlich im November 1990 mit der Räumung der Mainzer Straße. Über mehrere Tage zogen sich die Auseinandersetzungen hin und führten zu bürgerkriegsartigen Szenen. Gegen die hinter Barrikaden verschanzten Autonomen, die sich mit Steinen, Molotow-Cocktails und Zwillen zur Wehr setzten, verschoss die Polizei Unmengen an Gas; mithilfe schweren Geräts und großer Brutalität gegen die Menschen in den Häusern gelang ihr schließlich die Räumung, viele Verletzte und Schwerverletzte blieben zurück.

Am 3. Oktober demonstrierten zehntausend Menschen unter dem Motto «Deutschland halt`s Maul» in Berlin gegen die Einheit; auf dem Alexanderplatz endete die Demo in einer Straßenschlacht, bei der über zweihundert Menschen festgenommen wurden. Mit dem Stichtag 3. Oktober 1990 fielen die Hoheitsrechte der DDR schließlich an die Regierung der Bundesrepublik Deutschland.

6. Zwischen Organisierung und Popularisierung – das «Konzept Antifa» der 1990er Jahre

6.1. Umbruch «Wiedervereinigung»

Mit Ende des Warschauer Paktes, der Auflösung der UdSSR und der deutschen «Wiedervereinigung» gingen Ende der 1980er / Anfang der 1990er Jahre weltweite Umbrüche vor sich, die die politischen Koordinaten grundlegend veränderten und damit auch nachhaltigen Einfluss auf die antifaschistische Bewegung in der BRD hatten. Die Zäsur der «Wiedervereinigung» machte allerdings nur viele Entwicklungen offensichtlich, die schon länger andauerten.

Zum einen war das die Renaissance eines deutschen Nationalismus, der in Teilen der radikalen Linken schon seit Beginn der 1980er Jahre analysiert und kritisiert wurde und der Ende des Jahrzehnts mit einigen Wahlerfolgen für rechtsradikale Parteien wie z. B. der Republikaner sowie einer rasanten Zunahme rechtsradikaler Gewalttaten Anfang der 1990er Jahre einherging. Wurden in der offiziellen Statistik des Bundesinnenministeriums 1991 noch 2426 fremdenfeindliche Straftaten gezählt, waren es 1992 schon 6336; dutzende Menschen wurden in diesen Jahren von Neonazis getötet. Insbesondere die Pogrome von Hoyerswerda 1991, die tagelangen Krawalle gegen AsylbewerberInnen in Rostock-Lichtenhagen im August 1992 und die Brandanschläge von Mölln (November 1992) und Solingen (Mai 1993), bei denen acht Menschen ermordet und viele weitere verletzt wurden, machten die Notwendigkeit antifaschistischer Gegenwehr deutlich. Doch mit der breiten Empörung über die rechtsradikalen Gewalttaten ging nicht nur eine Verbotswelle neonazistischer Organisationen einher[39] – gleichzeitig schaffte

39 Zwischen Ende November 1992 und Mai 1995 wurden elf rechtsradikale Organisationen und Gruppierungen im Bundesgebiet verboten; dar-

eine große Koalition aus SPD und CDU/FDP mit dem Verweis auf die rassistischen Gewalttaten und die allgemeine Stimmung «im Volk» das Grundrecht auf Asyl faktisch ab. Im Zuge der «Wiedervereinigung» schien sich so ein völkischer Konsens Bahn zu brechen, der bei vielen Linken die Angst vor einem neuen Faschismus hervorrief. In der autonomen Bewegung herrschte Entsetzen über die neue Qualität der rechten Gewalt; vor allem der Applaus hunderter – in Rostock gar tausender – BürgerInnen, die die Nazis unterstützten, machte deutlich, dass es mit einem reinen Abbrechen der «militanten Spitze des Rassismus»[40] nicht getan wäre. Insbesondere in Rostock fand dann auch eine direkte Mobilisierung statt, mit der versucht wurde, das Asylbewerberheim und die eingeschlossenen BewohnerInnen zu schützen. Die Polizei ging jedoch mit Gewalt gegen die antifaschistischen UnterstützerInnen vor.

Eine weitere wichtige Entwicklung, die im Zuge der «Wiedervereinigung» deutlich wurde, war das Abflauen der autonomen Bewegungen der 1980er Jahre und die, mit dem Zusammenbruch des «realexistierenden Sozialismus» in den Ostblockstaaten einhergehende, inhaltliche Verunsicherung und Defensive, in der sich auch jener Großteil der radikalen Linken wiederfand, der sich nicht positiv auf die Sowjetunion bezogen hatte. Untermauert wurde dieses Gefühl durch die Aussage des US-Regierungsberaters, Francis Fukuyama, der anlässlich des «Sieges der Marktwirtschaft» über den Staatssozialismus des Ostblocks kurzerhand das «Ende der Geschichte» verkündete und damit die desolate Situation der linken Bewegung in Deutschland anschaulich in einen globalen Bezugsrahmen einordnete.

Zusammengefasst: Spätestens mit dem Fall der Mauer lag die Notwendigkeit antifaschistischer Politik klar auf der Hand. Ein nationaler Einheitschor schmetterte alle ZweiflerInnen nieder. Gleichzeitig schossen in jeder Stadt Antifa-Gruppen wie Pilze aus dem Boden.[41]

---

unter die Nationalistische Front (NF), die Deutsche Alternative (DA) und die Freiheitliche Arbeiterpartei Deutschlands (FAP).

40 autonome l.u.p.u.s.-Gruppe: Geschichte, Rassismus und das Boot, Edition ID-Verlag, Berlin – Amsterdam 1992, S. 52.

41 Vgl. Phase Zwei-Redaktion Bonn: Autonome Organisierung Teil 1, Phase Zwei Nr. 1/2001.

6.2. Antifaşist Gençlik

Am 4. April 1992 griffen militante AntifaschistInnen ein Nazitreffen im Berliner Stadtteil Neukölln an. Dabei wurde Gerhard Kaindl, «Landesschriftführer» der «Deutschen Liga für Volk und Heimat», durch Messerstiche tödlich verletzt. Eine zwanzigköpfige Sonderkommission – so etwas gab es außer bei den Brandanschlägen von Solingen und Mölln bei keinem der zahlreichen Morde an MigrantInnen, die es seit der «Wiedervereinigung» gab – konzentrierte ihre Ermittlungen schnell auf die Gruppe Antifaşist Gençlik (türkisch für Antifaschistische Jugend). Antifaşist Gençlik war angesichts der zunehmenden rassistischen Gewalt 1988 von MigrantInnen, die zum Teil aus der türkischen und kurdischen Linken kamen, im Berliner Stadtteil Kreuzberg gegründet worden, um als offen auftretende Initiative die sozialen und politischen Interessen in Deutschland lebender MigrantInnen zu verteidigen und deren Probleme aufzugreifen. Die zweite Generation in Deutschland lebender MigrantInnen «wollte keinen ‹Gastarbeiter›-Status haben oder ‹Ausländer› genannt werden. Sie wollte nicht mehr nur Pflichten diesem Staat gegenüber haben, sondern auch Rechte in Anspruch nehmen»[42]. Hierzu organisierte Antifaşist Gençlik nicht nur Veranstaltungen und Demonstrationen, sondern rief auch zum aktiven Widerstand auf, «wenn Neonazis auf der Straße marschieren, Veranstaltungen abhalten und ihre menschenverachtende Politik verbreiten»[43]. Antifa Gençlik versuchte dafür migrantische Straßengangs in eine politische Struktur einzubinden, war schlussendlich jedoch nicht in der Lage, die Streits zwischen den verschiedenen, konkurrierenden Gangs zu kontrollieren: Nachdem es auf einem antifaschistischen Straßenfest 1992 zu einer Massenschlägerei gekommen war und die Antifa als «bisher stärkste Gang» den Respekt der Jugendlichen verlor, löste sie sich schließlich auf.

Die migrantische Selbstorganisation war auch Ergebnis von Auseinandersetzungen mit dem nicht-migrantischen Teil der linken Szene. Die migrantische Gruppe Café Morgenland aus

42 Yasaroglu, Ercan: Kritik Selbstkritik (1995), in: ak wantok (Hrsg.): Perspektiven autonomer Politik, Unrast, Münster 2010, S. 313.

43 Politische Stellungnahme von Fatma, 27. September 1994, Herzschläge Bulletin Nr. 2/1994.

Frankfurt, die angesichts der Vorgänge im Zuge der «Wiedervereinigung» gegründet wurde, warf der Szene auf einer Veranstaltung vor: «Ihr wisst wie MigrantInnen sind. Ihr kennt unsere Länder... aus dem Urlaub. Ihr habt feste Bilder von uns im Kopf. Ihr definiert uns. Am liebsten als völligst hilflose Wesen, die nur auf eure Hilfe warten.»[44] Streit gab es auch in Hoyerswerda, wohin autonome Antifas, die Antifa Gençlik und migrantische Jugendliche nach dem Pogrom zusammen gefahren waren. Autonome, die in Hoyerswerda eine friedliche Demonstration durchführen wollten, hinderten die migrantischen Jugendlichen an einem Durchbruch durch Polizeiketten, es kam zu einer Schlägerei. Mitglieder der Antifa Gençlik beklagten im Nachhinein das Unverständnis und unsolidarische Verhältnis der Autonomen gegenüber ihrem Ansatz. Vor allem ein Beteiligter, der sagte «wir brauchen Euren Mut, wie Ihr unsere Klugheit braucht», brachte aus Sicht der MigrantInnen-Antifa die arrogante Haltung der deutschen Antifas auf den Punkt.

Nachdem die Polizei im Fall Kaindl anderthalb Jahre lang keine Ermittlungserfolge vorweisen konnte, stellte sich im November 1993 ein siebzehnjähriger an Schizophrenie erkrankter Jugendlicher der Polizei. Weil er sie mit seiner Aussage schwer belastet hatte, wurden in der Folge vier Jugendliche aus der Antifaşist Gençlik und deren Umfeld festgenommen, mehrere mit Haftbefehl Gesuchte tauchten unter. Einer von ihnen, Cengiz Ulutürk, schloss sich einer PKK-nahen Guerilla an und starb 1996 bei einem Gefecht mit der türkischen Armee. Nachdem sich zwei Untergetauchte im Sommer 1994 der Polizei gestellt hatten, begann im September 1994 nach zum Teil monatelanger Untersuchungshaft der Prozess gegen sieben Antifas – die meisten von ihnen kurdischer oder türkischer Abstammung. Vorgeworfen wurde den Angeklagten «gemeinschaftlicher Mord und sechsfache gefährliche Körperverletzung». Im November 1994 wurden die Angeklagten schließlich zu Strafen zwischen fünfzehn Monaten auf Bewährung und drei Jahren Gefängnis verurteilt, der an Schizophrenie erkrankte Jugendliche wurde aus der Psychiatrie entlassen, in die er nach einem Suizidversuch eingewiesen worden war, ein Mann wurde freigesprochen.

44 Deutschland im Herbst 1991. Rassismus als Norm, in: autonome l.u.p.u.s.-Gruppe: Geschichte, Rassismus und das Boot, Edition ID-Archiv, Berlin – Amsterdam 1992, S. 124.

Bereits am Tag vor dem Prozessbeginn hatte es Solidaritätsaktionen in verschiedenen europäischen Ländern und den USA gegeben, in Berlin beteiligten sich zweitausend Menschen an einer Demonstration für die Freilassung der Angeklagten. Es wurde eine UnterstützerInnengruppe gegründet, die den Angeklagten half, Pressearbeit leistete und eine Zeitung herausgab. Internationale ProzessbeobachterInnen aus Uruguay, den USA, Großbritannien und der Türkei besuchten die Gefangenen, waren bei den Prozessterminen anwesend und unterstützten die Öffentlichkeitsarbeit der Solidaritätsgruppe. Die bundesweite Antifa-Organisierung, die AA/BO, verhielt sich allerdings nicht zum Prozess. Nur die Gruppe FelS, aus der ein Mitglied angeklagt war, beteiligte sich an der Solidaritätskampagne.

In der radikalen Linken führte Kaindls Tod zu intensiven Auseinandersetzungen um die Frage der Militanz und den möglichen Tod von angegriffenen Nazis. Im Antifaschistischen Infoblatt hieß es, der Tod eines unserer Gegner sei «nicht in unserem Interesse. Dass es aber dazu gekommen ist, ist angesichts der Eskalation der Gewalt von Rechts nicht verwunderlich.»[45] Die einzige angeklagte Frau erklärte während des Prozesses: «Weder die antifaschistische Bewegung in Deutschland noch die eigenständige und unabhängige Initiative Antifaşist Gençlik haben es sich zum Ziel gesetzt, propagiert oder entsprechende Aktionen durchgeführt, die bewusst zum Tode eines Neonazis führen sollten, jeder Tod eines Menschen ist nie ein angestrebtes oder auch nur gebilligtes Resultat von antifaschistischen Aktionen.»[46]

6.3. Fantifa

Die Antifa-Strukturen der 1990er Jahre waren – wie schon die autonomen Strukturen der 1980er Jahre – trotz eines relativ hohen Anteils organisierter Frauen stark männerdominiert. Meist waren es Männer, die Kontakte zu anderen Genossen knüpften, auf Bündnistreffen als Delegierte ihrer Gruppen auftraten und Redebeiträge hielten, zudem war das Erscheinungsbild der Demonstrationen durch sportliche und militant auftretende Män-

45 Zum Tod eines Faschisten, AIB Nr. 19/1992.

46 Politische Stellungnahme von Fatma.

ner geprägt. Diesem äußeren Erscheinungsbild entsprachen innerhalb der Gruppen in der Regel hierarchische Strukturen, die Frauen häufig auf eine Zuschauerinnen-Position verwiesen. Bei Demos und Aktionen waren Frauen häufig zu den Arbeiten hinter den Kulissen verdammt, übernahmen die Dienste am Infotelefon, im Ermittlungsausschuss oder als Kurierinnen fernab des eigentlichen Geschehens. In der theoretischen Arbeit der Gruppen wurden Patriarchat, Sexismus und Feminismus in der Regel ausgeblendet.

Die Frauen kritisierten diese inhaltliche Leerstelle der Antifa-Arbeit, das «mackerhafte» Auftreten ihrer Genossen sowie dominantes Redeverhalten, das nach ihrem Verständnis dem Anspruch einer radikalen Linken auf Emanzipation entgegenstehen würde. Außerdem wollten die Frauen gegen sexuelle Übergriffe und Vergewaltigungen aktiv werden, zu denen es auch innerhalb der linken Szene immer wieder kam. Als Konsequenz gründeten sich bundesweit Ende der 1980er, Anfang der 1990er Jahre in vielen größeren Städten reine Frauen- und feministische Antifa-Gruppen, die Fantifas. Sie wollten antifaschistische Politik machen und «das Gegenteil von jener beschissenen Flugi-Überschrift ‹Heute gegen Faschismus und morgen gegen Sexismus› diskutieren, leben und den männlichen Antifas klarmachen und von ihnen einfordern»[47]. Sie verorteten sich entsprechend «quer zu den bestehenden Frauenbewegungs- und antifa-Gruppen»[48]. An der klassischen Frauenbewegung kritisierten sie einen teilweise biologistischen Bezug auf die Kategorie «Frau» und deren Überhöhung als per se politisch, revolutionär und besser.

Nachdem viele Frauen in den gemischten Gruppen das Gefühl gehabt hatten, sich behaupten und beweisen zu müssen, sollte die Arbeit in den Fantifa-Gruppen dagegen ohne Leistungsdruck ablaufen und von gegenseitigem Vertrauen sowie Spaß am Politikmachen geprägt sein. Dazu gehörte neben der klassischen Antifa-Praxis auch das Ausprobieren neuer Aktionsformen gegen Nazis.

Die erste bundesweite feministische Antifa-Konferenz fand 1990 in Bonn statt, es folgten Vernetzungstreffen in Passau

47 Protokoll des 1. Frauen-Antifa-Treffens vom 4. Oktober 1992 in Passau.

48 Fantifa Bonn: Fantifa = Feministischer Antifaschismus, 1989.

(1992) und Mainz (1993). Diskutiert wurde hier die inhaltliche und praktische Ausrichtung der Gruppen. Dabei kristallisierte sich als ein Schwerpunkt die Beschäftigung mit Nationalsozialistinnen als Täterinnen heraus, auch um den Mythos der angeblich von Natur aus friedfertigen Frau aufzubrechen. Frauen in der Rechten wurden als politischer Faktor und politische Feindinnen in den Fokus genommen und dieser Ansatz mit der Frage nach der Attraktivität rechter Ideologien für Frauen verknüpft. Die Erarbeitung einer eigenen, feministischen Faschismusanalyse sollte diese Auseinandersetzung auf inhaltlicher Ebene ergänzen.

Um in der Außenwahrnehmung von Demonstrationen sichtbar zu werden und auch unabhängig von ihren männlichen Genossen militant auftreten zu können, organisierten die Fantifas auf vielen Demos FrauenLesben-Blöcke. So auf der von der Fantifa Mainz/Wiesbaden 1993 mitveranstalteten Demo gegen Ursula Müller, einer zentralen Figur der rechten Szene: Müller war Gründerin der Deutschen Frauenfront – dem Selbstverständnis nach eine Nachfolgeorganisation der NS-Frauenschaft – und ist bis heute Vorsitzende der Hilfsorganisation für nationale politische Gefangene und deren Angehörige (HNG). An der Demonstration nahmen tausendfünfhundert bis zweitausend Menschen teil, der FrauenLesben-Block umfasste hundert bis hundertfünfzig Fantifas.

Die Fantifa Marburg veröffentlichte auf Grundlage einer durchgeführten Veranstaltungsreihe ein Buch über Frauen in der radikalen Rechten, deren verschiedene Zugänge zur Szene und Beteiligung an neofaschistischer Organisierung.[49] Damit konnte die Marburger Gruppe auch über das linksradikale Spektrum hinaus Interesse an diesem Thema wecken.

Erklärtes Ziel der Fantifas war es aber auch, über die zu dieser Zeit in Antifa-Kreisen übliche Konzentration auf Anti-Nazi-Arbeit hinauszugehen und ihr Politik- und Interventionsfeld zu erweitern. Zentraler theoretischer Bezugspunkt für das Politikverständnis vieler Fantifa-Frauen war die sogenannte Triple-Oppression-Theorie, die die Gleichwertigkeit patriarchaler und rassistischer Unterdrückung sowie kapitalistischer Herrschaft be-

49 Fantifa Marburg: Kameradinnen. Frauen stricken am braunen Netz, Unrast, Münster 1995.

schreibt. Sexismus sollte nicht länger als «Nebenwiderspruch» der kapitalistischen Verhältnisse betrachtet werden, sondern müsse, da sich Kapitalismus, Rassismus und Sexismus gegenseitig bedingten, gleichzeitig mit diesen bekämpft werden: Auch nahm dieser Ansatz die Mehrfachunterdrückung von Frauen (Klassenherrschaft und Patriarchat) und besonders schwarzer Frauen bzw. Migrantinnen (Klassenherrschaft, Patriarchat und Rassismus) in den Blick. «Es gibt keine wirkliche Befreiung von einer der ‹drei Unterdrückungen› (...) ohne Zerstörung aller drei. Deshalb ist es ein Befreiungskampf»[50], lautete das Credo. Neben der Beschäftigung mit Neonazi-Frauen und der Thematisierung von Frauen als Täterinnen im Nationalsozialismus arbeiteten die Frauengruppen daher zu verschiedenen anderen Themen, beispielsweise dem Verhältnis von Nazi-Aktivistinnen zu Belangen der Frauenbewegung und den Anknüpfungspunkten neugermanisch-heidnischer Frauenbilder zu feministischer Spiritualität und Esoterik. Außerdem befassten sie sich mit dem Programm sogenannter «LebensschützerInnen» (AbtreibungsgegnerInnen), mobilisierten zu deren Veranstaltungen und störten diese öffentlichkeitswirksam. Ein weiteres Thema war die Aufarbeitung der Geschichte von Frauen im Widerstand gegen den Nationalsozialismus.

Darüber hinaus waren die Frauen darauf bedacht, ihre Kritik an den anderen Antifa-Gruppen selber ernst zu nehmen und Machtstrukturen in ihren eigenen Gruppen zu erkennen, zu benennen und möglichst aufzulösen. Gleichzeitig forderten sie beständig die Auseinandersetzung mit diesen Themen auch innerhalb der gemischten Zusammenhänge und kritisierten das teilweise ignorante und arrogante Verhalten der Männer gegenüber den Frauengruppen.

Neben den Vernetzungstreffen der Frauengruppen nahmen einige Fantifa-Gruppen auch an gemischten Bündnistreffen teil; sie waren auf dem Bundesweiten Antifa Treffen (BAT) ebenso vertreten wie sie in bundesweite Vorbereitungskreise (beispielsweise zur Verhinderung der Rudolf Heß-Gedenkmärsche in Wunsiedel) und regionale Strukturen eingebunden waren. Einige wenige Frauengruppen lehnten jedoch die Zusammenarbeit mit gemischten Zusammenhängen gänzlich ab, da sie

50 Viehmann, Klaus: Drei zu Eins – Diskussionspapier, Knast Werl, März/April 1988.

glaubten, sich dort immer wieder gegen Männer durchsetzen zu müssen.

Mitte der 1990er Jahre flaute die feministische Welle innerhalb der Antifa wieder ab und viele Fantifa-Gruppen lösten sich auf. Die wesentlichen Gründe hierfür waren inhaltlicher Art: Durch das Aufeinandertreffen der verschiedenen Zugänge und Themen von FrauenLesben- und Antifa-Politik – beispielsweise Kritik an Biopolitik und Reproduktionstechnologie auf der einen und das Organisieren von Anti-Nazi-Aktionen auf der anderen Seite – hatte häufig ein roter Faden in der politischen Arbeit gefehlt. Mit der berechtigten und notwendigen Kritik der bestehenden Strukturen hatten sich zudem viele Gruppen in dieser Auseinandersetzung aufgerieben und neben der Kritik und Abgrenzung nach innen keine positiven Inhalte erarbeiten und diese nach außen hin sichtbar machen können. Der eigene politische Anspruch war zudem moralisch mitunter derart überhöht worden, dass sich innerhalb der Gruppen Formen sozialer Kontrolle herausgebildet hatten, die die politische Arbeit letztlich verunmöglichten. Auch die angestrebte Grundlegung durch eine feministische Faschismusanalyse hatte sich als schwer realisierbar erwiesen; darüber hinaus konnte daraus keine konkrete Handlungsanweisung für die politische Praxis gewonnen werden. Allerdings führten die Fantifa-Mobilisierungen für die beteiligten Frauen zu einem erheblichen Gewinn an politischem Selbstbewusstsein, indem sie zeigen konnten, dass eine erfolgreiche Kampagne ebenso wie militante Antifa-Aktionen von Frauen gestemmt werden können und es dafür keiner Männer bedarf. Auch wenn die von den Fantifas geforderten Veränderungen innerhalb der radikalen Linken in der Folge bei weitem nicht erreicht wurden, so hat ihre Intervention doch zu einer Integration feministischer Diskurse und des Themenfelds Anti-Sexismus in Teile der Antifa beigetragen. Und in einigen Städten existierten und existieren auch nach dem Ende des bundesweiten Organisationsmodells Fantifa noch reine Frauen-Antifa-Gruppen und Fantifa-Gruppen.

6.4. *Organisierungsdebatte*

Mit dem gesellschaftlichen Rechtsruck im Zuge der Wiedervereinigung und der zunehmenden Konzentration der autonomen Bewegung auf antifaschistische Politik verband sich für viele AktivistInnen der Autonomen Antifa unmittelbar die Frage danach, wie die eigenen Aktivitäten in größerem Rahmen organisiert werden könnten. Schon bald wurde der Anspruch formuliert, die Fehler der autonomen Bewegung, wie z. B. fehlende politische Kontinuität und Ansprechbarkeit, nicht wiederholen zu wollen. Schnell kristallisierte sich daher eine Diskussion um das Stichwort Organisation heraus. Allerdings stieß die Idee einer verbindlicheren Organisierung von Anfang an auch auf starke Ablehnung. Vor allem traditionell orientierte Autonome lehnten festere Formen der Organisierung ab – insbesondere weil sie eine Hierarchisierung und autoritäre Strukturen befürchteten.

In der Zeitung der autonomen Szene in Berlin, der Interim, führte die Gruppe Für eine linke Strömung (FelS) eine monatelange, auch unter dem Namen «Heinz-Schenk-Debatte»[51] bekannt gewordene Diskussion zur Zerstreuung dieser Bedenken und erklärte dann auf einer öffentlichen Veranstaltung symbolisch ihren «Austritt aus den Autonomen». In dieser Situation veröffentlichte die Autonome Antifa [M] aus Göttingen 1991 ein «Organisierungspapier»[52], das in der autonomen antifaschistischen Bewegung breit diskutiert wurde. Die zentralen Thesen des Papiers waren:

- Eine Konsequenz aus der Aufarbeitung der Geschichte muss die bundesweite Organisierung sein.
- Um die gesellschaftliche Isolation aufzubrechen, müssen Bündnispolitik und Öffentlichkeitsarbeit Bestandteile autonomer Politik werden.

---

51 Mit dem Pseudonym «Heinz Schenk» war ein Beitrag in der Interim unterzeichnet worden, der mit einer deutlichen Kritik an der Unverbindlichkeit autonomer Politik dann die längere Diskussion auslöste. Abgedruckt sind die Texte in: Geronimo u. a.: Feuer und Flamme 2. Kritiken, Reflexionen und Anmerkungen zur Geschichte der Autonomen, Edition ID-Archiv, Berlin – Amsterdam 1992, S. 162–168.

52 Autonome Antifa [M]: Diskussionspapier zur Autonomen Organisierung, radikal Nr. 144/1991.

- Jugendarbeit zur Nachwuchsförderung muss gewährleistet werden.
- Die Notwendigkeit von Militanz muss besser vermittelt werden.
- Ansatzpunkt ist der Antifaschismus. Kampf dem Faschismus heißt Kampf dem imperialistischen System.

Der Vorschlag, über den Antifaschismus eine umfassende, antikapitalistische Gesellschaftskritik vermitteln zu wollen, sich offensiv auf die Geschichte der Linken zu beziehen und dazu öffentlich ansprechbar und organisiert zu sein, wurde von der Autonomen Antifa [M] selbst als «revolutionärer Antifaschismus»[53] bezeichnet. Auch dieses Konzept stieß jedoch zunächst auf scharfen Widerspruch. Weil die folgende Debatte nicht zuletzt aufgrund ihrer breiten Wirkung in der undogmatischen Linken als repräsentativ für die Entwicklung und Auseinandersetzung innerhalb der Antifa-Bewegung gewertet werden kann, wird im Folgenden etwas genauer darauf eingegangen.

Immer wieder wurde der Vorwurf erhoben, die Autonome Antifa [M] bzw. die dann später gegründete Antifaschistische Aktion/Bundesweite Organisation (AA/BO) würde den Antifaschismus instrumentalisieren, um ein orthodox-kommunistisches Politik- und Gesellschaftsverständnis – namentlich das der KPD – wieder salonfähig zu machen. Von traditionellen Autonomen wurde bemängelt, dass versucht würde, neuere Diskussionen um den Zusammenhang zwischen Kapitalismus, Rassismus und Patriarchat mit Ideologieversatzstücken aus den 1920er und 1930er Jahren zu kombinieren. Es sei bedenklich, wenn ein Teil der Autonomen über ihre Antifa-Arbeit zunehmend ins Fahrwasser eines kommunistischen Dogmatismus geriete.

Weiter hieß es, besonders mit ihrer Geschichtspolitik würde die Antifa [M] kritiklos den propagandistischen Anspruch der KPD kolportieren und einen «KPD-Mythos» hochhalten. Auch das für die autonome Szene relativ neue Konzept von Öffentlichkeitsarbeit (beispielsweise Pressemitteilungen und -sprecherInnen, später Internetseiten) wurde massiv kritisiert. Interne Widersprüche würden hier zugunsten einer Einheitsmeinung vernachlässigt. Die Antifa gehe damit immer stärker weg von der autonomen Basis hin zu einer abstrakten Öffentlichkeit. Durch

53 AA/BO: Die Antifaschistische Aktion, Geschichte, Hintergründe, Kritiken, Einschätzungen – zur Tagung am 4. Mai 1993 in Köln.

große medienwirksame Demonstrationen mit einem Schwarzen Block an der Spitze, wie sie beispielsweise in Göttingen Anfang der 1990er von der Antifa [M] mehrfach organisiert wurden, würde Widerstand zudem nur simuliert. Stattdessen sei «Alltagsradikalität», die reale gesellschaftliche Freiräume schaffe, wichtig. Und außerdem bleibe die antifaschistische Ausrichtung der Antifa [M] oberflächlich und ökonomistisch: Anstatt die verschiedenen Herrschaftsverhältnisse, z. B. im Sinne der Triple-Oppression-Theorie, als jeweils eigenständig zu begreifen und zu bekämpfen, werde «nur über Kapitalismus geredet, der den Rest produziert»[54]. Für traditionelle Autonome, die mehrheitlich vom Nebeneinander der verschiedenen Herrschaftsformen und der Notwendigkeit unmittelbarer persönlicher Veränderung im Hier und Jetzt ausgingen, drängte sich insofern der Vergleich mit der KPD wohl tatsächlich auf.

Dagegen erklärte die Antifa [M] an selber Stelle: «Wir bezweifeln, dass es persönliche Befreiung schon allein aufgrund der ökonomischen Abhängigkeit wirklich gibt. Diese Politik hat ins Ghetto geführt. Wir versuchen ein viel breiteres Spektrum anzusprechen. Die Leute, die ernsthaft an einem Begriff von Gesellschaft gearbeitet haben, sind nicht an einer Analyse, einer Gesamtkritik und Gesamtopposition am System vorbeigekommen.» Der historische Bezug auf die KPD, aber auch auf die K-Gruppen und die autonome Bewegung hatte laut Antifa [M] das Ziel, der Ideologie vom Ende der Geschichte eine Auseinandersetzung mit linker Geschichte und ihren Fehlern entgegenzusetzen. Mit den Vorwürfen ihnen gegenüber würde nur «die schon oft kritisierte Geschichtslosigkeit der Autonomen zementiert»[55]. Auch legten diese Göttinger Antifas Wert darauf, nicht als Teil einer Subkultur, sondern als Teil eines gesamtgesellschaftlichen politischen Widerstands wahrgenommen zu werden, der Antifaschismus nur als einigendes Band – als «Überschrift» – betrachtet.

Im Laufe der bundesweit in autonomen Zentren und Blättern geführten Diskussion um die richtige Form der Antifa-Organisierung konnte erwartungsgemäß kein Konsens erzielt werden.

54 Die Frage der Einheit entzweit uns – Interview mit der Antifa [M] & KritikerInnen, radikal Nr. 3/1993.

55 Autonome Antifa [M], radikal Nr. 11/1992.

Gleichwohl kristallisierten sich Gemeinsamkeiten einzelner Zusammenhänge aus dem gesamten Bundesgebiet heraus. Trotz der massiven Kritik aus Teilen der autonomen Bewegung fanden sich so schließlich mehrere Gruppen, die den vorgeschlagenen Ansatz von organisiertem Antifaschismus mit antikapitalistischem Anspruch unterstützten. Zwar gab es auch bei ihnen keinen klaren inhaltlichen Konsens (so bezeichneten sich einige etwa als KommunistInnen, andere wollten sich gar keinem «Ismus» zuordnen), trotzdem gründeten sie am 25. Juli 1992 in Wuppertal die Antifaschistische Aktion/Bundesweite Organisation (AA/BO). Angesichts der gesellschaftlichen Entwicklung, «dem Erstarken der Naziszene und der Politik des neuen Großdeutschland sollte es schnell gehen»[56].

6.5. AA/BO und BAT

Dem Ziel, durch kontinuierliche Arbeit zu einem sichtbaren politischen Faktor zu werden, wollte die AA/BO mit einer festen Organisationsstruktur näher kommen. Diese sah nur grobe inhaltliche Kriterien für die Mitgliedschaft einer Gruppe vor. Unter anderem: «Praktischer Ansatzpunkt ist der Antifaschismus. Der Kampf gegen Faschismus ist auch ein Kampf gegen die gesellschaftlichen Bedingungen, aus denen heraus die Bereitschaft der Menschen resultiert, faschistische/chauvinistische Denkmuster anzunehmen (Konkurrenzmechanismen, patriarchale Sozialisation, Vereinzelung). Der Kampf zielt auf die Entwicklung einer Gegenperspektive zum kapitalistischen System»[57]. Grundsätzliches Ziel war es, für «möglichst viele Menschen politische und kulturelle Orientierung zu werden». Darüber hinaus unterschied die AA/BO jedoch bereits zu Beginn kurz-, mittel-, und langfristige Ziele: Kurzfristige Ziele waren der Ausbau der politischen Praxis und der personellen wie logistischen Strukturen. Mittel- und langfristige Ziele waren hingegen die Entwicklung einheitlicher Standpunkte, wie Faschismus- und Imperialismustheorie, Patriarchats- und Gesellschaftsanalyse. Die Klärung, was eigentlich mit den in der politischen Arbeit ständig verwen-

56 Phase Zwei-Redaktion Bonn: Autonome Organisierung.

57 AA/BO: Einsatz – Grundlagen der Antifaschistischen Aktion/BO, Broschüre, September 1993.

deten Begriffen wie Faschismus, Kapitalismus und Sexismus genau gemeint sein sollte, wurde auf später verschoben.

Daneben war die Unabhängigkeit von Parteien und Verbänden eine praktische Bedingung. Formale Kriterien für die Mitgliedschaft waren «die regelmäßige Teilnahme an inhaltlichen Auseinandersetzungen» sowie die Bemühung, Initiativen und Ideen auf die Bundestreffen zu tragen und getroffene Entscheidungen praktisch umzusetzen. Dafür wurden gefestigte Gruppenstrukturen mit einer «ausgeprägten Verankerung vor Ort, funktionierenden Jugendarbeit, etc.» eingefordert.

Entscheidungen über die Aufnahme von neuen Gruppen, Kampagnen und Veröffentlichungen im Namen der AA/BO wurden auf dem Bundestreffen gefällt, das auf Delegiertenbasis mit imperativem Mandat fußte. Das bedeutet, die Delegierten sollten, wie in einem rätedemokratischen System, nur Positionen ihrer Gruppen weitertragen und nicht eigenständig Politik machen. Dadurch sollte vor allem der Informations- und Erfahrungsaustausch unter den Gruppen gewährleistet werden. Allerdings war schon die Entscheidungsfindung durch Abstimmungen für viele der autonomen Zusammenhänge, die in der Regel mit dem Konsensprinzip arbeiteten, ein Novum. Eine Frauenquote von fünfzig Prozent der Delegierten wurde angemahnt.

Für Gruppen, die sich der AA/BO anschließen wollten, wurde folgendes Verfahren eingeführt: Die neuen Gruppen sollten durch eine bereits in die AA/BO eingebundene Gruppe betreut werden und erhielten dann den Status von Beobachterinnen («Probezeit»), d.h. sie konnten für eine bestimmte Zeitspanne zwar bereits an den Treffen teilnehmen, jedoch noch nicht mit abstimmen. Dieses Verfahren sollte der AA/BO später noch einige Probleme bereiten, weil viele Gruppen so zwar an internen Diskussionen teilnahmen, sich für die Umsetzung der Diskussionsergebnisse dann aber häufig nicht mehr verantwortlich fühlten.

Daneben wurde angestrebt, sogenannte Regionaltreffen einzurichten, auf denen der Widerspruch zwischen kleinen Gruppen in der Provinz und großen, meist relativ gut ausgestatteten Gruppen in der Stadt praktisch angegangen werden sollte.

Als Emblem der Organisation wurde eine stilisierte Version des bereits in den 1980er Jahren verwendeten Symbols der historischen Antifaschistischen Aktion von 1932 übernommen, das dann relativ schnell als Erkennungszeichen auch bei Antifa-Gruppen Verbreitung fand, die nicht in der AA/BO organisiert waren. An diesen Beispielen zeigt sich, mit was für einer – für ein autonomes Bündnis – doch eher ungewöhnlichen Fülle an formalen Bestimmungen die Gründung der bundesweiten Antifa-Organisation einherging. So hieß es zum offiziellen Zeichen der AA/BO in bestem Bürokratendeutsch: «Der Name ‹Antifaschistische Aktion› wird mit dem Zusatz ‹Bundesweite Organisation› (kurz: BO) geführt. Das Emblem ist an das historische von 1932 angelehnt, jedoch nicht zu verwechseln: Die von links nach rechts stürmenden Fahnen (rot/schwarz) sind dem Kreis entnommen; an sie legt sich ein großes, kursives ‹A› von welchem, ‹(A)ntifaschistische› und ‹(A)ktion› gleichermaßen ausgehen – darunter der Zusatz ‹Bundesweite Organisation›...».

Zu Anfang beteiligten sich an der AA/BO zwölf Gruppen, darunter die Autonome Antifa [M] aus Göttingen, die Gruppe FelS und die Antifa A+P, die später zur Antifaschistischen Aktion Berlin (AAB) wurde, die Antifa Bonn-Rhein-Sieg und die Antifa Mainz/Wiesbaden. Außerdem waren Antifa-Gruppen aus NRW, Bayern und Thüringen dabei. Doch der Start der AA/BO verlief unerfreulich: Einige (Beobachter-)Gruppen verließen die Organisation bereits im Februar 1993, u. a. wegen eines Streits über die bereits erwähnte Trennung in Beobachter und Mitglieder. Ein weiteres Problem war schon von Beginn an, dass inhaltliche Positionen zwar erarbeitet werden sollten, sich dies aber aufgrund der verschiedenen politischen Perspektiven, die unter dem allgemeinen Ansatz eines «revolutionären Antifaschismus» zusammen kamen, äußerst schwierig gestaltete. So trat beispielsweise die Gruppe FelS schon 1995 wieder aus der AA/BO aus, da sie eine weitergehende inhaltliche Verständigung mit orthodox-kommunistischen Gruppen, wie z. B. der Roten Antifa Initiative (RAI) aus Berlin, die soweit ging, noch die stalinistischen Schauprozesse gegen Linke im Moskau der 1930er Jahre zu verteidigen, als aussichtslos erachtete. Dieses Problem begleitete die AA/BO ihr gesamtes Bestehen über. So kritisierte auch die Antifa A² aus Stuttgart eine weitgehende Duldung autoritärer Politikvorstellungen in der bundesweiten Organisierung, welche in einer allgemeinen «Vereinsmeierei» wurzele, die dem organisatorischen Zusammenhalt den Vorrang gegenüber einer offenen und kritischen Debatte gebe. Die Gruppe trat 1996, nach nur einem Jahr Mitgliedschaft, wieder aus der AA/BO aus.

Aufgrund der zahlreichen Kritikpunkte wurde bereits ein Jahr nach der AA/BO das Bundesweite Antifa Treffen (BAT) als «Abgrenzungsprojekt und alternative Version zugleich»[58] gegründet. Der Kern der BAT-Gründungsgruppen hatte sich zuvor an der Diskussion um eine bundesweite Organisierung beteiligt und die meisten inhaltlichen Eckpunkte mitgetragen. Streitpunkt war also weniger der allgemeine politische Ansatz, sondern die konkrete Form der Organisierung.

Das BAT sollte einerseits diejenigen sammeln, die dem Konzept der AA/BO ablehnend gegenüber standen, andererseits verstand es sich als offenes Forum, an dem auch Gruppen der AA/BO teilnehmen konnten. Hier ging es im Gegensatz zur AA/BO weniger darum, öffentlichkeitswirksam linksradikale Politik zu entwickeln und umzusetzen, sondern um Fragen der Vernetzung, des Austauschs von Informationen (z. B. über Nazistrukturen) und offene Diskussionen. Dafür war das BAT auf seinen bundesweiten Treffen in mehr oder weniger losen Arbeitsgruppen organisiert. Durch den im Gegensatz zur AA/BO relativ offenen Ansatz nahmen zwar zeitweise bis zu fünfzig Gruppen an den Treffen des BAT teil, allerdings entfaltete es seiner Ausrichtung entsprechend auch weniger öffentliche Wirkung. Zudem blieben zahlreiche Diskussionen aufgrund der allgemeinen Unverbindlichkeit letztlich ergebnislos. Wo der Ansatz der AA/BO also Elemente der Autonomen in eine Organisation integrierte, die von der Form her mit klassisch autonomer Politik nicht mehr viel zu tun hatte, wollte der Ansatz des BAT politisch die Welt der autonomen Szene verlassen, blieb jedoch organisatorisch in ihr verhaftet, wie es in einem Nachbereitungspapier zum BAT hieß. Neben dem BAT und der AA/BO gab es allerdings auch weiterhin zahlreiche Antifa-Gruppen, die sich keinem dieser Organisierungsansätze anschlossen oder gänzlich im Geheimen arbeiteten.

Trotz aller organisatorischen Differenzen unterschieden sich AA/BO und BAT kaum in ihrem Verständnis von Faschismus und revolutionärem Antifaschismus. Wenn also im Folgenden

58 Das Bundesweite Antifa-Treffen (BAT), AIB Nr. 57/2002.

hauptsächlich von Aktionen und Veröffentlichungen der AA/BO-Gruppen die Rede ist, so liegt das allein daran, dass diese in größerer Anzahl zu finden sind. Das Verständnis von revolutionärem Antifaschismus wie auch die inhaltliche und praktische Entwicklung der Gruppen, die sich in diesem Sinne bundesweit als organisierte Antifa verstanden, lassen sich – natürlich mit Abstrichen – für die 1990er Jahre durchaus repräsentativ an der Entwicklung der AA/BO zeigen.

6.6. Das Konzept des revolutionären Antifaschismus

Wie erwähnt hatte die AA/BO es sich zur Aufgabe gemacht, eine weitergehende Analyse der kapitalistischen Gesellschaft zu entwickeln. So versuchte die Organisation im Laufe der 1990er Jahre mithilfe diverser Kampagnen, Broschüren und Veranstaltungen die Position der orthodox-kommunistischen Faschismus-Interpretation und die «‹Hinter dem Faschismus steht das Kapital›-Verkürzung»[59] zu überwinden und demgegenüber ein differenzierteres Konzept des revolutionären Antifaschismus zu entwickeln. Der Kern, also der Anspruch einer totalen Umwälzung der «falschen Gesellschaft», blieb jedoch erhalten. Zentral für die organisierte Antifa war von Anfang an das Diktum des Frankfurter-Schule-Theoretikers Max Horkheimer: «Wer aber vom Kapitalismus nicht reden will, sollte auch vom Faschismus schweigen.»

Allerdings fand erst Ende der 1990er Jahre und nur in einigen Gruppen der AA/BO eine inhaltliche Auseinandersetzung mit der Kritischen Theorie statt, die über plakative Parolen hinausging. Denn anstatt mit der Erarbeitung genauerer Positionen zu beginnen, war das Konzept der AA/BO ja darauf angelegt, die Linke zunächst anhand grundsätzlicher Fragen zu sammeln. In einer 1998 mit dem programmatischen Titel «Konzept Antifa» veröffentlichten Broschüre der Antifaschistischen Aktion Berlin (AAB), die mit zeitweise über siebzig festen Mitgliedern die bundesweit größte Antifa-Gruppe war, hieß es hierzu: «Es geht um nachvollziehbare Grundorientierung. Der Erfolg jedes linken Konzeptes misst sich an der doppelten Aufgabe, Leu-

59 Antifa heißt erst mal gar nichts, AIB Nr. 45/1998.

te zu erreichen und zu politisieren.»[60] Diese Grundorientierung der Linken sollte eine an der Theorie von Karl Marx sein. Konkret meinte dies vor allem die Deutung aller gesellschaftlichen Konflikte als soziale Probleme: Die Verhältnisse sollten als menschengemachte dechiffriert werden. In einer Zeit der Entpolitisierung ging es der AAB darum, in Problemen des Alltags deren politische Dimension überhaupt erst nachzuweisen.

Antifaschismus schien sich hierfür anzubieten, da Faschismus aufgrund der Präsenz von Neonazis auf der Straße von vielen als ein Alltagsproblem wahrgenommen wurde, für dessen unmittelbare Lösung die Linke ihre Bedeutung beweisen und Relevanz entwickeln könne. Zudem sei Antifaschismus als Ansatzpunkt geeignet, da die Aufgabe, gegen die rechte Naturalisierung von Herrschaft alle gesellschaftlichen Verhältnisse als soziale und also historisch veränderbare zu demaskieren, besonders dringend wäre. Darüber hinaus schien der AAB von Vorteil, dass im Themenfeld Antifaschismus der «militante Bruch der gesellschaftlichen Spielregeln von vielen Menschen als gerechtfertigtes Mittel des Widerstandes» begriffen werde und die Auseinandersetzung mit Nazis letztendlich zur Konfrontation mit der Staatsmacht führe, die ihr Gewaltmonopol verteidigen müsse. So erreiche der Kampf quasi automatisch eine neue Dimension.[61]

Außerdem zeichnete den Antifaschismus im Sinne der AAB seine historisch legitimierte Bündnisfähigkeit aus, also die Betonung der Einheit des Widerstands und die Möglichkeit, gemeinsam in Aktion zu treten – auch für die Antifa [M] gerade «in Anbetracht der voranschreitenden Isolierung, Zerschlagung und Selbstauflösung von linker Opposition»[62] eine wichtige Erfahrung.

Allerdings könne das «Konkrete immer nur Ausgangspunkt, nie Endpunkt sein». Dies war der AAB zufolge beim Antifaschismus der Fall, da eine konsequente Lösung des Problems Faschismus systemsprengend wäre; schließlich müssten dafür die gesellschaftlichen Grundlagen umgewälzt werden, die den

60 AAB: Das Konzept Antifa – Grundsatztexte und Konkretes, 1995–1998, Broschüre, 1998.

61 Vgl. auch: Antifaschistische Gruppe Hamburg: Auftaktpapier, 1996.

62 Autonome Antifa [M]: 1:1 für den antifaschistischen Widerstand, Broschüre, September 1996.

Faschismus erst ermöglichten. Die AAB machte das u. a. daran fest, «dass sich noch für die einzigartigen Menschheitsverbrechen der Nazis bereitwillige Finanziers und Profiteure fanden»[63]. Daher sei die Ablehnung des kapitalistischen Systems als Lehre aus dem Nationalsozialismus unumstößlich. Mit anderen Worten: «Antifaschismus ist eine Ausgangsposition, aus der heraus wir aktiv die Konfrontation mit den bestehenden Verhältnissen suchen.»[64]

Dafür war der AAB insbesondere ein antifaschistischer Bezug auf die Geschichte wichtig. Denn wo im neoliberalen Kapitalismus angeblich keine fundamentalen Verbesserungen mehr möglich seien, habe doch eigentlich das Ende der Geschichte zu stehen. Um gegen diese bürgerliche Ideologie etwas Emanzipatorisches aus der Geschichte lernen zu können, brauche die Linke überhaupt erst (wieder) eine Geschichte. Daher sollte die Geschichte der Linken zunächst als ganze verteidigt werden, um dann das jeweils Fortschrittliche darin aufgreifen und in einen neuen Zusammenhang setzen zu können. Dieser Vorstellung von Geschichtsarbeit entsprechend beteiligte sich die AA/BO seit 1996 an der jährlich im Januar stattfindenden «LL-Demonstration» anlässlich des Jahrestages der Ermordung der KPD-FührerInnen Rosa Luxemburg und Karl Liebknecht in Berlin. Am Antifa-Block innerhalb der traditionellen Demonstration nahmen in den Jahren 1996 bis 1999 jeweils bis zu 3000 Menschen teil. Bis heute beteiligt sich die Antifaschistische Linke Berlin, eine Nachfolgegruppe der AAB, an der Gedenkdemonstration.

Zusammengefasst: Konsequenter Antifaschismus musste im Sinne der AA/BO eine revolutionäre, antikapitalistische Ausrichtung haben, da er den Kampf gegen den Faschismus auch als Kampf gegen die gesellschaftlichen Bedingungen begreift, aus denen heraus die Bereitschaft der Menschen entsteht, reaktionäre Denkmuster anzunehmen. Antifaschismus hieß daher nicht nur Angriff auf offen rechtsradikale Strukturen und Organisationen, sondern gleichzeitig auch «Kampf dem Patriarchat!», «Tod dem Staatsterrorismus!», «Nie wieder Deutschland!», «Gegen jede Grenze!» – kurz: «Antifa ist der Kampf ums Ganze!». Im Sinne dieser gesamtgesellschaftlichen Orientierung waren neben klassischen Antifa-Themen wie Neonazis,

---

63 AAB: Das Konzept Antifa.

64 Ebd.

Burschenschaften und staatlichem Rassismus schon Anfang der 1990er Themenfelder wie Drogenlegalisierung oder Kritik des Parlamentarismus immer wieder Bestandteile theoretischer Auseinandersetzung und praktischer Interventionsversuche.

6.7. Faschismustheorien

Die organisierte Antifa postulierte zwar, dass ihr Antifaschismus – im Gegensatz zum antifaschistischen Engagement anderer linker, z. B. trotzkistischer, Gruppen – kein Lockmittel für ein dahinter stehendes (Partei-)Programm, sondern der Zweck selbst sein sollte. Entgegen dieses vorgeblich unparteiischen Ansatzes führte jedoch gerade die Orientierung an der Wirksamkeit in der Praxis und die Auseinandersetzung mit Faschismus und Nationalsozialismus wenigstens in Teilen dazu, dass hier im Laufe der 1990er Jahre das orthodox-linke Verständnis von Kapitalismus mit Elementen der Kritischen Theorie modernisiert wurde. Deutlich wird dies besonders im Hinblick auf die Faschismustheorie, für die allerdings auch gilt, dass es keine einheitlich anerkannte Theorie in der Antifa gab.

Anstatt, wie so oft in den Veröffentlichungen zu Beginn der 1990er Jahre, einen systembedingten Zusammenhang zwischen Kapitalismus und Faschismus nur zu behaupten, setzte sich zumindest ein Teil der Antifa-Gruppen im Laufe des Jahrzehnts fundierter mit Faschismustheorien auseinander. Die instrumentalistische These, Nazis als Werkzeug in der Hand der Kapitalisten zu begreifen, wurde zugunsten der Erkenntnis abgelegt, dass gesellschaftliches Leben nicht so funktioniert, dass sich Herrschaftseliten zusammensetzen und die Weltgeschicke planen. Teile der AA/BO kamen zu der Erkenntnis, dass das komplexe Gefüge westlicher Industrienationen nicht vollständig steuerbar sei, sondern eine Eigendynamik habe, die allen AkteurInnen des kapitalistischen Systems ihre Sachzwänge – Ausrichtung auf Profit, Konkurrenz etc. – auferlege. Darüber hinaus wurde die monokausale, allein auf die Ökonomie fixierte, Erklärung des Nationalsozialismus verworfen, weil diese die, selbst im Sinne einer nur zweckrationalen Vernunft als irrational anzusehende, millionenfache Ermordung von Juden und Jüdinnen und anderer als «rassisch minderwertig» stigmatisierter

Menschen nicht hinreichend erklären konnte. Der Nationalsozialismus wurde demgegenüber begriffen als ein der spezifischen historischen Situation geschuldetes Bündnis zwischen dem auf Profitmaximierung und Eigensicherung bedachten Kapital und den, das Unbehagen am Kapitalismus irrational und autoritär ausagierenden, Nazis. In diesem Sinne wurde auch die, nach den rassistischen Ausschreitungen von Rostock-Lichtenhagen von Teilen der sozialrevolutionären Linken (z. B. in der Zeitschrift *Wildcat*) vertretene These, dass die Gewalttaten gegen Flüchtlinge eine Reaktion auf die soziale Deklassierung vieler Menschen nach der Wiedervereinigung gewesen seien[65], mehrheitlich verworfen. Parolen wie «Die Flüchtlinge sind die falsche Adresse, haut den Bonzen auf die Fresse» galten damit in weiten Teilen der Antifa als überholt. Mit der Zeit führte die vielfältige Kritik an den Faschismustheorien orthodoxer linker Gruppen zudem zur Berücksichtigung «auch anderer politischer Kämpfe als der Klassenwidersprüche: z. B. der antinationale Standpunkt, dass Antisemitismus als Teil des deutschen Nationalcharakters ohnehin fest in der deutschen Bevölkerung verankert ist. Oder der antipatriarchale Standpunkt, dass Männerbündelei und die Verherrlichung des soldatischen Mannes als wesentlich für den Faschismus anzusehen sind.»[66]

Wenngleich die Faschismusanalyse in Teilen der organisierten Antifa in diesem Sinne modernisiert wurde, hielt sie am politischen Ansatz des revolutionären Antifaschismus fest. Die damit nach wie vor betriebene Vereinfachung gesellschaftlicher Komplexität wurde jedoch nicht als Problem begriffen, sondern als Lösung, «solange die Vereinfachung sich auf wesentliches konzentriert. Wer politisch wirken will, muss Einfluss nehmen, muss also eine eindeutige Stellungnahme vorgeben.»[67] Deshalb schien auch eine platte Aussage wie «Hinter dem Faschismus steht das Kapital» – so problematisch diese Verkürzung der historischen Realität auch war – ihre Berechtigung als Demoparole nicht verloren zu haben. Trotz weitergehender theoretischer Bemühungen und Auseinandersetzungen beschränkte sich die Praxis der organisierten Antifa daher weiterhin und weitgehend auf die

---

65 Riots von Rechts? – Strategie der Spannung, *Wildcat* Nr. 60 / Oktober 1992.

66 AAB: Das Konzept Antifa.

67 Ebd.

Vermittlung faschismustheoretischer Allgemeinplätze wie eben «Hinter dem Faschismus steht das Kapital» – und der Erinnerung daran, dass es damit natürlich noch nicht getan sei.

Insofern ging zumindest die politische Außenwirkung der Faschismusanalyse der organisierten Antifa über die grundsätzliche Einschätzung, dass «der Faschismus» einfach das Sammelsurium aller rassistischen, nationalistischen und autoritären Massenbewegungen mit antikommunistischer und antiliberaler Ausrichtung sei, nicht hinaus. Zwar war durch den antikapitalistischen Anspruch bei gleichzeitiger undogmatischer Orientierung an der gesellschaftlichen Realität eine Perspektive auf eine kritische Theorie der Gesellschaft angelegt. Allerdings wurde häufig doch die spezifische Qualität des Nationalsozialismus und die über die ökonomische Sphäre hinausgehenden ideologischen Komponenten des Faschismus und der bürgerlichen Gesellschaft, wie Sexismus, Rassismus und Antisemitismus, vernachlässigt. Die faschismustheoretischen Überlegungen der Antifa bewegten sich insofern stets im Spannungsfeld zwischen der Popularisierung linker Theorie und ihrer inhaltlichen Modernisierung.

6.8. Markenzeichen Antifa

Schon Ende der 1980er Jahre war der Organisierungsgedanke in der Antifa-Bewegung eng mit der Absicht verknüpft, das stark subkulturell und vor allem durch Punkrock geprägte «autonome Ghetto» zu verlassen. Das, so ein häufig angeführtes Argument, sei notwendig, um ein breiteres Spektrum in der postmodernen Gesellschaft ansprechen zu können. Ein solcher Wandel wäre aber auch inhaltlich richtig, da er der Erkenntnis Rechnung trüge, dass es innerhalb der kapitalistischen Gesellschaft «kein richtiges Leben im falschen» (Theodor W. Adorno) gebe. Dieser Kritik an den Autonomen zufolge macht es wenig Sinn, versuchen zu wollen, in allen Lebensbereichen «politisch korrekt» zu leben. Denn die Idee einer befreiten, alternativen Lebensweise ging in Teilen der autonomen Bewegung so weit, dass bestimmte konsumkritische Ansätze, wie z. B. keine Markenwaren zu kaufen und zu tragen, keine tierischen Produkte zu konsumieren, politisch überschätzt wurden. So sollte angeblich unbeteiligt am gesellschaftlichen Herrschaftszusammenhang gelebt und «authentischer» Widerstand geleistet werden. Gegen diese Haltung wurde im Rahmen der Antifa-Organisierung eingefordert, die Widersprüchlichkeit und subjektive Verstrickung in die kapitalistische Gesellschaft – gerade auch bei der Konstruktion der eigenen Identität – zu reflektieren. Aus diesem Ansatz entwickelte sich im Laufe der 1990er Jahre die Bezeichnung «Pop-Antifa».

Dabei wurde davon ausgegangen, dass sich Pop-Kultur in dieser Gesellschaft «um die Frage des Interessanten» drehe und «in der Kapitallogik mühelos vereinnahmen» lasse, allerdings könne das durch eine auf gesellschaftliche Veränderung zielende linke Kulturarbeit aufgebrochen werden.[68] Statt sich in subkulturelle Nischen zurückzuziehen oder gar die «Existenz ‹natürlicher›, unveränderbarer Grundorientierungen hinzunehmen», sollte die Kulturarbeit auf der «Veränderbarkeit der Verhältnisse bestehen» und auf innergesellschaftliche Widersprüche hinweisen. Dafür müsse sich die antifaschistische Linke auch gerade der Stilmittel der Postmoderne, wie Ironie und Vieldeutigkeit, bedienen.

Mit Verweis auf das Hegemonie-Konzept des italienischen Marxisten Antonio Gramsci wurde im Laufe der 1990er Jahre die Entwicklung einer antifaschistischen Jugendkultur und die in anderen Teilen der autonomen Bewegung schon lange zentrale Forderung nach in diesem Sinne nutzbaren selbstverwalteten (Jugend-)Zentren zu einem Bestandteil der politischen Praxis der organisierten Antifa. Ein anderes Beispiel für die Kulturarbeit der Antifa bietet die der Göttinger Antifa [M] nahestehende Initiative Kunst und Kampf (KuK). Diese hatte es sich zur Aufgabe gemacht, über die künstlerische Gestaltung von politischen Plakaten, mithilfe von Ausstellungen und AgitProp-Aktionen (d.h. politischem Straßentheater) antifaschistische Inhalte zu transportieren.[69]

Darüber hinaus wurden zunehmend Elemente aus aktueller Popkultur, zum Beispiel japanische Manga-Comics und kommerzielle Werbung, in die Mobilisierungen zu Aktionen mit aufgenommen. Nach der Devise «Antifaschismus ist keine Frage

68 AAB: Das Konzept Antifa.

69 Langer, Bernd: Kunst als Widerstand. Plakate, Ölbilder, Aktionen, Texte der Initiative Kunst und Kampf, Pahl-Rugenstein, Bonn 1997.

der Mode, aber müssen unsere T-Shirts deshalb hässlich sein?» wurden Antifa-Versandläden gegründet, die politische Inhalte auf Modeartikeln mit Elementen der Populärkultur vermischten. Auch am Outfit der AktivistInnen konnte man im Laufe der 1990er Jahre zunehmend die Hinwendung der organisierten Antifa zur Pop-Kultur feststellen: An die Stelle von klassischen Lederjacken traten immer öfter Windbreaker.

Zudem veranstalteten größere Antifa-Gruppen Straßenfeste und Konzerte mit bekannten Musikgruppen unterschiedlichster Stilrichtungen von Punkrock bis Hip-Hop, um Jugendliche zu mobilisieren. 1995 gab die AAB dem Musiksender MTV ein Interview – damals ein absolutes Novum für linksradikale Öffentlichkeitsarbeit. Begründet wurde dieses Engagement mit einer gesellschaftlichen Situation der zunehmenden Entpolitisierung, in der es darum gehe, «Staub aufzuwirbeln, symbolische Kämpfe zu führen, Meinungsführer und Symbolfiguren mit einzubeziehen und die Faszination aufzugreifen, die verbunden ist mit kulturellen Anliegen.»[70]

Unter dem Vorzeichen des postmodernen «anything goes» sollte eine antifaschistische Kultur etabliert werden, mithilfe derer diese postmoderne Logik «im Fortschritt, nicht im Rückschritt» überwunden würde: «Durch das Aufgreifen ihrer Unbeschwertheit, ihrer Eingängigkeit, ihrer Kampfmittel wie Ironie und stilistischer Vielfalt. Zusätzlich durch das Einlassen auf die ‹große Erzählung›, (...) die verbindliche übergeordnete Leitidee». Die Bildung einer solchermaßen offenen Szene sei sowohl im Gegensatz zur subkulturellen Selbstbeschränktheit in der autonomen Bewegung als auch zum kulturellen Dogmatismus der K-Gruppen positiv zu bewerten. Denn: «Vermutlich haben in der BRD der letzten 30 Jahren bedeutend mehr Leute durch Brecht, Ton-Steine-Scherben oder Slime ihr Interesse an Politik entdeckt als durch alle kommunistischen Parteien zusammen.» Eine kulturell codierte und radikal-oppositionelle Identität sei daher in jeder Hinsicht unterstützenswert. Auch hier galt allerdings wieder: «Entscheidend ist nur, nicht dabei stehen zu bleiben.»[71]

Von KritikerInnen aus der traditionellen autonomen Szene wurde das neue Konzept wiederum als identitäre Politik angegriffen, die ihren politischen Gehalt vor allen Dingen auf sym-

70 AAB: Das Konzept Antifa.
71 Ebd.

bolischer Ebene äußere. Anstatt reale Veränderung zu schaffen, würde Widerstand nur simuliert und die inneren Widersprüche der Antifa-Identitätsbildung – einerseits radikale Opposition sein zu wollen und dabei anderseits gerade bestimmte gesellschaftliche Rollenbilder zu reproduzieren – überdeckt. Dagegen nahm die Pop-Antifa den Vorwurf der Identitätspolitik gerne an und kritisierte ihrerseits, dass die autonome Szene an veralteten Gesellschaftsanalysen und einem wirklich identitären Konzept festhielte, das die gesellschaftliche Realität ignoriere, um das Selbstbild eines «authentischen Widerstands» aufrecht zu erhalten. Die Kulturarbeit der organisierten Antifa, also die Schaffung von Symbolen und Codes, ihre Konzerte, Ausstellungen, Partys, Veranstaltungen und Mode, hätte dagegen das Ziel, eine Identifikation auf möglichst breiter gesellschaftlicher Basis und eine langfristige Bindung an die Antifa zu gewährleisten. Ziel war es, der gesellschaftlichen Entpolitisierung eine politische und zugleich attraktive Identität entgegenzusetzen. Dieses Konzept war, zumindest den eigenen Angaben zufolge, relativ erfolgreich: «Antifa konnte, ob zurecht oder unrecht, als Markenzeichen antikapitalistischer Politik gelten.»[72]

Die Schattenseiten dieser erfolgreichen Label-Politik lagen allerdings auch bald auf der Hand. Zwar gelang es der organisierten Antifa durch die popkulturelle Inszenierung von Radikalität immer wieder, viele Menschen unter linken Losungen zu mobilisieren, doch wurde auch bald deutlich, dass eine Politik, die wesentlich als Event organisiert wird, außer bloßer Teilnahme häufig wenig bewirkt. Ein Beispiel für diese Zwiespältigkeit linksradikaler Eventkultur ist die jährliche Mobilisierung zur «revolutionären 1. Mai-Demonstration» in Berlin-Kreuzberg, die seit 1996 maßgeblich von der AAB organisiert wurde. Mit heute noch bis zu fünfzehntausend TeilnehmerInnen avancierte die Demonstration zu einer der größten Manifestationen der radikalen Linken in Deutschland; nicht zuletzt wohl auch wegen der regelmäßig daran anschließenden Ausschreitungen, die in der Tradition der legendären Krawalle vom 1. Mai 1987 stehen und die Demonstration immer wieder ins öffentliche Interesse rü-

72 Bündnis gegen Rechts Leipzig / Rote Antifa Aktion Leipzig / Antifaschistische Aktion Berlin / Autonome Antifa [M]: 2001 – Das Jahr in dem wir Kontakt aufnehmen. Aufruf zum Antifa-Kongress vom 20.–22. April 2001 in Göttingen.

cken. Zwar versuchte die organisierte Antifa immer wieder, ihre Kritik an der bürgerlichen Gesellschaft deutlich zu machen. So war etwa das Motto der revolutionären 1. Mai-Demonstration 1999, für die mit poppigen Aufklebern und Plakaten sowie einem Hip-Hop-Konzert geworben wurde, dem Adorno-Diktum «Es gibt kein richtiges Leben im falschen» entnommen. Ob viele der tausenden TeilnehmerInnen davon aber inhaltlich (oder gar für ihre Alltagspraxis) etwas mitgenommen haben, muss bezweifelt werden. In den folgenden Jahren zogen die Berliner 1. Mai-Demos zunehmend auch unpolitische Gangs und sogar rechte Hooligans an. Dies war zwar sicherlich nicht allein das Ergebnis der linksradikalen Eventpolitik; gleichwohl hat sie es nicht geschafft, diesen Trend zu stoppen – vielleicht ein Hinweis darauf, dass kulturelle Form und politischer Inhalt doch nicht beliebig kombinierbar sind.

Die alte Frage der Neuen Linken nach dem Verhältnis von Leben und Politik blieb also auch bei der Pop-Antifa unbeantwortet. An die Stelle des moralischen Zeigefingers traten hier allerdings Marketing-Elemente.

6.9. *Jugendarbeit*

Zentraler Bestandteil organisierter Antifa-Arbeit war von Beginn an die Jugendarbeit. Ihr Ziel war es, in Jugendbewegungen und -kulturen ein antifaschistisches Selbstverständnis zu schaffen und neue AktivistInnen zu gewinnen. Entsprechend eng waren die Bemühungen in der Jugendarbeit mit den (pop-)kulturellen Aktivitäten verknüpft.

Begründet wurde die Fokussierung auf Jugendliche damit, dass deren Rebellion gegen die Gesellschaft eine historische Konstante sei: Da die zwangsweise Anpassung der Einzelnen an gesellschaftliche Realitäten von «ideologischen Rechtfertigungen der eigenen verpassten Chancen» begleitet wird, «ist es gerade in der Jugendbewegung wichtig, eigene Möglichkeiten zu bieten und die Rebellion nicht rechten oder unpolitischen Subkulturen zu überlassen».[73]

Schon Ende der 1980er Jahre war in der autonomen Szene das Konzept der «Antifa Jugendfront» formuliert worden, das

73 AAB: Das Konzept Antifa.

die AAB 1998 dann folgendermaßen ausbuchstabierte: «In der AAB gibt es eine eigene Jugend-AG. Deren Mitglieder bauen in möglichst vielen Stadtteilen Jugendantifagruppen auf. Sie initiieren die ersten Treffen, verteilen dafür Flugblätter vor Schulen, fühlen sich danach zuständig für die Stabilisierung der Gruppen und die Vermittlung von Erfahrung.»[74] Konkret bedeutete dies, dass ältere Antifas zusammen mit der Jugendgruppe Demonstrationen und Partys besuchten, politische Inhalte diskutierten und die neue Gruppe bei der Arbeit im Stadtteil unterstützten.

Zahlreiche Antifa-Gruppen gaben sogenannte Antifa-Jugendinfos oder antifaschistische SchülerInnenzeitungen heraus, die in Auflagen von bis zu dreitausend Stück gezielt «poppig» aufgemacht waren und inhaltlich radikal, aber anschaulich Alltagsthemen wie beispielsweise «Schule und Kapitalismus» aufbereiteten. Dabei wurde sich meist eines provokanten und mitunter militanten Stils bedient. Im Impressum der SchülerInnenzeitschrift *Fight the Power* aus Passau stand 1995 beispielsweise zum Preis der Ausgabe: «Schüler/innen zahlen nix. Lehrer/innen zahlen 2 Mark. Polizisten bezahlen später».

Allerdings gab es auch einige Probleme bei der Jugendarbeit: Ein Dauerthema war beispielsweise die Hierarchie zwischen Jung und Alt. Trotzdem wurde es als richtig angesehen, diese Form der Jugendarbeit aufrechtzuerhalten, Erfahrungs- und Altersunterschiede gäbe es schließlich in jeder Gruppe. Wichtig sei daher eine gleichberechtigte Diskussion und der Verzicht auf arrogantes und einschüchterndes Auftreten. Darüber hinaus dürften die jungen Leute nicht mit den eigenen Inhalten indoktriniert werden. Wichtiger als die detaillierte Meinung wurde die Vermittlung der generellen Grundhaltung gesehen, dass sich Engagement in der radikalen Linken überhaupt lohne.

Allerdings dürfe nicht aus den Augen verloren werden, dass Menschen zwar aus den verschiedensten Motiven in die radikale Linke kommen, nur durch Weiterentwicklung aber auch blieben. Daher wurde den Jugendantifas nach einiger Zeit das Angebot gemacht, sich in die geschlossene Struktur der verbindlicher arbeitenden Antifa einzubringen. Wenn eine Gruppe stabilisiert war, wurde bestenfalls gleich für die nächste mobilisiert.

Dieses Konzept wurde weithin als erfolgreich eingeschätzt. Denn einerseits gelang es mit dem Aufbau von Jugendantifa-

74 Ebd.

Gruppen, die Präsenz von Neonazis unmittelbar zurückzudrängen. Andererseits wurden trotz der hohen Fluktuation relativ viele junge Leute politisch eingebunden: Im Berlin der 1990er Jahre etwa gab es einige hundert Jugendliche, die in Jugendantifa-Gruppen organisiert waren und selbst in einer Kleinstadt wie Bonn waren es mehrere Dutzend. Ein Grund für diese positive Bilanz ist wohl auch im Wesen der unmittelbaren Antifa-Praxis zu suchen. Denn, so die Antifaschistische Gruppe Hamburg, «praktische Aktionen sind für diesen Teilbereich linker Politik kennzeichnend: sei es durch den Schutz von Flüchtlingen oder auch direkte Angriffe auf Straßenfaschisten bzw. deren Strukturen. Im Sinne von ‹lieber Handeln als Reden› wirkt dies wesentlich anziehender gerade auch auf Jugendliche als Diskussionen, die bei entsprechender Uferlosigkeit sogar abschreckend wirken können.»[75]

Auch der Verfassungsschutz gestand dieser Art von Jugendarbeit Erfolge zu. Allerdings wurde die Nachwuchsförderung der organisierten Antifa hier erwartungsgemäß als «Indoktrination» bezeichnet, die gegen gesellschaftliche und staatliche Autoritäten aufhetze. Außerdem machte der Verfassungsschutz vor allem die Jugendarbeit der AA/BO mitverantwortlich für den «Anstieg ‹antifaschistisch› motivierter Gewalttaten» und warnte mit eigenen Broschüren vor den «‹antifaschistischen› Verführern»[76].

Doch auch in der linken Szene wurde Kritik am Konzept der Jugendarbeit laut. Die organisierte Antifa übernehme nicht genügend Verantwortung für die von ihnen «rekrutierten Jungkader», die für die Jugendarbeit zuständigen AktivistInnen der AA/BO würden eine «auf blanken Populismus reduzierte Politik» propagieren, die auf einen «mackerhaften Militanzfetischismus und maximale Pressewirksamkeit ausgerichtet» sei. Jugendliche würden dabei immer wieder Situationen ausgesetzt, denen sie oftmals nicht gewachsen seien. In der linken ostdeutschen Zeitschrift Telegraph hieß das Resümee zu dieser Form der Jugendarbeit dementsprechend: «Derartiges endet dann schnell im Krankenhaus, der Gefangenensammelstelle oder vor dem Haftrichter.»[77]

---

75 Antifaschistische Gruppe Hamburg: Auftaktpapier.

76 Bundesamt für Verfassungsschutz: Militante Linksextremisten rekrutieren Nachwuchs. Schauplatz Schule und Jugendtreff, Köln 1999, S. 27.

77 Rosen, Ralf: Rolle Rückwärts, Telegraph Nr.1/1998.

6.10. Diskussionen über das «Konzept Antifa»

Auch in den späten 1990er Jahren riss die Diskussion über das «Konzept Antifa», das am offensivsten von den Mitgliedsgruppen der AA/BO vertreten wurde, nicht ab. Zentraler Streitpunkt war nach wie vor der Ansatz, über den (revolutionären) Antifaschismus eine antikapitalistische Gesellschaftskritik entwickeln zu wollen. Weil die undogmatische radikale Linke sich insgesamt zunehmend als Antifa-Bewegung definierte und viele Menschen über die Antifa-Praxis überhaupt erst in die radikale Linke kamen, vergrößerte sich der Kreis der Diskutierenden und die organisierte Antifa wurde zur Projektionsfläche der unterschiedlichsten politischen Erwartungen und Befürchtungen. Das Antifaschistische Infoblatt (AIB), das damals eher dem BAT nahestand, erklärte Mitte der 1990er Jahre: «Es gibt zwei Möglichkeiten: Entweder man betrachtet Antifaschismus als Teilbereich radikal linker Politik und versucht, diesen so gut wie möglich zu organisieren. Oder man strebt die umfassende linksradikale Organisation an, die je nach aktueller Schwerpunktsetzung auch antifaschistisch wirkt. Wenn man aber unter dem Namen des Antifaschismus die linksradikale Organisation aufbauen will, weil man sich werbetechnisch von diesem Label etwas verspricht, dann schadet man beiden Anliegen.»[78]

Unmut erregte gerade in der autonomen Szene auch die radikale Selbstdarstellung und die popkulturelle Inszenierung in der Öffentlichkeitsarbeit der AA/BO. Sie profitiere unberechtigt von der gesamten militanten Antifa-Praxis seit den 1980er Jahren, den «entschlossenen Angriffen auf Faschos und RassistInnen».[79] Dabei sei der Beitrag, den die AA/BO für den antifaschistischen Kampf vor Ort bringe, eher gering. Inhaltlich, so kritisierte zudem die ehemalige AA/BO-Mitgliedsgruppe FelS 1996, beziehe sich die politische Analyse fast ausschließlich auf den Ausgangspunkt Faschismus und bleibe darüber hinaus weitgehend nebulös.

Insbesondere aus den Kreisen um die antideutsche Zeitschrift Bahamas wurde die AA/BO jedoch auch verteidigt. Denn

78 Zitiert nach AAB: Das Konzept Antifa.

79 G.A.L.L.E. – Militante AntifaschistInnen aus Berlin und Umland, Interim Nr. 447/1998.

Antifa im Sinne der AA/BO, das hieße trotz aller Verkürzungen immerhin «militant und avantgardistisch die Konfrontation mit dieser Gesellschaft und ihrem bewaffneten Arm zu suchen. Heißt doch den täglich erfahrenen, aber nicht auf den kritischen Punkt gebrachten Zusammenhang zwischen Lehrern, Eltern, Politik, Ökonomie und den personifizierten Feindbildern, den Nazis, die wiederum von den anderen personifizierten Feindbildern, den Bullen, geschützt werden, herzustellen.»[80] Dies bedeute, den Versuch zu unternehmen, «das eigene, private Unglück durch Politisierung begreifbar zu machen» und den Gegner Kapitalismus, der angesichts der bürgerlichen Sozialisierung auch ein subjektives Problem sei, durch ein handfestes Gegenüber, das «es von draußen schlecht mit einem meint», greifen zu können. Außerdem habe sich die Antifa immerhin von platten «traditionslinken Volksaufklärungsbemühungen weitgehend verabschiedet»[81].

Darüber hinaus kritisierte die Bahamas das Spektrum um das AIB als «Traditionsantifas», deren Kritik an der AA/BO nur zum Ziel hätte, sich der Mehrheitsgesellschaft als DienstleisterInnen und konstruktive MitarbeiterInnen eines «besseren Deutschland[s]» andienen zu können. Sie würden da ankommen wollen, «wo man den Rassismus nicht kritisiert, sondern thematisiert: in der Mitte der Gesellschaft».[82] Da störe eben der radikale Kern, der zwar ein wenig verstockt, aber doch unversöhnlich «Antifa heißt Angriff!» behaupte und den «Kampf ums Ganze» hochhalte. Überdies scheine im revolutionären Antifaschismus wirklich ein «totalitäres Erbe» auf – allerdings eines im besten Sinne: die wirkliche «kommunistische Bemühung», das Hier und Jetzt des irdischen Glückes für den einzelnen Menschen gegen die Herrschaftsinstitutionen wie Nation, Staat und Kapital zu setzen.[83] Gegen die Einbindung der Antifa in die Zivilgesellschaft sei daher die AA/BO zu unterstützen, denn von den an ihr beteiligten Gruppen erhoffte sich die Bahamas, dass sie wenigstens bei einer kleinen Minderheit den

---

80 Wertmüller, Justus: Spätheimkehrer, Bahamas Nr. 33/2000.

81 Anmerkungen zum Antifakongress in Göttingen, Flugblatt der antideutschen Kommunisten Berlin, 2001.

82 Wertmüller, Justus: Spätheimkehrer.

83 Heinz, Tina: Jenseits von «Würde» und Ideologie, Bahamas Nr. 31/2000.

völkisch-nationalistischen Kitt auflöse, der die deutsche Gesellschaft zusammenhalte.

Ein weiterer wichtiger Streitpunkt, der sich in der undogmatischen Linken an der AA/BO entzündete, machte sich weniger an bestimmten politischen Inhalten als am gesamten politischen und kulturellen Konzept fest. Denn auch wenn das Verhältnis der organisierten Antifa zur «autonomen Basis» aufgrund der bereits skizzierten popkulturellen Ausrichtung stets spannungsgeladen war, verortete sich die AA/BO gleichzeitig doch in diesem Spektrum und war Teil autonomer Strukturen, z. B. in autonomen Zentren und Info-Zeitungen. Die inhaltlich und konzeptionell feststellbaren, teilweise deutlichen Unterschiede (die selbst den Verfassungsschutz dazu brachten, in den 1990er Jahren eine Unterteilung in «traditionelle Autonome» und «Antifa-Spektrum» vorzunehmen), änderten insofern nichts daran, als dass stets eine gewisse Durchmischung von organisierter Antifa und traditioneller autonomer Szene festzustellen war. Dies führte immer wieder zu teils heftigen Auseinandersetzungen über Form und Inhalt undogmatischer linksradikaler Politik, die sich nicht nur an den bereits erwähnten Punkten wie Organisierungsfrage und Kapitalismusverständnis entzündeten. 1996 kam es in Braunschweig beispielsweise zu gewalttätigen Auseinandersetzungen zwischen Angehörigen der autonomen Szene und Mitgliedern der AA/BO-Mitgliedsgruppe Antifaschistisches Plenum. Dem Plenum wurde von den Autonomen Stalinismus vorgeworfen. Die Antifa-Gruppe wies ihrerseits die Vorwürfe als absurd zurück und warf der Szene vor, auf der Suche nach identitärer «Nestwärme» Antikommunismus und Sexismus in der Linken zu dulden.[84] Es sei nur eine Frage der Zeit, «bis der Widerspruch zwischen konsequent antikapitalistischer Politik und der Menschenverachtung anpolitisierter und nur noch subkultureller Kreise» offen zu Tage trete. Das Antifaschistische Plenum forderte daher «Klassenkampf statt ‹Szenepolitik›».

Zu einem schwerwiegenden Konflikt zwischen AA/BO-Gruppen und dem traditionellen autonomen Spektrum kam es, als 1999 Vergewaltigungsvorwürfe gegen ein mutmaßliches Mitglied der

84 Antifaschistisches Plenum Braunschweig: Der Trümmerhaufen einer ehemals linken politischen Bewegung, März 1996.

AAB erhoben wurden. Gemäß dem in weiten Teilen der autonomen Szene als antisexistischer Mindeststandard betrachteten Definitionsrecht der Frau wurde der sofortige Ausschluss des Beschuldigten gefordert. Als sich die AAB zu dem Vorfall längere Zeit nicht öffentlich äußerte und dann ein Diskussionspapier unter dem Titel «Die neue Sachlichkeit» veröffentlichte, wurde sie massiv als «Täterschützerin» angegriffen. Veranstaltungen der AAB wurden gestört, es kam zu Prügeleien und auch mehrere Antifa-Gruppen distanzierten sich von AAB und AA/BO. Dabei wurde auf Seiten der AAB die Vermutung geäußert, dass der Vorfall für viele Gruppen, die ohnehin dem Ansatz der AA/BO ablehnend gegenüber standen, nur als Anlass diente, um sie isolieren zu können. In ihrem Papier hatte die AAB unter der Parole «Es gibt kein richtiges Leben im falschen» ein generelles Definitionsrecht von Frauen in Frage gestellt und gefordert, dass die radikale Linke in ihren Umgangsformen nicht hinter das bürgerliche Recht zurückfallen dürfe. Dagegen schlug sie ein «differenzierteres Vorgehen» bei Bekanntwerden des Vorwurfes einer sexuellen Grenzüberschreitung vor, das – so weit wie möglich – sowohl dem patriarchalen Zustand der Gesellschaft und dem Schutz von Frauen vor sexuellen Übergriffen gerecht werden als auch Schutz vor willkürlicher Verfolgung gewährleisten sollte. Als Folge dieses Bruchs eines «autonomen Tabus» distanzierte sich auch das BAT offiziell von der AA/BO. Vollends eskalierte die Diskussion, nachdem sich die Redaktion der Zeitschrift Bahamas hinter die AAB gestellt und in ihrer Ausgabe Nr. 32 von 2000 einen Artikel mit dem Titel «Infantile Inquisition» veröffentlicht hatte, in dem die KritikerInnen der AAB polemisch angegriffen wurden. Nachdem diese Auseinandersetzung bis in das Jahr 2001 zu weiteren Spaltungen, Hausverboten, Handgreiflichkeiten und einer teilweisen Lähmung der politischen Arbeit in der Szene geführt hatte, ebbte sie danach schnell wieder ab.[85]

85 Eine Zusammenstellung vieler Diskussionspapiere aus der Auseinandersetzung findet sich hier: www.nadir.org/nadir/initiativ/daneben/archiv/geschlechterverhaeltnisse/aab/inhalt.html.

6.11. Praxis ...

Die politische Praxis der organisierten Antifa in den 1990er Jahren war dem eigenen revolutionären Anspruch entsprechend vielfältig und reichte von klassischen Antifa-Aktionen gegen Nazi-Strukturen und Aufmärsche über Kampagnen zu aktuellen politischen Themen wie Innerer Sicherheit bis zu Geschichtspolitik anlässlich von historischen Jahrestagen wie dem fünfzigsten Jahrestag der Befreiung vom Faschismus am 8. Mai 1995.

Neben dieser Praxis, die sich mehr oder weniger mit aktuellen tagespolitischen Geschehnissen beschäftigte, versuchte die organisierte Antifa jedoch auch eine grundsätzliche Kritik an der bürgerlichen Gesellschaft in die Öffentlichkeit zu bringen: So organisierte die AA/BO im Vorfeld der Bundestagswahl 1994 in Bonn eine bundesweite antiparlamentarische Demonstration unter dem Motto «Ergreift Partei – wählt den antifaschistischen Kampf!», um für die «Selbstorganisation der Menschen» und gegen deren «politische Entmündigung und wirtschaftliche Ausbeutung»[86] einzutreten. Gruppen aus der AA/BO merkten später jedoch selbst an, dass ihre Versuche, außerhalb der klassischen Anti-Nazi-Politik an die Öffentlichkeit zu gehen, nur von geringem Erfolg gekrönt waren. Die Mobilisierungsstärke und Öffentlichkeitswirksamkeit der Antifa war nicht zuletzt von den Aktivitäten der Neonazi-Szene abhängig. Insgesamt war die Antifa-Praxis der 1990er Jahre ein Spiegelbild der gesellschaftlichen Entwicklung, auf die die Antifa meist nur reagierte und durch die ihre Möglichkeiten begrenzt wurden. An dieser Praxis lässt sich auch die inhaltliche Entwicklung der organisierten Antifa aufzeigen. Vor allem, weil fast alle Aktivitäten mit inhaltlichen Publikationen und Veranstaltungen begleitet wurden. Aufgrund der Fülle an Publikationen zur Praxis der organisierten Antifa soll diese im Folgenden nur anhand einiger Beispiele, die natürlich keinen Anspruch auf Vollständigkeit erheben können, skizziert werden.

---

86 Muflons gegen Rechts Nürnberg / Antifaschistische Aktion Passau: Flugblatt zur bundesweiten Demonstration in Bonn, 1994.

6.11.1. Anti-Nazi-Politik

Auf das Anwachsen der Neonazi-Bewegung und den gesellschaftlichen Rechtsruck im Zuge der sogenannten Wiedervereinigung reagierte die AA/BO nach ihrer Gründung ab dem Frühjahr 1993 mit einer Kampagne gegen rechtsradikale Strukturen, die bereits alle Elemente der neuen, organisierten Antifa-Politik – überregional koordiniertes Vorgehen, offensive Öffentlichkeitsarbeit und gemeinsame Mobilisierung – vereinen sollte. Im Rahmen dieser Kampagne wurden bundesweit unter einem gemeinsamen Label Demonstrationen zu verschiedenen Schulungszentren und Treffpunkten von neonazistischen Gruppen und Parteien organisiert. Ziel war es, die in Teilen der Zivilgesellschaft vorhandene Empörung über die rechtsradikalen Gewalttaten, die sich hauptsächlich in vielleicht gutgemeinten, aber folgenlosen Lichterketten artikuliert hatte, in praktische Aktionen gegen Nazistrukturen umzusetzen und dabei Werbung für einen revolutionären Antifaschismus zu machen, der sich auch gegen staatlichen Rassismus wendet.

Teilweise gelang es, zu den Aktionen mit einem breiten Bündnis – das in Göttingen beispielsweise von der Autonomen Antifa [M] bis zur Partei Die Grünen reichte – zu mobilisieren. Um diese Breite zu erreichen, veröffentlichte die Antifa [M] 1993 im Vorfeld der Demonstration zum Schulungszentrum und Haus eines Funktionärs der NPD im niedersächsischen Dorf Adelebsen ein Konzeptpapier, in dem ein friedlicher Verlauf der Demonstration angekündigt wurde, wenn die Polizeikräfte sich zurückhielten und einen vermummten und behelmten Schwarzen Block an der Spitze der Demonstration zuließen. Der Block sollte durch zusammengeknotete Transparente und das einheitliche Aussehen vor Übergriffen der Polizei schützen. Seit Anfang der 1990er Jahre bewertete die Antifa [M] den Schwarzen Block als Zeichen der Radikalität ihres Verständnisses von Antifaschismus. Auf der Demonstration in Adelebsen ging die Taktik auf: Die Polizei hielt sich im Hintergrund und über zweitausend Menschen demonstrierten weitgehend friedlich gegen das rechtsradikale Schulungszentrum. Auch in anderen Städten, wie in Mainz-Gonsenheim und Detmold-Privitsheide, fanden 1993 und 1994 Demonstrationen gegen örtliche Neonazizentren mit zwei- bis fünftausend TeilnehmerInnen statt. Im Nachhinein bezeichnete die AA/BO die bundesweite Kampagne als erfolgreiche politische Initiative: Es sei gelungen, autonomen Antifaschismus in vielen Gegenden zu einem bekannten politischen Faktor zu machen und die Nazi-Szene unter massiven Druck zu setzen.

Eine ähnliche Aktionsreihe stellte die 1994 von der AA/BO zusammen mit BAT-Gruppen unter dem Titel «antifaschistische AKTION 94» organisierte Kampagne «Kampf der FAP!» dar.[87] Die Freiheitliche Arbeiterpartei (FAP) wurde Anfang der 1990er Jahre von der organisierten Antifa als das zentrale Sammelbecken für gewaltbereite Neonazis angesehen.

Anlässlich des bis dahin maßgeblich von der FAP organisierten Aufmarsches zu Ehren des Hitler-Stellvertreters und verurteilten Kriegsverbrechers Rudolf Hess im bayrischen Wunsiedel kam es innerhalb einer Woche bundesweit – u. a. in Frankfurt, Berlin, Bremen, Nürnberg, Leipzig und Hamburg – zu antifaschistischen Aktionen. Diese reichten von großen Demonstrationen bis zu Kundgebungen vor den Häusern von Drahtziehern der Naziszene sowie dem Outing von Nazis in ihrem Wohnumfeld und am Arbeitsplatz durch das Verteilen von Flugblättern. In der Nachbereitung zu diesen Aktionen wurde nicht nur immer wieder auf den antikapitalistischen Hintergrund des revolutionären Antifaschismus hingewiesen, sondern auch eine Reihe von BekennerInnenschreiben zu militanten Aktionen veröffentlicht, z. B. zu Brandanschlägen auf Autos von FAP-Funktionären, Angriffen auf führende Neonazis und Konfrontationen mit den zum Schutz rechtsradikaler Veranstaltungen abgestellten Polizeikräften. Damit wollte die AA/BO die gesamte Bandbreite autonomen antifaschistischen Widerstands aufzeigen und deutlich machen, dass man sich nicht auf Aufklärung beschränken dürfe, sondern den Nazis auch praktisch entgegentreten müsse.

Das schien auch insofern notwendig, als die Frage der Militanz immer wieder ein Streitpunkt in breiten Bündnissen mit bürgerlichen Organisationen und Gruppen war. Dabei war Militanz für die autonomen Antifas nicht nur aufgrund ihrer grundsätzlichen Ablehnung des staatlichen Gewaltmonopols, sondern vor allem aus der historischen Erfahrung und den unmittelbaren Erlebnissen in der antifaschistischen Praxis wichtig. Da die faschistische Inszenierung von Stärke und Gewalt akzep-

87 AA/BO: Kampf der FAP!, Broschüre, Oktober 1994.

tierender Sozialarbeit oder besseren Argumenten in der Regel nicht zugänglich ist, sollte sie – schon aus Gründen des Selbstschutzes – im Zweifelsfall auch militant gebrochen werden. Mit anderen Worten: «Oftmals bleibt Antifaschisten überhaupt keine andere Möglichkeit gegen NationalsozialistInnen zu demonstrieren als eben gewalttätig. Ein Nationalsozialist, der drei Wochen im Krankenhaus liegt, kann drei Wochen lang nicht gegen Obdachlose, MigrantInnen, jüdische Mitbürger und Mitbürgerinnen, Linke oder sonst was vorgehen.»[88] Kriterien des Antifaschismus seien daher nicht Strafgesetzbuch[89] oder politische Bündnisoptionen, sondern im Zweifelsfall sein Erfolg in der Praxis. Mit anderen Worten: «Verbaler Antifaschismus ist Käse. Militant soll er sein, vor allem aber erfolgreich. Wenn sich dabei herausstellen sollte, dass es sich gegen 50, 60, 70, 80 oder 90 Prozent des deutschen Volkes richtet, dann ist das eben so. Wo Nazis ‹demokratisch› gewählt werden können, muss man sie nicht demokratisch bekämpfen.»[90]

Die breite und öffentlichkeitswirksame Praxis der organisierten Antifa gegen die Neonazi-Szene in Deutschland wurde im Laufe der 1990er Jahre, wenn auch mit schwankender Intensität, beibehalten. So wurde zusammen mit Antifa-Gruppen, die nicht in der AA/BO organisiert waren, im Rahmen der «Offensive 99» eine weitere ganzjährige und bundesweite Kampagne gegen rechte Strukturen initiiert.

Allerdings beschäftigte sich die AA/BO auch zunehmend mit Themen, die über ein reines Reagieren auf rechte Mobilisierungen hinausgingen. Das lag nicht zuletzt am Abflauen öffentlichkeitswirksamer Aktivitäten der Neonazi-Bewegung Mitte der 1990er Jahre; nach staatlichen Vereins- und Organisationsver-

88 Aktivist der Antifa G aus Frankfurt in der Hessenschau vom 2. Mai 2001.

89 Dabei wurde der wiederholte Versuch von Staat und Medien, die menschenverachtende Ideologie und die Gewalttaten von Rechtsradikalen, wie zum Beispiel die Anschläge auf AsylbewerberInnenheime, zu einem rein pädagogischen Problem umzudeuten und so zu entpolitisieren, scharf kritisiert. In einem Text in der Zeitschrift Arranca hieß es dazu: «Niemand wählt Nazis oder wird einer, weil er sich über deren Ziele täuscht, - das Gegenteil ist der Fall; Nazis sind Nazis weil sie welche sein wollen.» Droste, Wiglaf: Mit Nazis reden, Arranca Nr. 3, Winter 1993/1994

90 ebd.

boten und den Aktionen der Autonomen Antifa konzentrierten sich organisierte Nazis nun zunehmend auf die langfristige Schaffung einer hegemonialen, lokal verankerten, rechten Alltagskultur in sogenannten «national befreiten Zonen». Gegen diese Tendenz entstand neben der lokalen Antifa-Praxis und dem Engagement für eine antifaschistische Jugendkultur ein regelrechter Demo-Tourismus: Viele Antifas verbrachten ihre Wochenenden damit, mit Bussen zu Demos in rechte Hochburgen, insbesondere nach Ostdeutschland, zu fahren. Mit diesen Aktionen sollte der «rechte Konsens», der in vielen ländlichen Gebieten vorherrschte, durchbrochen und lokale Antifa-Zusammenhänge unterstützt werden. Wichtige Aktionen hierfür waren die Großdemonstration 1996 in Wurzen bei Leipzig und 1997 im thüringischen Saalfeld.

Die Demonstration in Saalfeld war jedoch insofern eine Zäsur für die bundesweiten antifaschistischen Großdemonstrationen, als sie im Vorfeld verboten wurde. Mehrere hundert AntifaschistInnen, die trotz des Verbots demonstrieren wollten und aus Protest gegen die polizeiliche Durchsetzung des Verbots eine Autobahn blockierten, wurden festgenommen. Aufgrund der zunehmenden Repression gegen den organisierten autonomen Antifaschismus nahm die Anzahl *eigener* Demonstrationen gegen Nazis zum Ende des Jahrzehnts hin ab. Gleichzeitig nahm die öffentliche Mobilisierung von Neonazis, wie z. B. anlässlich des 1. Mai, wieder zu, so dass die Antifa sich verstärkt auf Großmobilisierungen zu *Gegenaktivitäten* konzentrierte.

Besonders anlässlich der geschichtspolitischen Diskussion über die Ausstellung «Verbrechen der Wehrmacht. Dimensionen des Vernichtungskriegs 1941–1944» des Hamburger Instituts für Sozialforschung gelang es Neonazis, auch weit ins konservative Spektrum hinein zu mobilisieren. Die Wehrmachtsausstellung zeigte Fotos von Verbrechen der bis zu diesem Zeitpunkt in der Öffentlichkeit noch als weitgehend «sauber» geltenden Wehrmacht. In vier Jahren besuchten rund neunhunderttausend Menschen in vierunddreißig Städten die Ausstellung, die heftige Reaktionen aus dem gesamten konservativen und rechten Spektrum hervorrief. So nahmen an einem Naziaufmarsch 1997 in München über fünftausend Menschen teil, darunter AnhängerInnen der CSU. Zwei Jahre später wurde in Saarbrücken sogar ein Bombenanschlag auf die Ausstellung verübt.

Die organisierte Antifa reagierte auf diese Entwicklung mit dem Aufruf zur Verhinderung der Naziaufmärsche. Dabei zeigte sich, dass das Konzept, mit angemeldeten Demonstrationen die Verhinderung der Naziveranstaltung zu erreichen, schnell an seine Grenzen stieß. So war es zwar in München noch gelungen, den Naziaufmarsch zu stoppen, doch schon beim nächsten großen Aufmarsch 1998 in Rostock trennte die Polizei AntifaschistInnen und Neonazis so effektiv voneinander, dass der Aufzug der Neonazis nicht gestört werden konnte. Daraufhin entwickelte die organisierte Antifa, maßgeblich das Leipziger Bündnis gegen Rechts (BgR), ein dezentrales Konzept, das vorsah, bei großen Veranstaltungen der Neonaziszene ohne angemeldeten Startpunkt in Kleingruppen bis zur Route der Nazis zu gelangen, diese nach Möglichkeit anzugreifen, ihre Zu- und Abfahrtswege zu blockieren und durch Randale im Stadtgebiet die Kosten für die Durchsetzung des Aufmarsches in die Höhe zu treiben.[91] Um das Vorgehen koordinieren zu können, wurden die Kleingruppen über Infotelefone auf dem Laufenden gehalten. Das Konzept erwies sich aufgrund des «geplanten Chaos» als relativ erfolgreich. So kam es am 1. Mai 1998 in Leipzig, aber auch in den folgenden Jahren, u. a. am 1. Mai 2001 in Frankfurt am Main, zu schweren Ausschreitungen, die entweder zum Abbruch, wenigstens aber zur Störung der Naziveranstaltungen führten.

6.11.2. Gegen Polizeistaat, Repression und staatlichen Rassismus

Neben dieser Praxis, die sich gegen Neonazis, ihre Strukturen und Veranstaltungen richtete, spielte der Kampf gegen staatliche Repression eine große Rolle für die organisierte Antifa. Polizeiliche Maßnahmen gegen AntifaschistInnen und deren Inhaftierung sowie Ermittlungen der Justiz gegen ganze Antifa-Gruppen waren immer wieder Anlass für Kampagnen und große Demonstrationen. So organisierte die Autonome Antifa Mainz/Wiesbaden im Mai 1995 unter dem Motto «Gegen den reaktionären Vormarsch – den antifaschistischen Kampf um Befreiung führen!» eine Solidaritätsdemonstration für einen ihrer

91 Bündnis gegen Rechts Leipzig: Wie ich am Ende des Milleniums einen Naziaufmarsch verhindere, 1. Dezember 1998.

Genossen, der wegen angeblicher Beteiligung an einem Angriff im Januar 1993 auf ein Treffen der rechtsradikalen und zu diesem Zeitpunkt bereits verbotenen Partei Deutsche Alternative zu zwei Jahren Haft verurteilt worden war. Neben Demonstrationen nahm auch die Organisation praktischer Solidarität, also die Unterstützung inhaftierter GenossInnen durch Briefe, Besuche und Geldspenden, großen Raum in der politischen Arbeit ein.[92]

Doch selbst die explizit legale Praxis der organisierten Antifa zog schnell Reaktionen der staatlichen Behörden sowie polizeiliche und juristische Repression nach sich. So wurde das von der Antifa [M] ausformulierte Konzept des revolutionären Antifaschismus, das sowohl der AA/BO als auch den BAT-Gruppen sowie vielen nicht überregional eingebundenen Antifa-Gruppen als zentraler Bezugspunkt diente, vom Bundesamt für Verfassungsschutz und anderen staatlichen Institutionen schon Ende der 1980er Jahre für verfassungsfeindlich erklärt.[93] Übrigens nicht ohne Schützenhilfe aus dem rechten bzw. rechtsradikalen Lager, wie beispielsweise dem der Wochenzeitung Junge Freiheit nahestehenden Professor Hans-Helmut Knütter aus Bonn oder den, ebenfalls aus der neuen Rechten kommenden, «Extremismustheoretikern» Uwe Backes und Eckhard Jesse. Deren wissenschaftlich fragwürdige Extremismustheorie ist inzwischen zur Legitimationsideologie der Verfassungsschutzbehörden avanciert. Sie besagt, dass «politischer Extremismus» unabhängig von seinem gesellschaftlichen Inhalt und nur anhand formaler Gemeinsamkeiten bestimmt werden könne. Das heißt, dass es unabhängig vom politischen Zweck dasselbe sein soll, ob AntifaschistInnen mit Blockaden einen Naziaufmarsch verhindern oder Neonazis ein Flüchtlingsheim anzünden; beides ist gezielte Missachtung des staatlichen Gewaltmonopols, beides folglich «Extremismus». Zudem verklärt die Extremismustheorie menschenverachtende Ideologien zu einem Problem der gesellschaftlichen Ränder und spricht so die Mehrheitsgesellschaft davon tendenziell frei.[94]

---

92 Vgl. den AIB-Titel Befreiung, AIB Nr. 30/1995.

93 Zimmermann, Friedrich (Bundesinnenminister a.D.): Bedeutung und Funktion des Antifaschismus, Süddeutsche Zeitung, 18. November 1988 und: Texte zur Inneren Sicherheit, Bedeutung und Funktion des Antifaschismus, Bundesministerium des Inneren, 1990.

94 Vgl. Extremismus – Hochkonjunktur eines ideologischen Konzeptes, AIB Nr. 86/2010.

Die Ursache der staatlichen Überwachung antifaschistischer Gruppen lag insofern nicht primär in deren Militanz, sondern in ihrem inhaltlichen Ziel einer Überwindung des Kapitalismus. Daher konnte die Militanz das staatliche Bild von den «Linksextremen» nur noch ergänzen. Entsprechend war die organisierte Antifa nicht allein durch die unmittelbare Konfrontation mit Polizeikräften und/oder dem politischen Gegner, etwa in Folge von Demonstrationen und direkten Aktionen, mit zahlreichen Straf- und Ermittlungsverfahren konfrontiert, sondern es gerieten auch immer wieder ganze, legal arbeitende Gruppen ins Visier der Behörden. Mehrfach wurde im Laufe der 1990er Jahre mithilfe der Paragraphen 129 und 129a Strafgesetzbuch («Bildung einer kriminellen Vereinigung» bzw. «Unterstützung einer terroristischen Vereinigung») gegen Antifa-Gruppen ermittelt, so ab 1993 in Göttingen und in Passau. In Göttingen richteten sich die Ermittlungen gegen siebzehn angebliche Mitglieder der Autonomen Antifa [M], denen vorgeworfen wurde, als «kriminelle Vereinigung» im Schwarzen Block wiederholt Verstöße gegen das Versammlungsgesetz (u. a. «Vermummung») begangen zu haben. Im Zuge der zweijährigen Ermittlungen wurden mehr als fünfundzwanzig Hausdurchsuchungen durchgeführt und mehrere tausend Telefonate abgehört. Nach umfangreicher Öffentlichkeitsarbeit, zahlreichen Demonstrationen und langen juristischen Auseinandersetzungen wurde das Verfahren 1996 schließlich gegen die Zahlung von jeweils 3000 DM an eine KZ-Gedenkstätte eingestellt. Im Rahmen des, ebenfalls wegen Paragraph 129 geführten, langjährigen Ermittlungsverfahrens gegen die Antifa Passau wurden im Mai 1998 insgesamt sechsunddreißig Wohnungen und Gebäude im gesamten Bundesgebiet durchsucht. Aufhänger war hier der Vorwurf, dass die beschuldigten AntifaschistInnen seit 1993 über hundert Straftaten, wie Sachbeschädigungen an Häusern von Burschenschaften, begangen hätten. Zu Verurteilungen kam es auch in diesem Verfahren nicht.[95] Doch obwohl diese aufwendigen Ermittlungsverfahren gegen antifaschistische Strukturen häufig kaum oder gar keine Verurteilungen zur Konsequenz hatten, waren die Folgen von Dauerüberwachung, Kontrollen, Hausdurchsuchungen und langjährigen Gerichtsverfahren sowohl für die politische Arbeit

95 Rote Hilfe Ortsgruppe Passau: Keinen Schritt zurück. Das §129-Verfahren gegen Passauer AntifaschistInnen, Januar 1999.

der Gruppen wie auch einzelne AktivistInnen schwerwiegend. Ganze Gruppen waren auf Jahre nur noch mit Antirepressionsarbeit beschäftigt und einige, gerade jüngere, AntifaschistInnen hielten dem psychischen Druck nicht stand. Ein Teil zog sich ins Privatleben zurück und in Passau wurden vom AIB sogar drei Selbstmorde von jugendlichen AntifaschistInnen mit den auch gegen sie gerichteten Ermittlungen in Verbindung gebracht.[96]

Die organisierte Antifa machte vor allen Dingen ihre erfolgreiche Bündnis- und Öffentlichkeitsarbeit dafür verantwortlich, dass sie derart ins Visier der Staatsanwaltschaft geraten war. Es sei den staatlichen Verfolgungsbehörden darum gegangen, eine erfolgreiche und radikale politische Initiative, die auf eine Überwindung der gesellschaftlichen Isolation der radikalen Linken zielte, zu bekämpfen.[97]

Allerdings beschäftigte sich die organisierte Antifa nicht nur mit der Repression gegen sich selbst, sondern zog immer Verbindungen zur Verschärfung der Repression gegen andere Linke und zur gesellschaftlichen Entwicklung im Allgemeinen. Ende der 1980er und Anfang der 1990er Jahre bezog sich die organisierte Antifa dabei hin und wieder auch recht deutlich auf die RAF. So bewarb die Antifa [M] 1993 eine Veranstaltung, bei der auch ehemalige RAF-Mitglieder auftraten, mit einem Plakat, das den im selben Jahr von einem RAF-Kommando gesprengten Gefängnisneubau in Weiterstadt bei Darmstadt und die Parolen «Zusammen gehört uns die Zukunft» sowie «Freiheit für alle Gefangenen aus RAF, Widerstand und Antifa!» zeigte. Mitte der 1990er Jahre wurde dann insbesondere die Repression gegen den «kurdischen Befreiungskampf» thematisiert, obwohl der Nationalismus in der kurdischen Bewegung durchaus für fragwürdig befunden wurde.

In der politischen Praxis wurde in diesem Zusammenhang der gesellschaftliche Diskurs über die «Innere Sicherheit» allgemein als Versuch der repressiven Aufrechterhaltung des kapitalistischen Systems kritisiert. Das Ziel von Ruhe und Ordnung wurde inhaltlich konfrontiert mit den Störenfrieden dieser Ordnung: MigrantInnen, Antifas, antirassistische und sozialistische Gruppen. In diesem Sinne wurde u. a. anlässlich der Innenminis-

96 Verunsicherung unter jugendlichen Antifas, AIB Nr. 31/1995.

97 Vgl. auch: Autonome Antifa [M]: 1:1 für den antifaschistischen Widerstand.

ter-Konferenz im Mai 1995 in Berlin zu einer Demonstration mit großem Antifa-Block unter dem Motto «Ihre ‹Innere Sicherheit› erschüttern!» aufgerufen, an dem sich über zweitausend Menschen beteiligten. Im September 2000 demonstrierten dann über dreitausend Menschen in Leipzig «gegen Überwachungsgesellschaft und Sicherheitswahn». Oft wurde die Intervention gegen den als «innere Aufrüstung» charakterisierten Ausbau des Überwachungsstaates auch mit dem Versuch verbunden, antikapitalistische Inhalte in die Protestbewegung gegen den Abbau sozialer Rechte zu vermitteln.

Mit dem Engagement gegen die «Sicherheit der Herrschenden»[98] gingen immer wieder Aktivitäten gegen die staatliche Einwanderungspolitik und die Abschiebepraxis gegen MigrantInnen und AsylbewerberInnen einher, die als staatlicher Rassismus begriffen wurden. An dieser Frage, so die damalige Einschätzung, zeige sich deutlich der Unterschied zwischen bürgerlichem und autonomem Antifaschismus. Gegen die Einschränkung des Grundrechts auf Asyl 1993 beispielsweise richtete sich eine Vielzahl von Aktionen. Unter dem Motto «Die Brandstifter sitzen in Bonn» versuchten Antifa und antirassistische Gruppen aus der Flüchtlingsarbeit, den Zusammenhang zwischen den Gewalttaten der Rechtsradikalen und der Politik der «bürgerlichen Mitte» deutlich zu machen. In diesem Zusammenhang gab es immer wieder Störaktionen bei Veranstaltungen bürgerlicher Parteien. So auch am 8. November 1992, wenige Monate nach dem Pogrom von Rostock. An diesem Tag folgten dreihundertfünfzigtausend Menschen dem Aufruf von Kirchen, Gewerkschaften und allen großen Parteien (mit Ausnahme der CSU) zu einer Kundgebung unter dem Motto «Die Würde des Menschen ist unantastbar» in Berlin. Autonome AntirassistInnen sorgten dafür, dass CDU-Mitglieder von der Polizei geschützt und die Rede des damaligen Bundespräsidenten Richard von Weizsäcker wegen anhaltender Eierwürfe unterbrochen werden musste. Auch beim Besuch des als konservativer Scharfmacher und Law-and-Order-Fan bekannten Bundesinnenministers Manfred Kanther 1995 im Frankfurter Stadtteil Bornheim protestierten dreihundert GegendemonstrantInnen und lieferten sich Auseinandersetzungen mit der Polizei, so dass Kanther nur über Umwege zu seiner Veranstaltung gelangen konnte. Als die hessische CDU im Landtags-

98 AA/BO: Entsichert – Der Polizeistaat lädt nach ..., Broschüre, 1998.

wahlkampf 1999 eine rassistische Unterschriftenkampagne gegen die von Rot-Grün geplante doppelte Staatsbürgerschaft anzettelte, gingen antifaschistische und antirassistische Gruppen mit Gegenkundgebungen und Standblockaden dagegen vor. Sie konnten den Erfolg der Kampagne jedoch nicht verhindern, die CDU gewann die Wahl.[99]

6.11.3. Gegen die «Braunzone»

Ein weiteres Aktionsfeld der organisierten Antifa war der Kampf gegen die als «Braunzone» charakterisierten, materiellen wie ideologischen Schnittstellen zwischen bürgerlicher Mitte, Konservatismus und Neonazismus. Diese Praxis hatte schon der Kommunistische Bund (KB) in der Mitte der 1970er Jahre gegen die von ihm damals analysierte, angebliche Faschisierung der BRD eingefordert.

Konkrete Angriffspunkte der organisierten Antifa beim «Kampf gegen die Braunzone» waren sowohl alte Nazis, die in der BRD weitgehend unbehelligt lebten und Karriere gemacht hatten, als auch konservative Politiker, die mit rechten bzw. rechtsradikalen Positionen öffentlich aufgetreten waren. Ein Beispiel von vielen dafür ist der Besuch von fünfzig vermummten Antifas beim Wohnhaus des ehemaligen Mitglieds der NS-Gauleitung und späteren Bundesministers für Vertriebene, Flüchtlinge und Kriegsgeschädigte, Theodor Oberländer, Ende Juni 1996 in Bonn. Die AktivistInnen klebten Steckbriefe mit der Aufschrift «Vorsicht Mörder», warfen Farbbeutel und sprühten Parolen. Auf in der Nachbarschaft verteilten Flugblättern warfen sie Oberländer die Verantwortung für zahlreiche Morde während der NS-Zeit vor. Auch gegen einige der wirtschaftlichen ProfiteurInnen von Zwangsarbeit und Vernichtung im Nationalsozialismus, wie den I.G. Farben-Konzern, gab es immer wieder Protestaktionen. So versuchte ein Bündnis aus autonomen AntifaschistInnen, ehemaligen ZwangsarbeiterInnen und kritischen AktionärInnen beispielsweise 1999 die Aktionärsversammlung der I.G. Farben im Frankfurter Stadtteil Bergen-Enkheim zu blockieren.[100] Die VVN hatte schon in den

99 Der CDU-Doppelpaß mit Rechtsaußen, AIB Nr. 47/1999.

100 Protest gegen die Aktionärsversammlung der IG Farben, AIB Nr. 48/1999.

1950er Jahren die Forderung nach endgültiger Auflösung des Konzerns und Auszahlung des Firmenkapitals an die ZwangsarbeiterInnen erhoben.

Außerdem waren rechte Burschenschaften, studentische Verbindungen und Stiftungen, wie das nationalkonservative Studienzentrum Weikersheim, Ziel antifaschistischer Kampagnen. Diesem Milieu warf unter anderem die AA/BO vor, neurechte Ideologien zu verbreiten. Damit war der Versuch rechter Intellektueller gemeint, durch Erlangen der kulturellen Hegemonie eine «Rückbesinnung» auf völkische und nationalistische Werte zu erreichen sowie mithilfe pseudo-wissenschaftlicher Ansätze wie der Totalitarismustheorie den Antifaschismus zu delegitimieren und zudem eine Gleichsetzung von Marxismus und Nationalsozialismus zu betreiben. So wurde von konservativer Seite seit den 1980er Jahren nicht zuletzt versucht, die geschichtsrevisionistische Verharmlosung und Umdeutung der deutschen Verbrechen durchzusetzen. Ein Beispiel für die Antifa-Praxis gegen die Strukturen der Neuen Rechten ist die bundesweite Antifa-Demo im September 1995 in Weikersheim bei Stuttgart unter dem Motto «Den Knoten zwischen Konservatismus und Faschismus zerschlagen. Gegen das Studienzentrum Weikersheim vorgehen!»[101].

6.11.4. «Neue Mitte» und «Aufstand der Anständigen»

Mit Ablösung der CDU-Regierung 1998 durch ein Bündnis aus SPD und Grünen zeichnete sich auch für die organisierte Antifa ein erneuter Paradigmenwechsel ab. An die Stelle des Verschweigens und Relativierens des Nationalsozialismus in der alten BRD trat das Bekenntnis zur angeblich aus dem Nationalsozialismus folgenden «deutschen Verantwortung» als zentraler Bestandteil der nationalen Identität der neuen «Berliner Republik». Die europäische Sozialdemokratie mit Gerhard Schröder und Tony Blair an der Spitze beschwor eine «Neue Mitte» der Gesellschaft, deren «Modernität» angeblich jenseits des Links-

101 Antifa A² Stuttgart: Patrioten, Pfaffen und Politiker – das Studienzentrum Weikersheim zwischen Nationalkonservatismus und Faschismus, Broschüre, 1995.

Rechts-Schemas anzusiedeln sei. Damit ging im Sommer 2000 in Folge des Aufrufs der Bundesregierung zum sogenannten «Aufstand der Anständigen», nach einem Bombenanschlag auf jüdische AussiedlerInnen in Düsseldorf, eine in der BRD bis dato unbekannte gesellschaftliche Mobilisierung «gegen Rechts» einher: Plötzlich engagierten sich Verbände, Kirchen, Parteien, Gewerkschaften und Bürgerinitiativen gegen Nazis. Darüber hinaus stellte die Bundesregierung einen Verbotsantrag gegen die NPD und auch in bürgerlichen Medien wurde nun ausgiebig über die Neonaziszene berichtet.

Gleichzeitig verschärfte Deutschland jedoch seinen außenpolitischen Kurs und führte im Kosovo 1999 erstmals seit dem Nationalsozialismus wieder Krieg. Zudem wurde weder der Trend zu schärferen Sicherheitsgesetzen, die rassistische Selektion in «nützliche» und «unnütze» MigrantInnen noch der Abbau sozialer Rechte rückgängig gemacht, sondern nur – etwa mit Einführung der sogenannten Greencard für hochqualifizierte MigrantInnen – den aktuellen ökonomischen Anforderungen des globalen Kapitalismus angepasst und modernisiert. Auch die nach langjährigen Verhandlungen endlich umgesetzte «Entschädigung» der noch lebenden ZwangsarbeiterInnen des Nationalsozialismus zielte erklärtermaßen und vor allem darauf ab, «Rechtssicherheit» für deutsche Unternehmen herzustellen und blieb zudem deutlich hinter den Forderungen der ZwangsarbeiterInnen zurück.

Die organisierte Antifa reagierte auf diese Entwicklungen, indem sie einerseits eine konzeptionelle Diskussion über die Frage begann, ob Antifaschismus überhaupt revolutionär sein könne, andererseits indem sie sich zunehmend auf die Kritik der, sich selbst als das «bessere Deutschland» bezeichnenden, gesellschaftlichen Mitte konzentrierte. Dabei versuchte sie allerdings auch weiterhin, das öffentliche Interesse an Aktivitäten gegen Rechtsradikalismus zu nutzen, um eine radikale Kritik in breite gesellschaftliche Bündnisse hineinzutragen. Einige führende AA/BO-Gruppen bemühten sich in diesem Sinne, das Profil des revolutionären Antifaschismus als wirklichem, «konsequenten Antifaschismus» zu schärfen. Die Autonome Antifa [M] etwa erklärte: «Wir setzen weiter auf unser Antifa-Konzept» und «finden es wichtig, dem Einzelnen die Möglichkeit der Positionierung zu geben und den radikalen Bruch mit den

Verhältnissen zu provozieren».[102] Antifa heiße eben «mehr als nur gegen Nazis».[103]

Auch die AAB versuchte, die grundsätzliche Gesellschaftskritik über den Antifaschismus weiter zu verbreiten, als sie im Herbst 2000 eine große Bündnisdemo gegen die NPD-Zentrale in Berlin durchführte. Durch die Verknüpfung der Forderung «Weg mit der NPD-Zentrale» mit jener, das Abschiebegefängnis in Berlin-Grünau zu schließen, sollte auch der staatliche Rassismus der gesellschaftlichen Mitte angegriffen werden. Im Nachhinein bezeichnete die AA/BO die von mehr als zehntausend TeilnehmerInnen besuchte Demonstration als Beispiel für einen «auch heute noch aussagekräftigen Antifaschismus»[104], da es gelungen sei, durch militante Aktionen gegen den Abschiebeknast auch den «Rassismus der Mitte» in der Öffentlichkeit zu thematisieren. Insgesamt wurden die Regierungsparteien und die «neue Mitte» bei allen Gruppen der organisierten Antifa zum Ziel deutlicher Kritik. So kam es etwa im Bundestagswahlkampf 2002 unter dem Motto «trouble an der Heimatfront – Antikapitalismus globalisieren!» in Göttingen zu massiven Protesten gegen den Auftritt des damaligen grünen Außenministers Joschka Fischer.

Das BgR Leipzig nahm als erste Gruppe der AA/BO auch deutlich Abstand von der traditionellen Bündnis-Praxis gegen Nazis. Anlässlich eines Naziaufmarsches und breiter Gegenaktivitäten aus dem bürgerlichen Spektrum am 1. September 2001 in Leipzig mobilisierte das BgR zwar zu Aktionen gegen den Naziaufmarsch, aber auch zu Aktionen gegen die «deutschnationale Zivilgesellschaft»[105]. Eine eigene Demonstration unter dem Motto «Gegen zivilgesellschaftlichen Militarismus und neue Weltordnung: Deutschland den Krieg erklären!» wurde von rund tausend Menschen besucht. Anstatt mit denselben

102 Naziaufmärsche – Ein pragmatischer Umgang oder strategische Überlegungen, Phase Zwei Nr. 6/2002.

103 Autonome Antifa [M]: Alle gegen Nazis!? Antifa... mehr als nur gegen Nazis!, Flugblatt zur «antifaschistischen» Kampagne von Rot-Grün, August/September 2000.

104 Bündnis gegen Rechts Leipzig / Rote Antifa Aktion Leipzig / Antifaschistische Aktion Berlin/Autonome Antifa [M]: 2001 – Das Jahr in dem wir Kontakt aufnehmen.

105 Bündnis gegen Rechts Leipzig: Deutschland den Krieg erklären, Aufruf, 2001.

bürgerlichen Kräften gegen Nazis zu demonstrieren, die ihrerseits die Durchsetzung deutscher Großmachtinteressen mit militärischen Mitteln wieder salonfähig gemacht hätten, müsse die radikale Linke gerade diese in den Fokus ihrer Aktivitäten rücken. Denn innerhalb eines bürgerlichen Anti-Nazi-Bündnisses werde die antifaschistische Linke immer Schmiermittel für einen reibungslos laufenden Standort Deutschland bleiben. Ob sich gegen Neonazis engagiert werden müsse, hänge somit davon ab, ob und inwieweit diese überhaupt als Stichwortgeber die gesellschaftlichen Auseinandersetzungen beeinflussen könnten. Dies sei, im Gegensatz zur Situation Anfang der 1990er Jahre, inzwischen nicht mehr der Fall. Die radikale Linke müsse daher ihren emanzipatorischen Begriff von Antifa verteidigen, indem sie sich gegen den Nationalismus stelle, der neuerdings von ehemaligen Linken, das heißt vor allem Rot-Grün, ausgehe. In diesem Sinne wurde die militante Störung der Rede des Leipziger SPD-Bürgermeisters auf der Kundgebung des bürgerlichen Bündnisses gegen den Naziaufmarsch am 1. September begrüßt. Als jener dort vor über zehntausend Menschen gegen «jede Form des Extremismus» und über «gesundes Nationalbewusstsein» sprach, störten mehrere Dutzend Antifas seine Rede mit Parolen wie «Nazis morden, der Staat schiebt ab – das ist das gleiche Rassistenpack!», «Nie wieder Deutschland!» und stürmten schließlich die Bühne.

7. Zwischen Theorie und Praxis – Ausdifferenzierungen der Antifa seit 2000

7.1. Die Jahrtausendwende

*I*n Deutschland und weltweit zeichneten sich seit dem Jahrtausendwechsel immer deutlicher die Konturen einer neoliberalen Weltordnung ab. Die Rechte von Lohnabhängigen wurden immer weiter eingeschränkt, von Gewerkschaftsseite zugunsten des Erhalts eines Betriebs schon mal auf Löhne verzichtet und die anwachsende Zahl der «Überflüssigen» mit Hartz IV und anderen Maßnahmen immer weiter gegängelt. Dies ging mit einer Modernisierung des Nationalismus einher: Deutschland sollte nun vor allem als Wirtschaftsstandort in der weltweiten Konkurrenz verteidigt werden.

Nach kurzen Jahren, in denen die radikale Linke und mit ihr die Antifa viele Hoffnungen in die sogenannte Antiglobalisierungsbewegung gesetzt hatte und sich international bei Protesten gegen die Gipfeltreffen von G8, IWF und Europäischer Union traf, wurde dies jäh unterbrochen von den Attentaten des 11. September 2001 und dem darauf folgenden «Krieg gegen den Terror». Am 11. September hatten islamistische Attentäter mehrere voll besetzte Passagierflugzeuge entführt und mit ihnen Anschläge auf das World Trade Center in New York sowie das Pentagon in Washington, D.C. verübt, bei denen fast dreitausend Menschen starben. Als Reaktion rief der damalige US-Präsident George W. Bush den «Krieg gegen den Terror» aus. Gemeinsam mit verbündeten Ländern, darunter auch Deutschland, wurde Afghanistan, regiert von den islamistischen Taliban, angegriffen und von NATO-Truppen besetzt. Formal wurden demokratische Institutionen geschaffen, bis heute herrscht im Land Krieg.

Zweites Ziel des «Krieges gegen den Terror» war der vom Diktator Saddam Hussein regierte Irak, der im Frühjahr 2003 angegriffen wurde. Das Land wurde militärisch besiegt und dort ebenfalls eine formale Demokratie eingerichtet. Aufständische verüben bis heute Anschläge auf die ausländischen Truppen im Land, Regierungsangestellte und andere ZivilistInnen. Deutschland beteiligte sich nicht militärisch an diesem Krieg, sondern forderte unter anderem mit Frankreich eine politische Lösung des Konflikts. In Berlin nahmen knapp fünfhunderttausend Menschen an der größten Friedensdemonstration in der Geschichte der Bundesrepublik Deutschland teil. Dass auch die Anti-Terror-Kriege keine «sauberen» waren, wie PolitikerInnen und Militärs versprachen, wurde vor allem deutlich, als Bilder von folternden amerikanischen SoldatInnen im Irak veröffentlicht wurden. Weltweiten Protest riefen außerdem die Entführungen Terrorverdächtiger aus unterschiedlichen Ländern sowie die menschenunwürdigen und grundrechtsverletzende Zustände im US-Internierungslager Guantánamo auf Kuba hervor.

Daneben wurde der Israel/Palästina-Konflikt zu einem zentralen Bezugspunkt der radikalen Linken, an dem sich viele Streits entzündeten. Der Konflikt selber hatte sich im Zuge der zweiten palästinensischen Intifada ab dem Jahr 2000 massiv verschärft. Im Gegensatz zu früheren Aufständen gegen die Besatzung war nun verstärkt der Islamismus zum ideologischen Motor der Angriffe auf israelische Einrichtungen, SoldatInnen und BürgerInnen geworden. Ein weiteres Novum stellte die Form der Angriffe dar: Waren es in den 1980er Jahren vor allem Aktionen zivilen Ungehorsams, Steine und Molotow-Cocktails gegen SoldatInnen und PolizistInnen, wurden nun Selbstmordattentate gegen ZivilistInnen verübt, deren Zahl erst nach Bau eines Sperrwalls im Westjordanland zurückging.

Diese Themen boten der radikalen Linken über Jahre Konfliktstoff, der zu diversen Auseinandersetzungen und Spaltungen führte. So war auch die Antifa in diesen Jahren von großer Zerrissenheit geprägt: Nach der Auflösung der AA/BO im Jahr 2001 differenzierte sich das Spektrum stark aus, Konflikte zwischen antideutschen und antiimperialistischen Zusammenhängen, die oftmals quer durch die Gruppen gingen, bestimmten das Bild und verunmöglichten in vielen Fällen eine weitere gemeinsame Arbeit. Entsprechend gingen die Konzepte, wie mit den gesellschaftlichen Entwicklungen umzugehen sei, immer weiter auseinander und erst in den letzten Jahren finden in Teilen der Antifa-Szene wieder Annäherungen und gegenseitige Bezüge statt.

Im Zuge des bereits im letzten Kapitel erwähnten «Aufstands der Anständigen» unter der rot-grünen Bundesregierung und der folgenden «Bündnisse gegen Rechts», in denen sich gewerkschaftliche und linksliberale Kreise engagierten, geriet auch das Selbstverständnis der Antifa zunächst in eine Krise. Die autonomen Antifas entwickelten in der Folge unterschiedliche Strategien des Umgangs hiermit.

Neben der Antiglobalisierungsbewegung rückten verschiedene weitere Themen in den Blick der Antifa: So fand vorübergehend auch wieder eine Annäherung zwischen Antifa und antirassistisch-autonomen Zusammenhängen statt: An sogenannten Grenzcamps, die, organisiert von Antira-Gruppen, unter anderem an der deutsch-polnischen Grenze, am Frankfurter Flughafen und auf europäischer Ebene in Straßburg stattfanden und die Abschiebungen, Rassismus und den Ausbau der «Festung Europa» thematisierten und angriffen, beteiligten sich auch viele Antifas.

Mit der Selbstinszenierung der Berliner Republik als «Aufarbeitungsweltmeister» ging eine Verschiebung im geschichtspolitischen Diskurs einher: Da die Verbrechen des Nationalsozialismus von Politik, Medien und großen Teilen der deutschen Bevölkerung nun als weitgehend «aufgearbeitet» angesehen wurden, rückte die Erinnerung an die «deutschen Opfer von Bombenkrieg und Vertreibung» in den Fokus der erinnerungspolitischen Auseinandersetzung. Beispielhaft dafür sind die jahrelangen Diskussionen um das vom Bund der Vertriebenen (BdV) geforderte «Zentrum gegen Vertreibungen», die breite Debatte um das Buch «Der Brand» des rechten Historikers Jörg Friedrich und insbesondere die Konflikte um die Erinnerung an die Bombardierung Dresdens im Februar 1945. Während der BdV die Umsiedlung und Vertreibung der Deutschen aus Polen und Tschechien nach dem Zweiten Weltkrieg in eine Reihe mit dem Holocaust stellte, relativierte Jörg Friedrich die Verbrechen der Nazis, indem er die alliierten Bombardierungen Deutschlands sprachlich auf eine Stufe mit dessen Vernichtungskrieg stellte. Antifa-Gruppen reagierten auf diese Versuche einer Umdeutung der Geschichte, indem sie bundesweit Veranstaltungen des BdV, Lesungen von Jörg Friedrich und immer wieder das nationale «Gedenken» anlässlich des Jahrestages der Bombardierung Dresdens störten. Einen weiteren geschichtspolitischen Schwerpunkt stellten die antifaschistischen Mobilisierungen nach Mittenwald dar. Dort halten ehemalige Gebirgsjäger, die an verschiedenen Massakern im Zweiten Weltkrieg beteiligt waren, und Bundeswehrangehörige mit ihren SympathisantInnen seit gut fünfzig Jahren regelmäßig «Gedenkveranstaltungen» ab.

7.2. Spaltung der Antifa

Bereits Ende der 1990er Jahre hatte sich gezeigt, dass die AA/BO an ihre Grenzen gestoßen war und der Sommer 2000 mit dem «Aufstand der Anständigen» spitzte Konflikte und konzeptionelle Mängel der organisierten Antifa, die auch vorher schon existiert hatten, aber ab diesem Zeitpunkt offen zutage traten, radikal zu. Das «Konzept Antifa» wurde in Frage gestellt, neue Politikfelder diskutiert und bemängelt, dass der Ansatzpunkt Antifaschismus für die Reaktion auf neue gesellschaftliche Entwicklungen nicht ausreiche. Die Antifa «stand am Rande des Geschehens und wurde von der Rhetorik der verzivilgesellschafteten Öffentlichkeit überrannt. Die seit Jahren betriebene eigene Politik schien plötzlich zum Mainstream aufzusteigen (...). Während einige Gruppen an der praktizierten Politik festhielten, fingen andere an, neue Fragen über die Zukunft von Antifapolitik zu stellen. Die meisten Gruppen hingegen waren von der Situation so überrascht bzw. überwältigt, dass sie zunächst in Stagnation verharrten und nichts mehr taten», hieß es in einer Einschätzung.[106]

Nachdem das BAT bereits sang- und klanglos von der Bildfläche verschwunden war, gab im April 2001 die AA/BO nach neun Jahren Aktivität ihre Auflösung bekannt. Vom 20. bis 22. April 2001 fand in Göttingen ein Antifa-Kongress mit über sechshundert TeilnehmerInnen statt, auf dem diese Entscheidung bekannt gegeben wurde und zudem eine Bestandsaufnahme der radikalen Linken sowie eine Neuorientierung der eigenen Politik

106 Bündnis gegen Rechts Leipzig / Rote Antifa Aktion Leipzig / Antifaschistische Aktion Berlin / Autonome Antifa [M]: 2001 – Das Jahr in dem wir Kontakt aufnehmen.

geleistet werden sollte. Zwar konstatierten die Referierenden auf dem Kongress, dass die Antifa-Bewegung der 1990er Jahre sich in einer strukturellen Krise befände und in der aktuellen Form an ihren Endpunkt geraten sei. Doch trotz der harschen Kritik, so die weitgehend einhellige Meinung, sei die organisierte Antifa und mit ihr gerade die AA/BO ein richtiger Ansatz gewesen: Nur mit ihr hätten die notwendigen Mobilisierungen der Zeit zustande gebracht werden können und überdies sei es gelungen, die Organisierungsfrage sowie die Bereitschaft für Bündnis- und Öffentlichkeitsarbeit in der nicht-parteiförmigen radikalen Linken zu verankern. Schließlich sei die AA/BO nicht am «Staats-Antifaschismus» der rot-grünen Zivilgesellschaft, sondern an den im «Konzept Antifa» angelegten offenen Fragen ihrer eigenen Politik gescheitert. Deshalb müsse nun «Phase Zwei», also die Diskussion über eine neue linksradikale Organisierung beginnen: Die gleichnamige Zeitschrift mit Redaktionsgruppen in verschiedenen Städten wurde gegründet, um nach Auflösung der AA/BO einen Rahmen für Diskussionen zwischen den Antifa-Gruppen zu bieten und das Fundament einer möglichen und erwarteten Neuformierung der Organisierung zu bilden. Zu diesem Zeitpunkt überwog noch eine positive Einschätzung bezüglich der Zukunft einer gemeinsam organisierten Politik; das Ende der AA/BO wurde als Auftakt zu «längst überfälligen Diskussionen» begriffen. Und die seien dringend notwendig, so die Leipziger Redaktionsgruppe der Phase Zwei in ihrem Nachbereitungspapier zum Göttinger Kongress, denn «eine gemeinsame Strategie, wie weiter mit diesem Thema [dem Antifaschismus als Politikfeld für die radikale Linke, Anm. d. A.] umgegangen werden kann»[107], existiere nicht. Ihnen zufolge gab es mehrere Strömungen mit verschiedenen Ansichten über die Zukunft antifaschistischer Politik: Die erste Fraktion nähere sich antideutschen Theoremen an und lehne Antifa-Arbeit im Ganzen eher ab, während die zweite «an den Formen klassischer Antifapolitik, das heißt an konkreten Aktionen gegen Nazis und deren Aufmärsche weiterhin festhalten» wolle. Dieses Spektrum muss aus heutiger Perspektive allerdings noch einmal unterteilt werden in diejenigen, die sich weiterhin am Konzept der AA/BO orientierten und die, die diesem eher kritisch gegen-

107 Phase Zwei-Redaktion Leipzig: contact Göttingen 2001, Phase Zwei Nr. 1/2001.

überstanden. Dazwischen verortete die Leipziger Redaktion die dritte Position, «für die Antifaschismus schon immer mehr als nur Antinazipolitik war und die deshalb weiterhin Antifaschismus als gesellschaftlich relevantes Politikfeld bearbeiten und lediglich die Antinazipolitik zurückfahren» wolle.

Keine Differenzen zwischen den Lagern gab es der Leipziger Phase Zwei-Redaktion zufolge bezüglich der Frage, dass man den Kapitalismus abschaffen wolle. Nur was diesen eigentlich genau ausmache und wie man die Kritik an der kapitalistischen Vergesellschaftung in politische Praxis übersetzen könne, darüber herrschte auf dem Kongress keine Einigkeit. Die Phase Zwei-Redaktion Bonn forderte in Bezug auf die inhaltliche Ausrichtung einer zu schaffenden neuen Organisation, dass diese «sich aus einer gesamtgesellschaftlichen Orientierung herausbilden, d.h. (...) alle existierenden Widersprüche zum Bestandteil ihrer Politik»[108] machen müsse. Außerdem solle, anders als bei der AA/BO-Politik der letzten Jahre, die Herangehensweise an konkrete Initiativen eine primär inhaltliche sein. Die Bonner Redaktion machte zudem den Punkt stark, dass der Prozess der Neuorientierung einer linksradikalen Organisation einen verbindlichen Rahmen brauche und es keinen Sinn mache, wenn Gruppen alleine vor sich hin werkeln würden oder sie sich für die nächsten Jahre in Theorie- und Debattierzirkel zurückzögen.

Trotz dieser hoffnungsvollen Ansätze ging der gemeinsame Rahmen für Diskussion und Organisierung der Antifa verloren und es bildeten sich, wie es bereits auf dem Kongress in Göttingen nahe lag, tatsächlich mehrere Strömungen heraus[109]: Ein Teil der organisierten Antifa übernahm bzw. näherte sich antideutschen Konzepten an, die seit den Anschlägen vom 11. September 2001 starken Aufwind in der radikalen Linken, vor allem aber in der Antifa-Bewegung, erfuhren. Genau entgegengesetzt zur Skepsis, die politische Praxis nach außen und Bündnisarbeit bei antideutschen Gruppen hervorrief, setzte ein anderer Teil der Antifa auf Intervention und Bündnisarbeit, um gesellschaftliche Konflikte zuzuspitzen und Proteste zu radikalisieren. Dieses Spektrum, das sich auch am stärksten interna-

108 Phase Zwei-Redaktion Bonn: Autonome Organisierung.

109 In den meisten Gruppen jedes Spektrums blieb klassische Anti-Nazi-Arbeit jedoch ein zentraler Bestandteil ihrer Politik.

tional engagiert, lässt sich heute in der Interventionistischen Linken (IL) verorten. Ein drittes Spektrum forderte eine Neubestimmung linksradikaler Politik im Sinne der Bonner Redaktion der Phase Zwei. Jenseits der antideutschen und der «bewegungslinken» Strömung sollte der Zugang zu linksradikaler Politik nun ein primär inhaltlicher sein, Kritik aber offensiv in Bündnisse eingebracht und bei Großmobilisierungen sichtbar gemacht werden. Dieser zum Teil als Post-Antifa oder antinational bezeichnete Ansatz findet sich heute vor allem im ...ums Ganze!-Bündnis. Daneben existieren in Deutschland dutzende Antifa-Gruppen, die sich vor allem auf regionale Anti-Nazi-Arbeit konzentrieren, in der Regel aber auch darüber hinaus zu anderen Themen arbeiten.

Die im Gegensatz zu den 1990er Jahren starke *inhaltliche* Ausdifferenzierung der Antifa-Bewegung und der daraus resultierende fehlende gemeinsame Bezugsrahmen führten ab 2001 vielfach zum offenen Bruch zwischen Gruppen und zu Auflösungen und Spaltungen der bis zu diesem Zeitpunkt größten und überregional aktivsten Antifa-Gruppen, wie beispielsweise der Autonomen Antifa [M] aus Göttingen (existierte als Zusammenhang seit spätestens 1988, als Gruppe seit 1991), der Antifa K (seit 1997) aus Köln und der Antifaschistischen Aktion Berlin (AAB), die seit 1993 existierte.

Die AAB spaltete sich am 13. Februar 2002 in zwei Teile, von denen einer unter dem Namen Antifaschistische Linke Berlin das alte Konzept fortsetzen wollte. Sie warfen der anderen Hälfte in ihrem Auflösungspapier vor, dass sie es «aus der Angst, sich an den falschen Positionen von Teilen dieser Bewegungen [Antiglobalisierungs- und Friedensbewegung, Anm. d. A.] die Finger schmutzig zu machen» vorgezogen habe, «aus sicherer Warte die Bewegungen zu kritisieren, ohne selbst nach vorne weisende (‹richtige›) Positionen einzubringen oder sich gar um die Gestaltung der Bewegungen zu kümmern.»[110]

Der andere Teil nannte sich Kritik & Praxis (KP) Berlin und wurde zu einem wichtigen Vertreter der dritten Strömung jenseits des antideutschen bzw. bewegungslinken Spektrums. Die Gruppe schrieb in ihrer Stellungnahme zur Auflösung: «Getra-

110 Die Anderen: Auflösung der AAB, http://autox.nadir.org/archiv/auto/aab_andere.html.

gen von der Besseren Hälfte [gemeint sind sie selbst, Anm. d. A.] hat sich angesichts veränderter gesellschaftlicher und innerlinker Rahmenbedingungen seit einigen Jahren ein Wandel in der praktischen und inhaltlichen Ausrichtung der AAB vollzogen. Im Kern handelt es sich dabei um 1) eine Abkehr vom Konzept des ‹revolutionären Antifaschismus› wie es in weiten Teilen der Antifa-Bewegung verstanden wurde und 2) eine Hinwendung zur Erarbeitung inhaltlicher Standpunkte und einer fundierten Kapitalismuskritik angesichts der Orientierungslosigkeit der Linken und der fragwürdigen Theoriefragmente, die in weiten Teilen sogenannt linker Bewegungen vertreten sind.»[111]

Einer der Hauptstreitpunkte zwischen den verschiedenen Fraktionen war also das Verhältnis zu den neuesten sozialen Bewegungen, genauer der sogenannten Antiglobalisierungsbewegung und der Friedensbewegung gegen die «Anti-Terror-Kriege». Vor allem die Frage, wie die sozialen Bewegungen und das Verhältnis von Theorie und Praxis zu bewerten seien, sollte die Spektren in Zukunft voneinander unterscheiden und bei diversen Anlässen zu Konflikten führen.

Im Folgenden werden die zentralen Strömungen der heutigen Antifa vorgestellt. Klar sollte auch hier sein, dass – wenn überhaupt – nur wenige Gruppen exakt in dieses Schema passen und die Spektren in alle Richtungen ausfransen; die Reduktion auf *die* Antideutschen, *die* Bewegungslinken und *die* Antinationalen kann nur eine idealtypische Annäherung an die Heterogenität der Antifa-Bewegung sein. Eine umfassende Darstellung der vielfältigen Praxen, die von diesen Spektren ausgingen und ausgehen, kann hier nicht geliefert werden, sondern die unterschiedlichen Zugänge zur Politik nur grob dargestellt und dann anhand des G8-Gipfels 2007 in Deutschland nochmal exemplarisch aufgezeigt werden.

111 Die Bessere Hälfte: Auflösung der AAB, http://autox.nadir.org/archiv/auto/aab_andere.html.

7.3. Die Antideutschen

Das Erstarken der antideutschen Strömung lässt sich auf den Beginn der palästinensischen Al-Aksa-Intifada im Jahre 2000 datieren. Inhaltlich handelt es sich bei dieser Strömung um eine Radikalisierung der antinationalen Positionen eines Teils der radikalen Linken seit der sogenannten Wiedervereinigung und dem zweiten Golfkrieg Anfang der 1990er Jahre. Dieses Spektrum befürwortete damals, wenn auch zunächst zögerlich, den Krieg einer Koalition unter Führung der USA gegen den Irak. Begründet wurde dies unter anderem damit, dass der Irak eine Bedrohung für Israel darstelle, das dann auch tatsächlich von irakischen Raketen getroffen wurde. Die KriegsgegnerInnen warfen den BefürworterInnen vor, dass sie sich einer imperialistischen Weltmacht andienen und die linke Grundüberzeugung «Nie wieder Faschismus! Nie wieder Krieg!» über Bord werfen würden.

Vorausgegangen war dem Konflikt die Diskussion um einen möglichen neuen Faschismus infolge der «Wiedervereinigung», geführt vor allem im Kommunistischen Bund. Während die Mehrheit im KB für einen konstruktiven Umgang mit der «Wiedervereinigung» plädierte und die Entwicklung einer politischen Praxis innerhalb dieser Umstände verlangte, warnte der Vertreter der KB-Minderheit, Jürgen Elsässer, in der Zeitung Arbeiterkampf unter dem Titel «Weshalb die Linke anti-deutsch sein muss» vor einem möglichen neuen Faschismus und malte die Perspektive eines «Vierten Reiches» an die Wand.[112] Während die Zusammenarbeit der KB-Mehrheit mit der DDR-Linken in den Wahlkampf für die PDS führte, beteiligte sich die Minderheit mit AussteigerInnen aus den Grünen, Autonomen und anderen an dem Bündnis Radikale Linke (RL), das gegen die «Wiedervereinigung» zu einer Kampagne mit dem Titel «Nie wieder Deutschland!» aufrief. Sie war der einzige ernsthafte Versuch einer Auseinandersetzung mit der «Wiedervereinigung». So folgten im Mai 1990 zwanzigtausend Menschen der RL-Mobilisierung nach Frankfurt am Main, um gegen deut-

112 Elsässer, Jürgen als Jürgen/KB-Stuttgart: Weshalb die Linke anti-deutsch sein muss, Arbeiterkampf Nr. 315/1990. Elsässer vertritt heute nationalistische Positionen und sucht gegen «unkontrollierte Migration» und das Finanzkapital die Querfront mit Rechtsradikalen.

schen Nationalismus, gegen die Kolonisierung Osteuropas und gegen die Annexion der DDR zu demonstrieren. Dabei kam es zu heftigen Ausschreitungen auf dem Römerberg.

In der bereits zitierten «Doitschstunde» analysierte die autonome l.u.p.u.s.-Gruppe die Bedeutungslosigkeit der radikalen Linken angesichts des Prozesses der «Wiedervereinigung» und wandte sich gegen deren Deutung als Weg zum Vierten Reich.[113] Durch eine Analyse der 1990er-BRD in den Kategorien des Nationalsozialismus würden «40 Jahre BRD-Geschichte zum Schweigen gebracht»: «Mit dem schnellen Griff zum Brandzeichen ‹faschistisch› entgehen wir allzuoft der mühsamen Anstrengung, unseren Widerstand aus der eigenen Geschichte, aus den Erfahrungen anderer Kämpfe zu entwickeln.» Die Mehrheit im KB kritisierte an der Minderheit, dass für deren Opposition die Bahamas oder die Kanarischen Inseln der «hinreichend weit entfernte und klimatisch bekömmliche Ort» seien. Ein Vorschlag, der mit Gründung des Zeitschriftenprojekts Bahamas 1992 aufgegriffen wurde.

Die Auseinandersetzung um den zweiten Golfkrieg führte schließlich zum Bruch der Antinationalen mit der antiimperialistischen Linken, die den USA als «imperialistischer Weltmacht» und Israel als «imperialistischem Brückenkopf» im Nahen Osten sowie aufgrund seiner Politik gegenüber der palästinensischen Bevölkerung feindlich gegenüber stand.

In einem Beitrag in der Phase Zwei über die Entwicklung der Antideutschen hieß es rückblickend: «In den neunziger Jahren erschütterten antideutsche Gruppen und Zirkel eine linke Gewissheit nach der anderen.»[114] Und weiter: Sie «demontierten das Vertrauen in nationale Befreiungsbewegungen, skandalisierten den antisemitischen Kern des linken Antizionismus, geißelten pazifistische Positionen und den resignativen Rückzug in autonome Nischen nach der linken Niederlage 1989.»

Im Zuge der zweiten Intifada und nach dem 11. September 2001 verschärfte sich die bellizistische, das heißt Krieg befürwortende, Position der sich inzwischen als «antideutsch» bezeichnenden Fraktion erheblich und wurde gegen die Bedrohung des «islamischen Faschismus» gewendet. In der Bahamas, die zu diesem Zeitpunkt großen Einfluss auf das antideutsche

113 autonome l.u.p.u.s.-Gruppe: Doitschstunde, radikal Nr. 144/1991.

114 Hachnik, Mark: Nach den Antideutschen, Phase Zwei Nr. 34/2009.

Spektrum ausübte, hieß es wenige Tage nach den Anschlägen: «US-amerikanische Militärschläge gegen islamische Zentren hätte jeder bis auf weiteres zu begrüßen, der die Emanzipation von der Warenform (...) nach wie vor als Bedingung (...) des Eintritts aus der ‹Vorgeschichte› in die ‹Geschichte› (Marx) begreift.»[115]

In der Folge wandten sich antideutsche Gruppen, die im Verhältnis zur traditionellen Linken in der Minderheit blieben, zu denen inzwischen aber auch viele Antifas zählten, gegen die Friedensbewegung, die vor allem angesichts des Irakkriegs 2003 weltweit großen Auftrieb erfuhr. Schon zum Afghanistan-Krieg hieß es in der Wochenzeitung *Jungle World*: «Kaum fielen die ersten Bomben auf Afghanistan, machten die Friedensfreunde von DKP bis NPD, von Horst Mahler bis Günther Grass an der Heimatfront mobil.»[116] Vor allem warfen Antideutsche der Friedensbewegung Antiamerikanismus und, aufgrund der einseitigen Parteinahme im Nahost-Konflikt für die PalästinenserInnen, Antisemitismus vor.

Die Bahamas-Redaktion propagierte in der weiteren Auseinandersetzung ob der Beteiligung linker Gruppen an Friedensdemonstrationen und ihres Verhältnisses zu den USA und Israel den «Abschied von der Linken». Sie schrieb in dieser Hinsicht: «Wer es mit der Forderung ‹Für den Kommunismus› ernst meint, der wird erkennen müssen, dass Befreiung und Emanzipation nur gegen diese Linke erkämpft werden kann, niemals mit ihr.»[117]

Nicht nur von antideutscher Seite wird richtigerweise auf der Besonderheit des Nationalsozialismus und der Singularität seiner Verbrechen beharrt. Trotzdem benutzten Teile des antideutschen Spektrums ebenso wie bürgerliche KriegsbefürworterInnen den Nationalsozialismus als Folie, um beispielsweise die irakische Diktatur unter Saddam Hussein in den 1990er Jahren oder später den Islam (eine Unterscheidung zwischen dem Islam

115 Redaktion Bahamas: Hinter dem Ruf nach Frieden verschanzen sich die Mörder – Erste Stellungnahme der Bahamas-Redaktion zum islamistischen Massaker in den USA, 14. September 2001.

116 Albertini, Andrea: Fanta statt Fatwa, Jungle World Nr. 43/2001.

117 Redaktion Bahamas, Bahamas Nr. 38/2002, zitiert nach: Wetzel, Wolf: Vom linken Bellizismus zum anti-deutschen BefreiungsImperialismus, in: Hanloser, Gerhard (Hrsg.): Sie warn die Antideutschesten der deutschen Linken, Unrast, Münster 2004, S. 117.

als Religion und dem Islamismus als politischer Ideologie wird bei Antideutschen häufig nicht gemacht) zu brandmarken.

Hans Magnus Enzensberger, während des zweiten Irakkriegs einer der prominentesten Kriegsbefürworter, schrieb 1991 in einem Artikel für den Spiegel, Saddam Hussein sei ein «genuiner Nachfolger» Adolf Hitlers.[118] Die Deutschen habe während des Zweiten Weltkriegs nicht alleine die Lizenz zum Töten begeistert, sondern mehr noch die Aussicht, selbst getötet zu werden. Ebenso inbrünstig würden nun Millionen von AraberInnen den Wunsch äußern, für Saddam Hussein zu sterben. 1999 traten der damalige Außenminister Joschka Fischer (Grüne) und Verteidigungsminister Rudolf Scharping (SPD) in Enzensbergers Fußstapfen und legitimierten den NATO-Krieg gegen Serbien mit der Behauptung, dort müsse ein «neues Auschwitz» verhindert werden.

Teile der Antideutschen vollzogen die Argumentationen von Enzensberger und Scharping/Fischer nach, indem sie den Islam als faschistisch oder gar nationalsozialistisch kennzeichneten. Die Redaktion der Bahamas schrieb 2003, in den palästinensischen Autonomiegebieten sei «ein zur Vernichtung entschlossener Antisemitismus am Werk – darin seinem nationalsozialistischen Vorbild auf qualitativer Ebene durchaus ebenbürtig –, der die Wahl- und Maßlosigkeit des palästinensischen Massenmordens begründet. In dieser Hinsicht kommt momentan dem Koran eine ähnliche Rolle zu wie seinerzeit Hitlers Machwerk ‹Mein Kampf› in Deutschland.»[119]

Auch aus antideutschen Kreisen wurde diese Tendenz jedoch schnell als offen geschichtsrevisionistisch kritisiert. In der Zeitung der antideutschen Frankfurter Uni-Gruppe sinistra! hieß es, eine Kritik an wiedererstarkendem Nationalismus, dem Normalisierungsdiskurs deutscher Geschichtsschreibung, zunehmendem Rassismus und völkischer Formierung hätte zu Beginn noch eine wichtige Bereicherung der Kritik sein können, mittlerweile jedoch scheine es, als sei die Kritik vollkommen im Dreieck zwischen USA, Israel und Islamismus gefangen und die theoretische Auseinandersetzung mit anderen Aspekten der deutschen Wirklichkeit zunehmend in den Hintergrund gedrängt. Entspre-

118 Enzensberger, Hans Magnus: Hitlers Wiedergänger, Spiegel Nr. 6/1991.

119 Redaktion Bahamas: Hinter dem Ruf nach Frieden.

chend wurde den Antideutschen aus dem klassischen Antifa-Spektrum vorgeworfen, ihre Kritik sei eindimensional: «In der antideutschen Theorie bleibt die Geschichte stehen, Auschwitz ist quasi immer und überall präsent. (...) Aus der antideutschen Enthistorisierung folgt eine Sicht auf die Welt in den Koordinaten der Anti-Hitler-Koalition», schrieb das Antifaschistische Info Blatt.[120] Trotzdem lobte das AIB im gleichen Artikel, dass die aus der Auseinandersetzung mit dem Nationalsozialismus und der deutschen Ideologie sowie der deutschen «Wiedervereinigung» und dem damit einhergehenden nationalistischen Größenwahn resultierende Ideologiekritik sich «treffend an den Defiziten der traditionellen Linken abarbeite, die Antisemitismus aus sozialen Interessenlagen erklärte und ihn letztlich verharmloste, was nicht zufällig in einem linken Antisemitismus gipfelte».

Vor der Gefahr einer reaktionären Überwindung der bürgerlichen Gesellschaft durch «den Islam» oder der Sorge vor dem antisemitischen Potential der Bevölkerung trat eine Kritik des Kapitalismus bei vielen Antideutschen in den Hintergrund. Gegen die «islamische Barbarei» brachte die Redaktion der Bahamas die «Verteidigung der Zivilisation» in Stellung; als entsprechend überflüssig schätzen Teile der Antideutschen bis heute die Notwendigkeit ein, sich an sozialen Kämpfen zu beteiligen. Während im «Konzept Antifa» unter anderem der Anspruch formuliert wurde, Theorie und Praxis in einer Organisierung zu vereinen (auch wenn Theoriearbeit in der Regel zu kurz kam), wandten sich viele antideutsche Gruppen von diesem Anspruch ab und konzentrierten sich verstärkt auf Ideologiekritik, mithilfe derer sie aktuelle Entwicklungen oftmals nur noch kommentieren und kaum mehr Raum lassen für praktische Interventionen in gesellschaftliche Konflikte. Mit diesem Prozess ging auch eine Wandlung des Praxisbegriffs einher: Bereits theoretische Arbeit am Text wird von vielen Antideutschen als politische Praxis begriffen, der keine auf Außenwirkung zielende Aktion folgen müsse.

Antideutsche, die bei linken Demonstrationen oftmals mit der israelischen Flagge auftraten und damit gegenüber antizionistischen Positionen ein Zeichen für die «Solidarität mit Israel» setzen und durchaus auch provozieren wollten, wurden in den letzten zehn Jahren mehrfach Opfer von Übergriffen, antideut-

120 Wo endet der Antifaschismus?, AIB Nr. 62/2004.

sche Veranstaltungen wurden in einigen Städten angegriffen und gesprengt. Einen ihrer Höhepunkte fand die Gewalt gegen die unliebsamen antideutschen Positionen im Verlauf des sogenannten Karnevals der Kulturen im Mai 2004 in Berlin. Hier griff eine Gruppe vermeintlich linker AntizionistInnen, die mit einem Wagen an der Parade teilnahm, mehrere AntifaschistInnen an, von denen sie zuvor wegen des Tragens von T-Shirts mit dem Aufdruck «Antizionistische Aktion» kritisiert worden waren. Einer der Kritiker wurde mit einem Messer schwer verletzt. Der Begriff «Antizionistische Aktion» geht auf die Aktionsfront Nationaler Sozialisten um den Neonazi Michael Kühnen zurück, die unter dem Namen «Antizionistische Aktion» in den 1980er Jahren antisemitische Propaganda verbreitete und eine gleichnamige Vorfeldorganisation hatte.

7.4. Neuere Ansätze der Faschismustheorie

Im Kontext der von Antinationalen und Antideutschen ausgelösten Debatten wurden auch innerhalb der Antifa neuere Ansätze der Faschismustheorie rezipiert, vor allem der Antisemitismus rückte ins Zentrum der Erklärungsansätze. Diese Kritik des Antisemitismus verdankte sich zum Großteil dem 1979 von Moishe Postone veröffentlichten Text «Antisemitismus und Nationalsozialismus». Darin stellt er zunächst fest, dass in der westdeutschen Bevölkerung, aber auch in der Linken eine genauere Auseinandersetzung mit dem Nationalsozialismus ausgeblieben sei, dass Teil dieser Auseinandersetzung eine Konfrontation mit dem nationalsozialistischen Massenmord an den Juden und dessen ideologischer Grundlage, dem Antisemitismus, sein müsse. Um dies zu leisten, untersucht Postone aus Perspektive der Kritischen Theorie die Rolle des Antisemitismus im Nationalsozialismus und das Verhältnis der modernen Judenfeindschaft zur kapitalistischen Vergesellschaftung. Er betrachtet den Antisemitismus als Fetisch, als Personifizierung des abstrakten Anteils der kapitalistischen Gesellschaft, der mit den Juden abgespalten wird. «Die abstrakte Herrschaft des Kapitals, wie sie besonders mit der raschen Industrialisierung einhergeht, verstrickte die Menschen in das Netz dynamischer Kräfte, die, weil sie nicht durchschaut zu werden vermochten, in Gestalt des ‹internationalen Judentums› wahrgenommen wurden.»[121] Entsprechend würde die Überwindung des Kapitalismus im antisemitischen Weltbild «mit der Überwindung der Juden gleichgesetzt». Der Ansatz Postones steht traditionellen Faschismustheorien gegenüber, die den Nationalsozialismus vor allem in seiner ökonomischen und Herrschaft sichernden Funktion interpretierten, wie beispielsweise Dimitroff es tat.

Neben den breit geführten Diskussionen um die Wehrmachtsausstellung lieferte zudem Daniel Jonah Goldhagen mit seinem 1996 erschienenen Buch «Hitlers willige Vollstrecker» einen wichtigen Beitrag zum Verständnis des Verhältnisses von «normalen Deutschen» zum Holocaust. Auch Goldhagen stellt den Antisemitismus ins Zentrum seiner Erklärung des nationalsozialistischen Völkermords. Er konstatiert, dass die «antisemitischen Auffassungen der Deutschen (…) die zentrale Triebkraft für den Holocaust»[122] waren, und schreibt weiter: «Der einzig angemessene allgemeine Begriff für diejenigen Deutschen, die den Holocaust vollstreckten, lautet ‹Deutsche›.»[123] Zwar verwahrt er sich gegen die Kollektivschuldthese, derzufolge im Grunde alle Deutschen für die Mordtaten des NS verantwortlich waren; seiner Einschätzung zufolge hätte aber die große Mehrheit der Deutschen nicht anders gehandelt, wären sie in die entsprechenden Positionen gelangt.

Goldhagen kritisiert Interpretationen, die von einem eingrenzbaren TäterInnenkreis ausgehen, wie es beispielsweise im DDR-Antifaschismus der Fall war. Teile der radikalen Linken fordern mit diesem Ansatz im Rücken, dass akzeptiert werden müsse, dass das früher vermeintlich revolutionäre Subjekt, die Arbeiterklasse oder das «einfache Volk», nicht emanzipatorisch sei. Stattdessen, so die antideutsche Lesart, stehe die heutige deutsche Gesellschaft in direkter Kontinuität des Nationalsozialismus, weshalb sie aus diesen Kreisen häufig noch als «Volksgemeinschaft» charakterisiert wird. Entsprechend sei jede Zusammenarbeit der radikalen Linken mit Teilen der deutschen Gesellschaft, etwa bei Protesten gegen Sozialabbau oder Krieg, abzulehnen.

121 Postone, Moishe: Antisemitismus und Nationalsozialismus, S. 181.

122 Goldhagen, Daniel Jonah: Hitlers willige Vollstrecker. Ganz gewöhnliche Deutsche und der Holocaust, Siedler, Berlin 1996, S. 22.

123 Ebd., S. 19.

7.5. Die Bewegungslinke

Seitdem 1999 in Seattle der Gipfel der Welthandelsorganisation (WTO) wegen militanter Proteste abgebrochen worden war, machte sich die Bewegung gegen die kapitalistische Globalisierung mit Großmobilisierungen unter der Parole «Eine andere Welt ist möglich!» gegen die Spitzentreffen von IWF, WTO, EU und G8 einen Namen. Erstmals seit 1989 stellte eine breite Bewegung den «neoliberalen Kapitalismus» wieder öffentlichkeitswirksam in Frage. Relevanz entwickelte die Bewegung einerseits vor allem aufgrund ihrer Vielfalt und Größe, Thema wurde sie andererseits durch die Heftigkeit der Aktionen militanter AntikapitalistInnen und die brutale Antwort der Repressionsorgane. Die Antifa war von Anfang an dabei: Bereits im Frühsommer 1999 hatten viele Gruppen aus der AA/BO unter dem Motto «Fight Fortress Europe!» zur Großdemonstration gegen den in Köln stattfindenden EU-Gipfel aufgerufen, an der fünfunddreißigtausend Menschen teilnahmen. Um einen europaweiten Bezug antifaschistischer Gruppen aufeinander hatte sich die AA/BO schon vor den Großaktionen bei den Gipfeltreffen bemüht und 1997 zu einer internationalen Demonstration in Straßburg gegen die französische rechtsradikale Partei Front National mobilisiert – diese Aktivitäten erzielten jedoch keine größere Resonanz. Trotzdem wurde das «Konzept Antifa» im Laufe der 2000er Jahre insbesondere in den Niederlanden, Tschechien und Schweden mehr oder weniger explizit von dortigen Linksradikalen übernommen.

Höhepunkt der Antiglobalisierungsbewegung war der Protest gegen den G8-Gipfel im Juli 2001 in Genua, bei dem dreihunderttausend DemonstrantInnen in die Stadt kamen, um gegen den auf einem Schiff im Hafen der Stadt stattfindenden Gipfel zu protestieren. Mehrere Demonstrationen von friedlichen G8-GegnerInnen wurden von den Carabinieri brutal angegriffen, während militante GlobalisierungsgegnerInnen Scheiben von Banken und Konzernen zerstörten und die Polizei mit Steinen bewarfen. Nachdem bereits während der Proteste im Juni gegen den Gipfel der Europäischen Union in Göteborg mehrere Menschen durch scharfe Schüsse verletzt worden waren, erreichten die Auseinandersetzungen zwischen Polizei und Autonomen in Genua am 20. Juli ihren militanten und traurigen

Höhepunkt: Dem dreiundzwanzigjährigen Demonstranten Carlo Giuliani wurde von einem Carabinieri in den Kopf geschossen, woraufhin er seinen Verletzungen erlag. Nach Göteborg und Genua hatten unter dem Motto «smash capitalism!» auch die AAB und die Autonome Antifa [M] aufgerufen.

Die Beteiligung an den Protesten gegen die kapitalistische Globalisierung ist nach wie vor ein wichtiger Teil der Praxis der bewegungslinken Antifa-Gruppen, deren bekannteste Vertreterin die Antifaschistische Linke Berlin ist. Die 2004 aufgelöste Kölner Antifa K begründete ihre Beteiligung an den Gipfelprotesten damit, dass nach Jahren der «politischen Stagnation und einer weitestgehend reaktiven Politik» erstmals wieder eine Bewegung auf den Plan trete, die «mit ihrer Dynamik, ihrem Mobilisierungspotential, ihrem internationalen Charakter und nicht zuletzt ihrer kapitalismuskritischen Ausrichtung qualitativ und quantitativ etwas völlig Neues» darstelle.[124] Zwar konstatierte sie, dass nach dem 11. September 2001 und dem Afghanistan-Krieg sowie durch die mangelnde Radikalität der Bewegung und dem Fakt, dass «sich innerhalb dieser Bewegung alle möglichen politischen Gruppen wohl fühlen bis hin zu den Faschisten», Ernüchterung bei den Antifa-AktivistInnen in der Bewegung aufgekommen sei. Diese kritische Bestandsaufnahme führte jedoch nicht zu einer Revision der «positiven Grundeinschätzung der Bewegung», stattdessen, so die Antifa K, ließe die Heterogenität der Bewegung «immer noch eine Menge Spielraum für eine fundamentale Staats- und Kapitalismuskritik». Hierfür setzte die bewegungslinke Antifa auf die praktische Radikalisierung des Protests durch militante Aktionen gegen die Polizeikräfte und kapitalistische Symbole wie Banken und Polizeistationen. Dabei wurde sich immer wieder positiv auf den medial vielfach verwendeten Begriff des «Black Block» bezogen. Die Antifa [M] etwa forderte symbolisch einen «Schwarzen Block gegen Deutschland!».

Gleichzeitig kritisierten Antifa-Gruppen aus bewegungslinken und anderen Spektren immer wieder falsche Kapitalismusanalysen der GlobalisierungsgegnerInnen und anderer sozialer Bewegungen und wiesen auf offene Flanken zur Nazi-Ideologie hin, wenn etwa Teile des globalisierungskritischen Netzwerks attac versuchten, das Konkrete (zum Beispiel das Industrieka-

124 Antifa K: In der Gesellschaft kämpfen, Phase Zwei Nr. 7/2003.

pital) gegen das Abstrakte (zum Beispiel das Finanzkapital) der kapitalistischen Gesellschaft in Stellung zu bringen.

Mit Beginn des «Krieges gegen den Terror» und in Auseinandersetzung mit dem antideutschen Bellizismus rückten für viele Antifas auch antimilitaristische Inhalte wieder in den Vordergrund. Unter dem Motto «Von Genua nach München» mobilisierte die Bewegungslinke deshalb im Jahr 2002 erstmals zu größeren Protesten gegen die sogenannte Sicherheitskonferenz, die in der bayrischen Landeshauptstadt seit den 1960er Jahren stattfindet. Auf der «SiKo» beraten PolitikerInnen, Militärs und DiplomatInnen aus NATO-, EU- und anderen Ländern über Themen der «internationalen Sicherheit» und «Verteidigungspolitik». Dagegen benennen die Aufrufe der linksradikalen Gegenmobilisierungen vor allem die Zusammenhänge zwischen Kapitalismus und Krieg, Imperialismus und Migration, Sicherheit und Herrschaft, als deren «Symbol» bzw. «Schaltzentrale» die SiKo gestört werden sollte.

Nachdem 2002 trotz Verbots und hunderter Festnahmen knapp siebentausend Menschen in München demonstrierten, erreichten die Mobilisierungen der Jahre 2003 und 2004 mit etwa fünfundzwanzigtausend bzw. zehntausend TeilnehmerInnen ihren Höhepunkt. In einer Selbsteinschätzung des Vorbereitungsbündnisses hieß es 2007, die «Mobilisierungen gegen die Siko waren seit 2002 einer der wichtigsten Orientierungspunkte für Antikriegsproteste in der BRD und haben wesentlich dazu beigetragen, antikapitalistische und linksradikale Positionen in der Antikriegsbewegung zu verankern.»[125]

Das Spektrum der Bewegungslinken setzt im Grunde das Konzept des sammelnden Ansatzes der 1990er Jahre fort, hat sich aber in den letzten Jahren erheblich verbreitert und sowohl im Antifa- als auch im übrigen linksradikalen Spektrum etabliert. In den unterschiedlichen Themenfeldern von direktem Antifaschismus über internationale Solidaritätsaktionen und der Intervention in soziale Bewegungen bis zu Anti-Kriegs-Protesten agieren die einzelnen Gruppen in breiten Bündnissen, mit denen sie versuchen, größere Wahrnehmbarkeit zu erreichen und ihre Positionen zu verbreiten.

125 In Bewegung bleiben. Ein Blick zurück ist immer auch ein Blick nach vorn. Zwischenstand der Mobilisierung gegen die NATO-Sicherheitskonferenz, Broschüre, Januar 2007.

Im Zuge der Vorbereitung des G8-Gipfels in Deutschland 2007 traten viele dieser Gruppen in die Interventionistische Linke (IL) ein. Seit der Mobilisierung gegen den G8-Gipfel in Köln 1999 hatten zunächst mehrfach jährlich Beratungstreffen zwischen Einzelpersonen und einigen Gruppen stattgefunden, aus denen 2004 eine erste große Arbeitskonferenz hervorging, bei der das Netzwerk Interventionistische Linke aus der Taufe gehoben wurde. Inzwischen umfasst dieser Organisierungsansatz rund zwanzig Gruppen und Initiativen der radikalen Linken. Laut Thomas Seibert, einem Sprecher aus dem Zusammenhang der IL, haben sie sich hier zusammengeschlossen, «um das Vermögen zurückzugewinnen, in revolutionärer Perspektive organisiert in gesellschaftliche Auseinandersetzungen einzugreifen».[126] Hierfür sucht die IL das strategische Bündnis mit NGOs, moderaten Linken und sozialen Bewegungen, an die sie mit sogenannten Richtungsforderungen, die den Protest kanalisieren und über die kapitalistische Verfasstheit hinaustreiben sollen, anzuknüpfen versucht. Beispiele hierfür sind das Recht auf globale Bewegungsfreiheit oder ein bedingungsloses Grundeinkommen. «Mit ihren Richtungsforderungen benennt die Interventionistische Linke weder tagespolitische Reformen noch Etappenziele eines ‹Übergangs zum Sozialismus›.»[127] Nichts sei «so öde wie die marxologische Ermahnung, nach der die Einforderung eines bedingungslosen Existenzgelds unter kapitalistischen Bedingungen am Sachverhalt der ausbeuterischen Mehrwertabschöpfung vorbei gehe und deshalb entweder ‹systemdysfunktional› oder ‹systemimmanent› sei. Brav nachgelesen, nix kapiert. Uns interessiert das Potenzial eines Kampfes, der von seinen AktivistInnen aus ganz verschiedenen Motiven geführt wird. Im Fall des Existenzgelds reicht das von Erwerbslosen, die sich gegen das Elend der ‹Arbeitslosenunterstützung› wehren, bis zu Leuten religiösen Hintergrunds, für die das Existenzgeld die christliche Familie mit der Geschlechteremanzipation zusammenbringt. ‹Linksradikal› ist beides nicht. Doch trägt der aus solchen Motiven geführte Kampf mehr in sich als von seinen AktivistInnen augenblicklich gewollt wird.»[128]

---

126 Seibert, Thomas: Die Mobilisierung des Gemeinsamen, Prager Frühling Nr. 1/2008.

127 Den Überschuss der Kämpfe freisetzen, G8-XTRA Nr. 3 / Winter 2006/7.

128 Ebd.

7.6. Antinationale Antifa

Aus den Spaltungs- und Selbstverständigungsprozessen der Jahre nach der Jahrtausendwende ging ein weiteres Spektrum hervor, dessen Projekt schon im Auflösungspapier von KP Berlin skizziert worden war: Abkehr vom Konzept des revolutionären Antifaschismus und Hinwendung zur Erarbeitung inhaltlicher Standpunkte und einer fundierten Kapitalismuskritik. Im Zuge der Mobilisierung gegen den G8-Gipfel in Heiligendamm und aufgrund der Unzufriedenheit mit dem Ansatz der Interventionistischen Linken kam dieses Spektrum im ...ums Ganze!-Bündnis zusammen. ...ums Ganze! gehören um die zehn Gruppen an, die zum Großteil aus dem Antifa-Spektrum stammen. Einige von ihnen gingen auch aus den Gruppen hervor, die sich nach Auflösung der AA/BO gespalten hatten. So zum Beispiel die Göttinger redical [M], die aus der Autonomen Antifa [M] entstanden war.

...ums Ganze! versteht sich «nicht als parteiähnliche Organisation und nicht als Vermittlungsprozess von Oben nach Unten», sondern möchte «Kontinuität politischer Tätigkeit auf inhaltlicher und praktischer Ebene aufbauen»[129]. Dabei wird kollektiv über Kampagnen und Aktionen entschieden und auch gemeinsam Theoriearbeit zur Entwicklung einer grundlegenden Gesellschaftskritik geleistet. Neben dem Schwerpunkt antikapitalistischer Theorie und Praxis setzt sich das antinationale Antifa-Spektrum vor allem auch mit reaktionären Bewegungen auseinander. Dabei wird davon ausgegangen, dass der Antifaschismus nicht mehr als primärer Anknüpfungspunkt linksradikaler Politik geeignet sei. Im Zuge einer Debatte im AIB um das autonome Verständnis des Antifaschismus begründete die Frankfurter autonome antifa [f] ihre Abkehr vom Konzept des revolutionären Antifaschismus. Sie konstatierte, dass Antifaschismus über lange Zeit als «militanter Platzhalter» für eine noch zu entwickelnde antikapitalistische Perspektive gedient habe.[130] Die FrankfurterInnen hoben hervor, dass dadurch zwar ein gesellschaftskritischer Ansatz erhalten geblieben sei, der in Teilen der

129 Interview mit AktivistInnen zu gegenwärtigen linksradikalen Organisationsansätzen, in: ak wantok (Hrsg.): Perspektiven autonomer Politik, Unrast, Münster 2010, S. 206.

130 autonome antifa [f]: Extremismus der Vernunft, AIB Nr. 83/2009.

Antifa-Szene «immerhin als Hebel zur Reflexion linker Theorie und Praxis» gedient habe. Denn die Erfahrung der historischen Niederlage der Linken im Nationalsozialismus sei gerade als Antifa – und im Gegensatz zu der Situation in orthodoxen linken Gruppen – nicht zu ignorieren gewesen. Zudem sei Antifaschismus ohnehin immer ein notwendiger Bestandteil linksradikaler Politik. Er müsse aber einer Pseudo-Radikalität entkleidet werden, die er nicht besitze: Denn die Kritik des Kapitalismus brauche den, häufig zu analytischen Missverständnissen führenden, Umweg über den Antifaschismus gar nicht. Darüber hinaus müsse Antifaschismus inhaltlich, anhand der Gegnerschaft zu den verschiedenen Elementen reaktionärer Ideologie bestimmt werden. Antifa-Arbeit müsse sich daher an der gesellschaftlichen Relevanz rechtsradikaler Bewegungen orientieren, «auch wenn die Auseinandersetzung mit der islamistischen Gruppe ‹Milli Görüş› komplizierter als die mit den ‹Republikanern› sein mag», so die antifa [f] abschließend im AIB.

Wie bei antideutschen Gruppen wird auch bei den Antinationalen der Islamismus zunehmend ein Thema, allerdings wird bei Letzteren deutlich zwischen Islam und Islamismus differenziert, sich von kriegerischen Initiativen staatlicher Akteure und von anti-muslimischem Rassismus distanziert.

Die Antinationalen behalten ein Politikverständnis bei, in dem Theorie und Praxis möglichst eng zusammengehen sollen; als Konsequenz aus den Diskussionen nach Auflösung der AA/BO soll die nach außen wirkende Praxis jedoch stärker theoretisch begründet und reflektiert werden – und dies von Beginn an und nicht erst als langfristiges Ziel.[131]

7.7. *Klassische Antifa*

Viele Antifa-Gruppen in Deutschland lassen sich nicht in die drei bisher dargestellten Spektren einordnen, sondern konzentrieren sich jenseits dessen meist auf innerhalb der radikalen Linken weniger kontroverse Themen; ihre Anti-Nazi-Arbeit und Bündnispolitik stellt oftmals eine Mischung aus dem Ansatz der

131 Siehe dazu beispielsweise: ...ums Ganze!: Staat, Weltmarkt und die Herrschaft der falschen Freiheit. Zur Kritik des kapitalistischen Normalvollzugs, Broschüre, 2009.

AA/BO und einem autonomen Selbstverständnis dar. Aufgrund der regional unterschiedlichen Bedingungen und inhaltlichen Ausdifferenzierung auch dieses Spektrums ist es schwer, repräsentative Beispiele zu finden. Im Folgenden wird versucht, diese Strömung anhand des AK Antifa Mannheim vorzustellen, der Ende 2010 sein zehnjähriges Bestehen feierte.

Seit den 1970er Jahren gibt es in Mannheim ein autonomes Jugendzentrum (JUZ), das nach dem antifaschistischen Widerstandskämpfer Friedrich Dürr benannt ist. Hier trafen sich Ende der 1990er Jahre einige antifaschistische Zusammenhänge, die als geschlossene Gruppen jedoch Schwierigkeiten hatten, neue Leute hinzuzugewinnen. Die Idee eines offenen Antifa-Treffens wurde geboren und bei einer Gedenkdemonstration zu den Novemberpogromen von 1938 mit Flugblättern beworben. Auf den folgenden wöchentlichen Treffen fanden Austausch und Diskussion statt, bald folgten die ersten eigenen Aktionen und Veranstaltungen. Nachdem die Gruppe eine Veranstaltung mit dem Nazi-Richter und früheren Ministerpräsident von Baden-Württemberg, Hans Filbinger, gestört hatte, folgte mit Verfahren gegen zwei Antifaschistinnen die erste staatliche Reaktion; um diese vom JUZ abzuwenden, benannte sich die Gruppe in der Folge in AK Antifa um.

Aufgrund des zunächst offenen Charakters der Gruppe wandelte sich ihre Ausrichtung mehrfach, schon früh entwickelte sich jedoch eine Kontinuität im Bereich der Antifa-Recherche, die bis heute in regelmäßigen Kampagnen gegen regionale Neonazis, ihre Zentren und Strukturen, Veranstaltungen und Demonstrationen mündet. Mit Vorträgen und Infoveranstaltungen informiert der AK Antifa immer wieder über die Entwicklungen in der Naziszene, die sich dank der kontinuierlichen Aktivitäten der Antifa in der Region nicht frei ausbreiten konnte. Als im April 2006 bundesweit zu einem Naziaufmarsch für den Holocaustleugner Ernst Zündel mobilisiert wurde, der in Mannheim vor Gericht stand, organisierte der AK neben den direkten Antifa-Aktivitäten auch eine eigene Demonstration gegen die deutsche Erinnerungspolitik: «In einer Situation (...), in der der ‹Aufstand der Anständigen› immer wieder und selbstverständlich zum Repertoire der bürgerlichen Mitte gehört, und die offensive Abgrenzung von Nazis Teil des nationalen Selbstverständnisses ist, darf unser Widerstand gegen Nazis und ihre

Ideologie nicht alleine stehen. Wir verweigern uns der Mitarbeit am ideologischen Projekt der ‹Berliner Republik› die sich gerne als ‹geläutert› und ‹antifaschistisch› präsentiert»[132], hieß es im Aufruf.

Außerdem arbeitet der AK seit seinem Bestehen zu den Themen Rassismus und Asylpolitik, organisiert Demonstrationen gegen das lokale Abschiebegefängnis, Aktionstage gegen Abschiebungen und Veranstaltungen unter anderem gegen die Residenzpflicht und zur Solidarität mit von staatlichem Rassismus oder Nazis bedrohten MigrantInnen. In diesem Zusammenhang fanden auch immer wieder Veranstaltungen zur Erinnerung an den Pogrom im Mannheimer Stadtteil Schönau im Mai 1992 statt, bei dem AnwohnerInnen über mehrere Tage das örtliche Flüchtlingsheim attackiert hatten. Im Bereich der Geschichtspolitik beteiligt sich der AK Antifa neben den Veranstaltungen zu den Novemberpogromen 1938 regelmäßig an Kundgebungen zur Erinnerung an eine kommunistische Widerstandsgruppe, die 1941 von Georg Lechleiter in Mannheim gegründet wurde und eine antifaschistische Zeitung herausgab. Mit Lechleiter selbst wurde 1942 ein Großteil der Gruppenmitglieder hingerichtet. Zu diesen Kundgebungen rufen neben dem AK Antifa auch die VVN, Parteien und der DGB auf. 2005 hieß es im Redebeitrag des AK zur Motivation seiner Beteiligung: «Für junge Antifaschistinnen und Antifaschisten wie uns ist das Beispiel ihres Kampfes gegen den alltäglichen Terror des Nationalsozialismus leuchtendes Vorbild. So schwer für uns die Gefahren vorstellbar sind, die sie auf sich nahmen, so sehr beeindruckt uns ihr Mut und die Konsequenz, mit der sie ihren Überzeugungen folgten.»[133]

Nachdem der AK bereits im November 2001 eine Kundgebung gegen die zeitgleich im Emirat Katar stattfindende Tagung der Welthandelsorganisation WTO organisiert hatte und sich zu Beginn des Jahrtausends auch an weiteren Protesten der Antiglobalisierungsbewegung beteiligt hatte, begann die Gruppe sich um das Jahr 2006 stärker mit kapitalismuskritischer Theo-

132 AK Antifa Mannheim: Nicht verdrängen. Nicht verleugnen. Nicht verwerten. Mit Deutschland endgültig brechen, Aufruf zur Demonstration am 7. April 2006 in Mannheim.

133 AK Antifa Mannheim: Redebeitrag zur Gedenkkundgebung an den Widerstand der Lechleiter-Gruppe im Nationalsozialismus, 15. September 2005.

rie auseinanderzusetzen, um ein gemeinsames Verständnis der gesellschaftlichen Verhältnisse zu erarbeiten. Daraus folgend beteiligte sich der AK Antifa an der Mobilisierung von ...ums Ganze! zum G8-Gipfel in Heiligendamm, verließ das Bündnis jedoch kurze Zeit später aufgrund inhaltlicher Differenzen. Bereits zum Jahreswechsel 2006/2007 hatte der AK eine Demonstration veranstaltet, die sich sowohl gegen lokale Standortpolitik als auch gegen die Politik der G8 wandte. So sollte eine Brücke zwischen lokalen Anknüpfungspunkten und einer Kritik der globalen Verhältnisse geschlagen werden.

Einen weiteren Schwerpunkt der Arbeit des AK Antifa bildet das Thema Repression und Innere Sicherheit. Im Januar 2006 rief der AK zusammen mit anderen Antifa-Gruppen zu einer Demonstration gegen Berufsverbote auf. Einem Heidelberger Lehrer war die Einstellung in den Staatsdienst verweigert worden, weil er sich nicht von seiner Arbeit in der Antifaschistischen Initiative Heidelberg distanzieren wollte. Wenige Monate später beteiligte sich der AK Antifa an der Mobilisierung des Antifaschistischen Aktionsbündnisses Baden-Württemberg (AABaWü), in dem der AK Mitglied ist, zu einer landesweiten Demonstration in Stuttgart, die sich gegen Sozialabbau, Überwachung und Repression gegen die Linke wandte.

Öffentlichkeit sucht der AK Antifa mit Veranstaltungen, Demonstrationen und seiner Homepage sowie eine Zeit lang auch mit eigenen Radiosendungen im Freien Radio und einem über einige Jahre relativ regelmäßig erscheinenden Info-Blatt, in dem über Naziaktivitäten, linke Themen und Antifa-Termine informiert wurde.

Anfang 2005 entwickelte sich, um kontinuierlicher und sicherer arbeiten zu können, neben der offenen eine geschlossene Gruppe. Einige Monate später wurde das offene Treffen eingestellt. Der Versuch, mit regelmäßigen Infoveranstaltungen im JUZ weiterhin einen offenen Termin anzubieten, scheiterte in der Folge am Zeitaufwand für die übrige politische Arbeit. Anfang 2008 startete der AK Antifa jedoch gemeinsam mit anderen Gruppen einen neuen Anlauf für ein offenes Antifa-Treffen.

7.8. Die Unterschiede konkret: Der G8-Gipfel in Heiligendamm 2007

Um die Differenzen zwischen den unterschiedlichen Fraktionen der Antifa in der Herangehensweise an soziale Bewegungen deutlich zu machen, wollen wir diese im Folgenden anhand der Mobilisierung gegen den G8-Gipfel im Juni 2007 in Heiligendamm bei Rostock darstellen. Zwar war natürlich auch die klassische Antifa bei den Protesten gegen den G8 vertreten. Weil sie jedoch nicht konkret einem Mobilisierungsbündnis zuzuordnen ist, sondern in allen Spektren vertreten war, sind diese Gruppen in diesem Abschnitt nicht gesondert berücksichtigt.

Aber von vorne: Bereits im Mai durchsuchte die Polizei im Auftrag der Generalbundesanwältin bundesweit zweiundvierzig Wohnungen und linke Zentren. Begründet wurden die Durchsuchungen mit dem Verdacht, dass Personen, die dem «militanten linksextremistischen Umfeld» zugerechnet würden, eine «terroristische Vereinigung» gegründet hätten. Im Januar 2008 verwarf der Bundesgerichtshof diese Begründung und entschied, dass die Razzien rechtswidrig gewesen waren.

Am Samstag, den 2. Juni 2007 begannen die Gegenaktivitäten in Rostock mit einer Demonstration, an der fünfzig- bis achtzigtausend Menschen teilnahmen – deutlich weniger als die von den VeranstalterInnen erhofften einhunderttausend. Nachdem bereits auf der Demonstrationsroute Scheiben von Banken eingeschlagen worden waren und ein Teilnehmer aus dem siebentausend Menschen zählenden Block der IL festgenommen worden war, griffen Teile des IL-Blocks kurz vor Ankunft auf dem Platz der Abschlusskundgebung ein geparktes Polizeiauto an. Daraufhin drangen Einsatzkräfte der Polizei in die Abschlusskundgebung am Stadthafen ein, wo sie von militanten DemonstrantInnen mit Steinwürfen empfangen wurden. In der Folge entwickelte sich eine stundenlange Straßenschlacht zwischen rund zweitausend Autonomen und der Polizei, in deren Verlauf Barrikaden errichtet wurden und ein Auto angezündet wurde. Wie so oft bei entsprechenden Anlässen folgte auch dieses Mal eine Diskussion um die Legitimität militanter Aktionsformen, Teile der OrganisatorInnen, unter anderem von attac, verurteilten die Militanz des Schwarzen Blocks.

In mehreren Camps in und um Rostock lebten für die Tage der Proteste über zehntausend Menschen, um von dort zu Aktionen gegen die G8 zu starten. Nach Aktionstagen zu den Themen Landwirtschaft, Migration und Militarismus folgten am 6. und 7. Juni die zuvor öffentlich angekündigten Massenblockaden des Tagungsgeländes in Heiligendamm, das mit einem zwölf Kilometer langen Zaun gesichert und von achtzehntausend PolizistInnen geschützt wurde. Trotz Versammlungsverbots machten sich etwa zehntausend G8-GegnerInnen querfeldein in Richtung Absperrung auf, um den G8-Gipfel von seiner Infrastruktur abzuschneiden. Um sie aufzuhalten, ging die Polizei mit Knüppeln und Wasserwerfern gegen die BlockiererInnen vor, die sich zum Teil mit Steinwürfen wehrten und zum Teil auch den Zaun direkt angriffen, großteils jedoch dem gewaltfreien Sitzblockaden-Konzept der OrganisatorInnen folgten und die Zufahrten zum Gelände über Stunden besetzt hielten. Die außerhalb des Geländes untergebrachten PressevertreterInnen mussten schließlich per Boot auf das Tagungsgelände gebracht werden.

Bereits zwei Jahre vor dem Gipfel hatten die Vorbereitungen der Gegenaktivitäten auf diversen Vernetzungstreffen zwischen radikalen und moderaten Linken begonnen. Neben dem 2004 im Rahmen der Vorbereitungen gegen den G8-Gipfel in Schottland gegründeten dissent!-Netzwerk aus dem autonomen Spektrum war es vor allem die Interventionistische Linke, die sich frühzeitig aus bewegungslinker Perspektive in die Protestvorbereitungen einklinkte. Hierzu initiierte die IL ein Vorbereitungsbündnis mit moderaten Linken wie attac. In der ersten Ausgabe der im Frühjahr 2006 in einer Auflage von sechzigtausend Exemplaren erschienenen IL-Zeitung G8-XTRA hieß es als Zielvorgabe, die «AktivistInnen der Sozialproteste, der Umwelt- und Friedensbewegung, der Gewerkschafts- und Menschenrechtsarbeit, der Selbstorganisation der MigrantInnen bis hin zur globalisierungskritischen Bewegung und den traditionellen, alternativen und militanten Strömungen der Linken (...) in Kommunikation zu bringen»[134]. Ein Jahr später resümierte die IL kritisch, dass ein solches Bündnis allerdings nicht auf die Beine gestellt werden konnte. «Zu wenige waren dazu bereit und in der Lage. So gibt es zwar heute eine Koordination, aber keinen

134 Nachrichten vom Roten Planeten, G8-XTRA Nr. 1/Frühjahr 2006.

gemeinsamen Aufruf und keine gemeinsame Verantwortung, keine gemeinsame Kasse und keine gemeinsame Pressestelle. Das ist so gewollt. Allerdings nicht von uns. Konsequenz ist, dass jedes Spektrum so weitermacht wie bisher.»[135]

In ihrem Aufruf zu den Aktivitäten gegen den Gipfel konzentrierte sich die IL neben der Kritik an der Politik der G8 und dem Ziel, diese zu «delegitimieren», erneut auf die Betonung des Gemeinsamen im Widerstand gegen die G8: «unter [...] ‹Wir› verstehen wir nicht bloß die Gruppen und Projekte des Netzwerks der Interventionistischen Linken. ‹Wir› meint auch nicht einfach die verschiedenen Spektren der außerparlamentarischen und parlamentarischen Linken. ‹Wir› meint, was man seit Seattle die ‹Bewegung der Bewegungen› nennt. (...) Für eine kommende Linke wird die Kommunikation der Initiativen und der Kämpfe kein Mittel zu einem außer ihr liegenden Zweck sein, sondern das Mittel, das selbst ein Zweck ist zur Konstruktion des Gemeinsamen, des Kommunen. Wirksam wird dies allerdings nur im praktisch-erprobten Spiel der Unterschiede, in der offenen und solidarischen Konstellation seiner Differenzen und in der entschiedenen Intervention in die gesellschaftlichen, sprich: Herrschaftsverhältnisse.»[136]

Von den Bestrebungen der IL und anderer Linker, so vielfältig und stark wie möglich gegen den G8-Gipfel aktiv zu werden, distanzierten sich insbesondere antideutsche Gruppen; zehn von ihnen veröffentlichten unter dem Titel «Why your revolution is no liberation!» einen Reader mit Texten zum Thema Antisemitismus, Antizionismus und die Linke. In der Einleitung hieß es, dass der Reader sich gegen «gegenwärtig vorherrschende Formen der Antiglobalisierungskritik» richten solle.[137] Ausgehend von der Annahme, dass die Positionen der Antiglobalisierungsbewegung bis in die sogenannte Mitte der Gesellschaft hinein und auch von Neonazis geteilt würden, konstatierten die HerausgeberInnen, Konsens der Aktivitäten sei die Gegnerschaft zu den USA und Israel sowie eine strukturell antisemiti-

---

135 Eine Sache der Bewegungen selbst, G8-XTRA Nr. 4/Frühjahr 2007.

136 Interventionistische Linke: Make Capitalism History, Aufruf gegen den G8-Gipfel in Heiligendamm, Dezember 2006.

137 MAD Köln u. a.: Einleitung: Why your revolution is no liberation!, in: Why your revolution is no liberation!, Broschüre antideutscher Gruppen zum G8-Gipfel, 2007.

sche Kapitalismuskritik. Weiter kritisierten die Gruppen einseitige Parteinahmen für die palästinensische Seite und die Verwendung nationalsozialistischer Symbolik zur Kritik an Israel. Weil die Antiglobalisierungsbewegung zum Großteil einer falschen Kapitalismusanalyse anhänge, der «das Potential zur reaktionären Barbarei» innewohne, das jederzeit ausbrechen könne, so eine andere Kritik, sei diese kein Schritt in die richtige Richtung. Zudem, so ein anderer Beitrag aus dem antideutschen Spektrum, sei «jede Beteiligung an den G8-Protesten, ob von verkürzter oder verlängerter Kritik begleitet, von vorneherein integratives Element des Spektakels».[138] Diesen grundsätzlichen Vorwürfen entsprechend beteiligten sich antideutsche Gruppen nicht an der Mobilisierung gegen den Gipfel. Aus der IL hieß es zur Problematik reaktionärer Positionen: «Selbstverständlich gibt es einen breiten Antiamerikanismus, und es gibt eine problematische Fokussierung auf die transnationalen Konzerne. Auf den großen Demonstrationen ist das sogar majoritär. Das Problematische daran ist die Anschlussfähigkeit an einen rechten Antikapitalismus. Andererseits sind dieselben Leute subjektiv entschlossen, diesen Anschluss nicht zu meinen und nicht zu wollen. Die Ablehnung und Bekämpfung von Nazis ist breiter Konsens.»[139]

Aus dem antinationalen Spektrum wurde sich nicht an der Vorbereitung der Gegenaktivitäten beteiligt, jedoch rief das zuvor gegründete ...ums Ganze!-Bündnis zur Teilnahme an einem eigenen Block auf der Demonstration in Rostock auf, an dem sich über zweitausend Menschen beteiligten. In einer Broschüre des Bündnisses hieß es, man wolle nicht wählen zwischen «Realpolitik und bürgerlichem Bündnis vs. Couchtisch und Lesezirkel», sondern erhoffe sich von der Mobilisierung Diskussionen und praktische Initiativen.[140] Hierzu bedürfe es einer theoretischen Auseinandersetzung, die «Gewissheiten und Allgemeinplätze

138 Gruppe 8. Mai: Who the fuck is Heiligendamm?, http://achtermai.blogsport.de/2007/01/04/who-the-fuck-is-heiligendamm/.

139 «Linke Avantgarde» – Ein Streitgespräch über eine mögliche Verschiebung des globalisierungskritischen Blocks nach links und die Kritik des Antisemitismus mit Thomas Seibert und Christian Stock, Phase Zwei Nr. 23/2007.

140 ...ums Ganze!: Vorwort, in: ...ums Ganze!: smash capitalism. fight the G8 summit, April 2007.

linker Politik» infrage stelle und die «Basiskategorien der bürgerlichen Gesellschaft» unter die Lupe nehme. Zwar seien anlässlich des Gipfels auch reaktionäre Positionen zu hören, dies müsse aber Anlass sein, sich einzumischen und dagegen vorzugehen anstatt «sich deshalb von diesem Event zu distanzieren und quasi mit unserer Kritik außenstehend zu verharren».[141] Gegen die antideutsche Abstinenz begründete das Bündnis in seinem Aufruf die Teilnahme am Protest: «Gerade weil die Regierungschefs, die in Heiligendamm zusammenkommen, sich selber als Repräsentanten einer Volkssouveränität begreifen, ist folglich der Protest des ‹Volkes› gegen solche Treffen eine völlig legitime Angelegenheit» und weder per se «reaktionär noch latent antisemitisch»[142]. Inhaltlich thematisierte ...ums Ganze! in seinem Aufruf den engen Zusammenhang von bürgerlichem Staat und kapitalistischer Ökonomie und kritisierte den kapitalistischen «Normalzustand», der sowohl ursprüngliche Akkumulation, Weltordnungskrieg und gewalttätige Krisenbeherrschung als auch «zivilisierte», rechtsförmige Ausbeutung «mit Brief und Siegel» bedeuten könne.

Die IL betonte zwar auch, dass sie kein «Bündnis um jeden Preis»[143] wolle; die Antinationalen kritisierten jedoch im Nachhinein, dass die Radikalität der Kritik einer Strategie untergeordnet worden sei, die letztlich zur Marginalisierung linksradikaler Inhalte geführt und sich an Gewerkschaften und Verbände wie attac angebiedert habe.

Anhand der Proteste gegen den G8-Gipfel in Deutschland, einer der wichtigsten Mobilisierungen der letzten Jahre, ließen sich, so hoffen wir, einige Differenzen der radikalen Linken und mit ihr der Antifa aufzeigen. Zum Teil stehen sich die unterschiedlichen Strömungen tatsächlich diametral entgegen, zum Teil arbeiten sie nebeneinander her, zum Teil kommen sie aber inzwischen auch wieder in Diskussion miteinander und können so zur Weiterentwicklung linksradikaler Theorie und Praxis beitragen.

---

141 Ist eine linksradikale Anti-G8-Mobilisierung möglich?, in: Ebd.

142 ...ums Ganze!: smash capitalism. fight the G8 summit, Dezember 2006, in: Ebd.

143 Das Ende der Straßenverkehrsordnung, G8-XTRA Nr. 4/Frühjahr 2007.

8. Wie weiter?

Dieses Buch ist der Versuch, eine Brücke zu spannen von den Anfängen linksradikaler, antifaschistischer Organisierung in der Weimarer Republik bis zu den Antifa-Gruppen im neuen Jahrtausend. Allerdings haben Holocaust und Nationalsozialismus und folgende gesellschaftliche Umwälzungen die Rahmenbedingungen für antifaschistisches Handeln so grundlegend verändert, dass ihre Geschichte nicht als Kontinuum begriffen werden kann.

Und doch sind die an die historische Antifaschistische Aktion angelehnte Namensgebung und die Suche späterer Antifa-Generationen nach Bezugspunkten in der Geschichte Ausdruck des Versuches der Konstruktion einer politischen Kontinuität, die für die AktivistInnen trotz aller Brüche, Kontroversen und Neuausrichtungen nach wie vor wichtig ist. Generell ist kaum eine politische Bewegung denkbar, die nicht nach historischen Vorbildern und Referenzpunkten sucht und auch die heutige Antifa ist kaum vorstellbar ohne Bezug auf den historischen Kampf gegen die Nazis. Das Wissen um die eigene Geschichte – um bereits erarbeitete oder zu verwerfende Theorien und Strategien, geführte Kämpfe, deren Erfolge und Niederlagen – ist entscheidend, um das Rad nicht immer wieder neu erfinden zu müssen, sondern die Entwicklung einer gesellschaftlich wirksamen, emanzipatorischen Bewegung vorantreiben zu können. Aus dieser Perspektive ist allerdings entscheidend, dass der Geschichtsbezug reflektiert und kritisch ist. Sonst droht er zur leeren Zitatensammlung und zur linken Folklore zu verkommen, die zwar eine Identität, aber keine Weiterentwicklung bieten kann. Mit den Worten von Bini Adamczak zu den Folgen einer linken Verweigerung der kritischen Auseinandersetzung mit der eigenen Geschichte: «Indem sie ihre Utopie reinhalten wollen von den gewesenen Gemetzeln, von den Waffen der Revolutionäre, die sich gegen die Revolutionäre richteten, halten sie ihren Traum rein von der Geschichte der Macht und den Kämpfen um sie, halten sie die Utopie rein von der Wirklichkeit, zu der sie drängen sollte.»[144]

Der Versuch, gegen die notorische Geschichtsvergessenheit der Linken eine Einführung in die Geschichte der Antifa zu schreiben, steht aber vor dem ein wenig paradoxen Problem, dass auch beim zweiten Blick nicht unbedingt klar wird, womit man es bei «der Antifa» eigentlich zu tun hat. Schon aus historischer Perspektive lassen sich sehr unterschiedliche Antifa-Bewegungen feststellen: Die Antifaschistische Aktion von 1932 hat mit der Antifa-Arbeit des Kommunistischen Bundes nicht viel gemein und dieser unterscheidet sich in seiner Praxis wiederum deutlich von jener der autonomen Antifas in den 1980er Jahren. Auch wenn man die Breite des heute in Antifa-Gruppen vertretenen politischen Spektrums – von antimilitaristischen Bewegungslinken über reine Recherche-Gruppen bis hin zu antideutschen Theoriezirkeln – betrachtet, wird schnell deutlich, dass es sich trotz des gemeinsamen Labels nicht um eine einheitliche Organisierung handelt. Was Antifa im Konkreten heißt, hängt stets auch von den jeweiligen lokalen Gegebenheiten (also der Größe der Stadt, der Stärke der rechten Szene etc.) und den theoretischen wie symbolischen Deutungskämpfen um den Begriff des Antifaschismus ab. Dementsprechend lassen sich aus den verschiedenen Perspektiven auch jeweils sehr unterschiedliche Geschichten der aktuellen Antifa erzählen.

Dennoch lässt sich, so denken wir, ein gemeinsamer Kern bestimmen. Die heutige Antifa erscheint, trotz aller inhaltlichen Unterschiede im Detail, zunächst vor allem als eine soziale Bewegung, die bis hinein in das Freizeit- und Partyverhalten eigene kulturelle Codes, Verhaltensweisen und Wertvorstellungen besitzt. Darüber hinaus weist sie eine relativ klar bestimmbare Sozialstruktur auf: Die meisten aktiven Antifas entstammen einem «biodeutschen», akademischen Elternhaus, sind zwischen sechzehn und dreißig Jahre alt, deutlich häufiger männlich als weiblich und befinden sich noch in Ausbildung und/oder Studium.[145] Schon darin unterscheiden sie sich natürlich radikal von

---

144 Adamczak, Bini: gestern morgen. Über die Einsamkeit kommunistischer Gespenster und die Rekonstruktion der Zukunft, Unrast, Münster 2007, S. 25f.

145 Matuschek, Ingo / Krähnke, Uwe / Kleemann, Frank: Links sein: Politische Praxen und Orientierungen in linksaffinen Alltagsmilieus, VS Ver-

der Zusammensetzung der historischen Antifaschistischen Aktion, in der vor allem ArbeiterInnen organisiert waren.

Diese soziologische Perspektive verweist gleich auf den nächsten Punkt: Die Geschichte des radikalen Antifaschismus in Deutschland lässt sich insgesamt nicht losgelöst von der Geschichte der Linken nach 1968 und insbesondere der autonomen Bewegung erzählen. Mit dieser teilt sie einen Großteil des sozialen Milieus, der strukturellen und organisatorischen Gebrechen sowie der ideengeschichtlichen Bezüge und theoretischen Diskussionen. Ohne soziale Zentren, autonome Infoläden, linke Stiftungen und Medien würde es die Autonome Antifa zudem sehr schwer haben. Gleichzeitig ist Antifa jedoch in vielen Regionen inzwischen zum allgemeinen Label für die Organisierungsversuche einer militanten radikalen Linken geworden. Wohl nicht zuletzt, da sich Antifa immer wieder als ein erfolgreicher Ansatz erwiesen hat, um neue AktivistInnen zu gewinnen und in dem, von einem häufig geradezu pathologischen Antikommunismus geprägten, gesellschaftlichen Klima in der BRD nach 1945 überhaupt eine grundsätzliche Gesellschaftskritik artikulieren zu können. Auch in der Berliner Republik ist es noch deutlich einfacher, sich öffentlich als AntifaschistIn zu positionieren denn beispielsweise als KommunistIn oder AnarchistIn. Jugendarbeit hat in der Antifa aufgrund der unmittelbaren Bedrohung durch Nazis konkrete Ansatzpunkte im Alltag und beim Thema Antifaschismus lässt sich die Berechtigung militanter Praxen tatsächlich leichter nachvollziehen. Diesem eher taktischen Vorteil einer günstigen Ausgangsposition im gesellschaftlichen Diskurs in Deutschland entspricht ein zumindest implizit wirksamer Konsens: Wenn zwar klar ist, dass die kapitalistische Gesellschaft eine radikale Kritik verdient, aber umso weniger Einigkeit über die richtige Strategie zu ihrer Veränderung besteht, scheint sich Antifa als Label einer linksradikalen Organisierung schon aus pragmatischen Gründen zunächst als kleinster gemeinsamer Nenner anzubieten – auch wenn diese deutlich mehr will als nur Nazis bekämpfen. All das ist sicherlich ein Grund dafür, dass immer wieder neue Antifa-Gruppen gegründet werden, obwohl sich die Bewegung seit Anfang der 1990er Jahre bereits selbst mehrfach für tot erklärt hat.

---

lag für Sozialwissenschaft, Wiesbaden 2011.

Trotzdem lässt sich die Entwicklung der heutigen Antifa nicht einfach als Erfolgsgeschichte erzählen. Zwar ist es immer wieder gelungen, die radikale Rechte in Deutschland zurückzudrängen. Welches Potential die Antifa-Bewegung entwickeln kann, wenn strömungsübergreifende Mobilisierungen gelingen, haben erst wieder die letzten Aktionen gegen die Nazi-Großaufmärsche in Dresden gezeigt, bei denen militante und friedliche Konzepte einander ergänzten, Bündnisoptionen in verschiedene Richtungen ermöglichten und unterschiedliche Angebote schufen, die die relativen Erfolge bei der Verhinderung der Naziaufmärsche ermöglichten. Doch darüber hinaus konnte die Antifa weder die Verschärfung der gesellschaftlichen Verhältnisse – die Wende zum autoritären Wettbewerbsstaat (inklusive seiner Folgen: steigender Leistungsdruck auf LohnarbeiterInnen und Erwerbslose bei permanenter Kürzung der Sozialleistungen usw.), die Militarisierung nach innen und außen, die Modernisierung und das Erstarken des deutschen Nationalismus, die Abschottung Europas gegen MigrantInnen etc.[146] – wirklich aufhalten, geschweige denn ihren Anspruch einer emanzipatorischen Veränderung der Gesellschaft umsetzen. Das dürfte insbesondere daran liegen, dass die «Ausgangsposition» eines radikalen Antifaschismus viele inhaltliche und konzeptionelle Fragen und die grundsätzlichen Probleme einer linken Praxis im bürgerlich-demokratischen Kapitalismus ausklammert und häufig ziemlich holzschnittartig bleibt. Der Doppelcharakter des Antifaschismus, einerseits auch für liberale Diskurse anschlussfähig zu sein und anderseits darüber hinaus zu gehen, erweist sich hier nicht selten als inhaltliches Dilemma. Denn das Potential (Faschismus) einer Sache (Kapitalismus) sagt eben erst einmal sehr wenig über deren adäquate Kritik aus. Mit anderen Worten: Repression und Überwachung, Lohnarbeit und Prekarisierung, soziale Ausgrenzung und Gentrifizierung sind Gründe für die Linke dagegen aktiv zu werden, aber sicherlich nicht genuin faschistisch.

Dazu kommt auf der konzeptionellen Ebene, dass der (post-)autonome Antifaschismus der letzten dreißig Jahre darunter leidet, dass sowohl organisatorisch wie auch personell wenig

146 Hirsch, Joachim: Der nationale Wettbewerbsstaat. Staat, Demokratie und Politik im globalen Kapitalismus, Edition ID-Archiv, Berlin – Amsterdam 1995.

Kontinuität besteht. Das könnte auch daran liegen, dass die häufig Ausschlüsse produzierende, zeitintensive, klandestin-abgeschlossene und theoretisch zum Teil überfordernde Arbeitsweise in vielen Antifa-Gruppen ohnehin nur für einen eingeschränkten Kreis von Leuten und in einem bestimmten Lebensabschnitt attraktiv und möglich ist. So reproduziert sich die soziale Zusammensetzung der Antifa-Szene fortwährend. Menschen, deren Alltag nicht (studentisch) flexibel ist, sondern durch Lohnarbeit und/oder Kinder eingenommen wird, können kaum in Gruppen integriert werden. In dieser Hinsicht zeigt sich die Unfähigkeit der Antifa, Konzepte zu entwickeln, wie beispielsweise das Übel der Lohnarbeit mit dem politischen Aktivismus verbunden werden kann, ohne dies zu einer Frage der persönlichen Belastbarkeit und Leistungsfähigkeit der Einzelnen werden zu lassen. Dabei zeigen gerade Beispiele einer gelungenen Vereinbarung von Existenzsicherung und politischer Arbeit bei älteren Antifas die Wichtigkeit einer «generationenübergreifenden» Struktur, in der die Älteren den Jüngeren mit Erfahrungen, technischem und praktischem Know-how und unter Umständen sogar materieller Unterstützung helfen können.

Allerdings liegt in der Abgeschlossenheit ihres Milieus auch eine gewisse Realitätsferne vieler Antifa-Gruppen begründet: Zwar sind manche Texte mehr oder weniger auf der Höhe des akademischen Diskurses, gehen aber an der Lebensrealität, den unmittelbaren Bedürfnissen und Problemen der meisten Menschen ohne entsprechenden sozialen und kulturellen Hintergrund vorbei. Damit geht meist eine Fixierung auf die deutschen Verhältnisse einher, die im Gegensatz zu anderen Spektren der radikalen Linken Kontakte in andere Länder und zu anderen Perspektiven behindert. So ist eine konkrete Beschäftigung mit anderen Realitäten kaum möglich. Stattdessen bleibt eine eurozentristische Perspektive weitgehend erhalten. Diese spiegelt sich auch im geringen MigrantInnen-Anteil in der Antifa. Spätestens heute, wo sich die Normalität des Kapitalismus auch in Westeuropa als Alltags-Krise darstellt und politischer Aktivismus angesichts der prekären Lebensumstände dementsprechend häufig zum «psycho-sozialen Luxus»[147] avanciert,

---

147 Lohoff, Ernst / Trenkle, Norbert / Lewed, Karl-Heinz / Wölflingseder, Maria: Dead Men Working: Gebrauchsanweisungen zur Arbeits- und Sozialkritik in Zeiten kapitalistischen Amoklaufs, Unrast, Münster 2004.

wird diese Reihe konzeptioneller Mängel auch grundsätzlich problematisch.

So, wie es ist, kann und wird es also wohl nicht bleiben. Was aber wäre mitzunehmen beim Aufbruch zu neuen Ufern? Wo immer die liegen mögen, scheinen uns doch drei Punkte als wesentliche inhaltliche und konzeptionelle Entwicklungsschritte der Antifa, die auch in Zukunft für eine radikale Linke insgesamt wichtig sein werden. Zunächst ist jede linke Gesellschaftskritik, die durch das «Nadelöhr des Antifaschismus» geht, glücklicherweise und wenigstens tendenziell dazu gezwungen, ihr Verständnis der Gesellschaft multidimensional anzulegen. Dem entgegen steht eine orthodox-marxistische und häufig identitäre Weltanschauung, die versucht, das komplexe Herrschaftsgefüge im Kapitalismus in die binäre Codierung von guten und bösen Interessen und/oder sozialen Positionen zu pressen. Stattdessen sollte auf der Eigenständigkeit und Eigendynamik von reaktionären Ideologien wie Antisemitismus, Sexismus, Rassismus und religiösem Fundamentalismus bestanden werden, die nicht auf ökonomische Zwänge reduzierbar sind. Denn egal, welcher Kapitalismustheorie man nun im Einzelnen anhängt, Aufklärung und Emanzipation werden nicht nur «vom System» oder «von Oben» bedroht, sondern auch von mitunter sehr verschiedenen menschenfeindlichen Bewegungen, denen gegenüber, wie ein Blick ins Geschichtsbuch zeigt, die Linke kein Pardon zeigen darf. Zum Zweiten lässt sich aus der Geschichte der Antifa lernen, dass die Orientierung an der Praxis und ihrer Wirkung auf die Gesellschaft zentral ist. Ungeachtet aller innerlinken Differenzen und wichtigen theoretischen Streits kann eine Weiterentwicklung der eigenen Politik nur in Auseinandersetzung mit und der Intervention in die Gesellschaft, nicht in Isolation von ihr, funktionieren. Auch hier zeigt die Geschichte der antifaschistischen Linken in Deutschland, dass es politisch fatal sein kann, wenn die eigene Strategie und Theorie nicht aus einer offenen Analyse und der pragmatischen Auseinandersetzung mit der realen gesellschaftlichen Entwicklung folgt. Solch ein pragmatischer Weg ist allerdings natürlich nicht immer einfach zu bestimmen. Zu guter Letzt hat gerade die konzeptionelle Entwicklung der heutigen Antifa in der Tradition der Autonomen Antifa [M] gezeigt, dass eine gewisse verbindliche Struktur, Jugendarbeit, organisatorische Kontinuität und mediale Öffentlichkeitsarbeit wichtig sind. Sie müssen nicht automatisch ein Kennzeichen von Parteien oder autoritären Kaderstrukturen sein, sondern können vielmehr Handlungsspielräume eröffnen. Dass sich diese Erkenntnis inzwischen in der undogmatischen Linken durchgesetzt hat, ist sicherlich auch ein Verdienst der Antifa. Gleichzeitig bleibt die Aufgabe, dass Medien und Kultur aus emanzipatorischer Perspektive in Bezug auf ihre Form und Funktion hinterfragt werden müssen.

Diese Punkte scheinen uns auch deswegen wichtig, weil die Notwendigkeit einer gesellschaftskritisch fundierten und zugleich unmittelbar antifaschistischen Praxis in den nächsten Jahren wohl eher zu- als abnehmen wird. Denn mit den sozialen Verschärfungen im Zuge der intensivierten Standortkonkurrenz auf dem kapitalistischen Weltmarkt geht eine neue Konjunktur der allgemeinen Kulturalisierung sozialer Konflikte einher: Diese ist sowohl abzulesen an den europaweiten Wahlerfolgen von RechtspopulistInnen als auch an der zunehmenden Popularität religiös-fundamentalistischer Bewegungen. Dagegen braucht es eine antifaschistische Linke mit einer eigenständigen Position. Hierfür ist jedoch offensichtlich noch einiges an inhaltlicher Klärung nötig.

Darüber hinaus aber steht die Antifa angesichts der chronischen Krise des Kapitalismus heute vor einer Reihe weiterer dringender Herausforderungen, die nicht nur sie allein, sondern die gesamte radikale Linke betreffen. Wenngleich einige Punkte, wie die Vorherrschaft eines bestimmten AktivistInnen-Typus und eine ausgeprägte Form der Eventpolitik, die heutige Antifa besonders betreffen mögen, ist das Grundproblem der ganzen undogmatischen Linken in Deutschland doch ein größeres. Denn die undogmatische Linke ist hier – wie nicht zuletzt die vergleichsweise mauen Sozialproteste im Zuge der letzten offenen Krise des Kapitalismus gezeigt haben – zwar immer wieder kampagnenfähig, allerdings mit ihrer Kritik und Praxis offenbar kaum im Alltag der Leute präsent, insgesamt nur in wenigen anderen sozialen Milieus verankert und (noch) weit davon entfernt, die bestehenden Verhältnisse tatsächlich ins Wanken bringen zu können. Diese Situation zu verändern, wird, will man sich nicht in der Rolle als KommentatorIn gesellschaftlicher Entwicklungen einrichten, in Zukunft wohl oder übel eine Querschnittsaufgabe für die gesamte undogmatische Linke sein.

9. Literatur

Abendroth, Wolfgang (Hrsg.): Faschismus und Kapitalismus – Theorien über die sozialen Ursprünge und die Funktion des Faschismus, Europäische Verlagsanstalt, Frankfurt am Main 1972

Adamczak, Bini: gestern morgen. Über die Einsamkeit kommunistischer Gespenster und die Rekonstruktion der Zukunft, Unrast, Münster 2007

AG Grauwacke (Hrsg.): Autonome in Bewegung. Aus den ersten 23 Jahren, Assoziation A, Berlin 2008

Antifaschistisches Frauennetzwerk / Forschungsnetzwerk Frauen und Rechtsextremismus (Hrsg.): Braune Schwestern? Feministische Analysen zu Frauen in der extremen Rechten, Unrast, Münster 2005

Aufzeichnung über die Verhandlungen des Reichsrats und der Unterstaatssekretäre im Reich und in Preußen in den Tagen vom 15. bis 20. März 1920, in: Golecki, Anton (Bearb.): Akten der Reichskanzlei, Weimarer Republik. Das Kabinett Bauer (21. Juni 1919 bis 27. März 1920), Harald Boldt Verlag, Boppard am Rhein 1980

autonome l.u.p.u.s.-Gruppe: Die Hunde bellen... Von A bis RZ. Eine Zeitreise durch die 68er Revolution und die militanten Kämpfe der 70er bis 90er Jahre, Unrast, Münster 2001

autonome l.u.p.u.s.-Gruppe: Geschichte, Rassismus und das Boot – Wessen Kampf gegen welche Verhältnisse, Edition ID-Archiv, Berlin – Amsterdam 1992

Böke, Henning: Maoismus, theorie.org, Schmetterling Verlag, Stuttgart 2007

Carlebach, Emil / Schmidt, Willy / Schneider, Ulrich: Buchenwald. Ein Konzentrationslager. Berichte, Bilder, Dokumente. Hrsg. im Auftr. d. Lagergemeinschaft Buchenwald-Dora, Pahl-Rugenstein Nachfolger, Bonn 2005

Dimitroff, Georgi: Die Offensive des Faschismus und die Aufgaben der Kommunistischen Internationale im Kampf für die Einheit der Arbeiterklasse gegen den Faschismus, Referat auf dem VII. Weltkongress der Komintern, 2. August 1935, in: ders.: Gegen Faschismus und Krieg. Ausgewählte Reden und Schriften, Reclam, Leipzig 1982, S. 49–136

Doerry, Thomas: Marxismus und Antifaschismus. Zur theoretischen und politischen Auseinandersetzung des Marxismus, des Sozialismus und der internationalen Arbeiterbewegung mit dem Faschismus an der Macht (1920–1984), Pahl-Rugenstein, Köln 1985

Fantifa Marburg: Kameradinnen. Frauen stricken am braunen Netz, Unrast, Münster 1995

Flechtheim, Ossip K.: Die KPD in der Weimarer Republik, Europäische Verlagsanstalt, Frankfurt am Main 1971

GdV – Team der radikal: Gegen das Vergessen – Sozialrevolutionärer Widerstand und Verweigerung in Deutschland, Unrast, Münster 1999

Geronimo u. a.: Feuer und Flamme 2. Kritiken, Reflexionen und Anmerkungen zur Geschichte der Autonomen, Edition ID-Archiv, Berlin – Amsterdam 1992

Geronimo: Feuer und Flamme. Zur Geschichte der Autonomen, ID-Verlag, Berlin 2002

Geronimo: Glut und Asche. Reflexionen zur Politik der autonomen Bewegung, Unrast, Münster 1997

Glaser, Georg K.: Geheimnis und Gewalt, Verlag Stroemfeld – Roter Stern, Basel – Frankfurt am Main, 1989

Goldhagen, Daniel Jonah: Hitlers willige Vollstrecker. Ganz gewöhnliche Deutsche und der Holocaust, Siedler, Berlin 1996

Gruppe MAGMA: …denn Angriff ist die beste Verteidigung – Die KPD zwischen Revolution und Faschismus, Pahl-Rugenstein Nachfolger, Bonn 2001

Heer, Hannes: Vom Verschwinden der Täter. Der Vernichtungskrieg fand statt, aber keiner war dabei, Aufbau, Berlin 2005

Hirsch, Joachim: Der nationale Wettbewerbsstaat. Staat, Demokratie und Politik im globalen Kapitalismus, Edition ID-Archiv, Berlin – Amsterdam 1995

Horkheimer, Max: Die Juden und Europa, in: ders.: Gesammelte Werke, Band 4, Suhrkamp, Frankfurt am Main 1988, S. 308–331

ID-Archiv im IISG/Amsterdam (Hrsg.): Die Früchte des Zorns. Texte und Materialien zur Geschichte der Revolutionären Zellen und der Roten Zora, 2 Bände, Edition ID-Archiv, Berlin – Amsterdam 1993

Institut für Marxismus-Leninismus beim Zentralkomitee der SED (Hrsg.): Zetkin, Clara: Ausgewählte Reden und Schriften, Band 2, Dietz Verlag, Berlin (Ost) 1960

Interview mit AktivistInnen zu gegenwärtigen linksradikalen Organisationsansätzen, in: ak wantok (Hrsg.): Perspektiven autonomer Politik, Unrast, Münster 2010, S. 199–211

Keller, Claudia (Hrsg.): Die Nacht hat zwölf Stunden, dann kommt schon der Tag. Antifaschismus, Geschichte und Neubewertung, Aufbau, Berlin 1996

Kinner, Klaus: Imperialismustheorie und Faschismusanalyse in KPD und Komintern, in: Grebing, Helga / Kinner, Klaus (Hrsg.): Arbeiterbewegung und Faschismus. Faschismus-Interpretationen in der europäischen Arbeiterbewegung, Klartext, Essen 1990, S. 59–77

Kinner, Klaus / Richter, Rolf: Rechtsextremismus und Antifaschismus. Historische und aktuelle Dimensionen, Dietz Verlag, Berlin 2000

Klan, Ulrich / Nelles, Dieter: «Es lebt noch eine Flamme». Rheinische Anarcho-Syndikalisten/-innen in der Weimarer Republik und im Faschismus, Trotzdem Verlag, Grafenau-Döffingen 1990

Komintern: Der Faschismus in Deutschland. XIII. Plenum des EKKI, Dezember 1933, Verlagsgenossenschaft ausländischer Arbeiter in der UdSSR, Moskau – Leningrad 1934

KPD-Zentrale: Aufruf zum Antifaschistentag am 11. Juli 1923, in: Thalheimer, August: 1923: Eine verpaßte Revolution? Die deutsche Oktoberlegende und die wirkliche Geschichte von 1923, Junius-Verlag, Berlin 1931, S. 32

Langer, Bernd: Kunst als Widerstand. Plakate, Ölbilder, Aktionen, Texte der Initiative Kunst und Kampf, Pahl-Rugenstein, Bonn 1997

Langer, Bernd: Operation 1653. Stay rude – stay rebel, Plättners Verlag, Berlin 2004
Langer, Bernd: Revolution und bewaffnete Aufstände in Deutschland 1918–1923, AktivDruck Verlag, Göttingen 2009
Leitsätze über die Bedingungen der Aufnahme in die Kommunistische Internationale, in: Lenin: Sämtliche Werke, Band XXV, Verlag für Literatur und Politik, Wien – Berlin 1930, S. 693–698
Lohoff, Ernst / Trenkle, Norbert / Lewed, Karl-Heinz / Wölflingseder, Maria: Dead Men Working: Gebrauchsanweisungen zur Arbeits- und Sozialkritik in Zeiten kapitalistischen Amoklaufs, Unrast, Münster 2004
Matuschek, Ingo / Krähnke, Uwe / Kleemann, Frank: Links sein: Politische Praxen und Orientierungen in linksaffinen Alltagsmilieus, VS Verlag für Sozialwissenschaft, Wiesbaden 2011
Neumann, Franz: Behemoth. Struktur und Praxis des Nationalsozialismus 1933–1944, Fischer Taschenbuch, Frankfurt am Main 2004
Postone, Moishe: Antisemitismus und Nationalsozialismus, in: ders.: Deutschland, die Linke und der Holocaust, ça ira, Freiburg 2005, S. 165–194
Präsidium der VVN – Bund der Antifaschisten: Von Buchenwald bis Hasselbach. Organisierter Antifaschismus 1945 bis heute, Pahl-Rugenstein, Köln 1987
Programm der Kommunistischen Internationalen, angenommen auf dem VI. Weltkongress der Kommunistischen Internationale in Moskau am 1. September 1928, in: Institut für Marxismus-Leninismus beim Zentralkomitee der SED (Hrsg.): Geschichte der deutschen Arbeiterbewegung, Band 4, Dietz Verlag, Berlin (Ost) 1966, Dok. 54
Projektgruppe (Hrsg.): Antifa. Diskussionen und Tips aus der antifaschistischen Praxis, Edition ID-Archiv, Berlin – Amsterdam 1994
Projektgruppe (Hrsg.): Metropolen(gedanken) und Revolution? Texte zur Patriarchats-, Rassismus- & Internationalismusdiskussion, Edition ID-Archiv, Berlin – Amsterdam 1991
Prozessgruppe zum Fall Hattingen / AG zu rassistischen Ermittlungen (Hrsg.): Hattingen – Lübeck. Die Brandanschläge in der Barbarisierung der Gesellschaft, Verlag der Buchläden Schwarze Risse und Rote Straße, Berlin – Göttingen 1998
Rabinovici, Doron / Speck, Ulrich / Sznaider, Nathan (Hrsg.): Neuer Antisemitismus? Eine globale Debatte, Suhrkamp, Frankfurt am Main 2004
Rohe, Karl: Das Reichsbanner Schwarz Rot Gold. Ein Beitrag zur Geschichte und Struktur der politischen Kampfverbände zur Zeit der Weimarer Republik, Droste Verlag, Düsseldorf 1966
Scheer, Joseph / Espert, Jan: Deutschland, Deutschland, alles ist vorbei. Alternatives Leben oder Anarchie? Die neue Jugendrevolte am Beispiel der Berliner «Scene», Bernard & Graefe, München 1982
Schneider, Ulrich: Zukunftsentwurf Antifaschismus. 50 Jahre Wirken der VVN für «eine neue Welt des Friedens und der Freiheit», Pahl-Rugenstein, Bonn 1997
Schneutzstunde, radikal Nr. 144/1991

Schultze, Thomas / Gross, Almut: Die Autonomen. Ursprünge, Entwicklung und Profil der autonomen Bewegung, Konkret Literatur Verlag, Hamburg 1997

Schwarzmeier, Jan: Die Autonomen. Zwischen Subkultur und sozialer Bewegung, Books on Demand, Norderstedt 2001

Sievers, Rudolf (Hrsg.): 1968 – Eine Enzyklopädie, Suhrkamp, Frankfurt am Main 2004

Steffen, Michael: Geschichten vom Trüffelschwein. Politik und Organisation des Kommunistischen Bundes 1971 bis 1991, Assoziation A, Berlin 2002

Strobl, Ingrid / Viehmann, Klaus und GenossInnen / autonome l.u.p.u.s.-Gruppe: Drei zu Eins. Metropolen(gedanken) und Revolution?, Verlag ID-Archiv, Berlin 1993

Texte zur Inneren Sicherheit, Bedeutung und Funktion des Antifaschismus, Bundesministerium des Inneren, 1990

Thalheimer, August: 1923: Eine verpaßte Revolution? Die deutsche Oktoberlegende und die wirkliche Geschichte von 1923, Junius-Verlag, Berlin 1931

Ulbricht, Walter: Zur Geschichte der Deutschen Arbeiterbewegung, Band 2, Dietz Verlag, Berlin (Ost) 1966

Voß, Angelika / Büttner, Ursula / Weber, Hermann: Vom Hamburger Aufstand zur politischen Isolierung. Kommunistische Politik 1923–1933 in Hamburg und im Deutschen Reich, Landeszentrale für politische Bildung, Hamburg 1983

Weiss, Peter: Die Ästhetik des Widerstands, Suhrkamp, Frankfurt am Main 1988

Wetzel, Wolf: Vom linken Bellizismus zum anti-deutschen Befreiungs-Imperialismus, in: Hanloser, Gerhard (Hrsg.): Sie warn die Antideutschesten der deutschen Linken, Unrast, Münster 2004, S. 105–129

Wimmer, Ruth / Wimmer, Walter: Kampf dem Faschismus – Thälmann 1929–1933, Urania-Verlag, Leipzig 1986

Wippermann, Wolfgang: Faschismustheorien. Die Entwicklung der Diskussion von den Anfängen bis heute, Primus Verlag, Darmstadt 1997

Wippermann, Wolfgang: Zur Analyse des Faschismus. Die sozialistische und kommunistische Faschismustheorie 1921–1945, Diesterweg, Frankfurt am Main – Berlin – München 1981

Wolfschlag, Claus-M.: Das «antifaschistische Milieu»: Vom «schwarzen Block» zur «Lichterkette». Die politische Repression gegen «Rechtsextremismus» in der Bundesrepublik Deutschland, Stocker, Graz 2002

Yasaroglu, Ercan: Kritik Selbstkritik (1995), in: ak wantok (Hrsg.): Perspektiven autonomer Politik, Unrast, Münster 2010, S. 313–319

Zelik, Raul: Friss und stirb trotzdem, Edition Nautilus, Hamburg 1997

Aufrufe/Broschüren/Zeitschriften/Flugblätter/Diskussionspapiere/Redebeiträge

...ums Ganze!: Ist eine linksradikale Anti-G8-Mobilisierung möglich?, in: dies.: smash capitalism. fight the G8 summit, April 2007

...ums Ganze!: smash capitalism. fight the G8 summit, Dezember 2006, in: dies.: smash capitalism. fight the G8 summit, April 2007

...ums Ganze!: Staat, Weltmarkt und falsche Freiheit. Zur Kritik des kapitalistischen Normalvollzugs, Broschüre, 2009

...ums Ganze!: Vorwort, in: dies.: smash capitalism. fight the G8 summit, April 2007

«Linke Avantgarde» – Ein Streitgespräch über eine mögliche Verschiebung des globalisierungskritischen Blocks nach links und die Kritik des Antisemitismus mit Thomas Seibert und Christian Stock, Phase Zwei Nr. 23/2007

AA/BO: Die Antifaschistische Aktion, Geschichte, Hintergründe, Kritiken, Einschätzungen – zur Tagung am 4. Mai 1993 in Köln

AA/BO: Einsatz – Grundlagen der Antifaschistischen Aktion/BO, Broschüre, September 1993

AA/BO: Entsichert – Der Polizeistaat lädt nach ..., Broschüre 1998

AA/BO: Kampf der FAP!, Broschüre, Oktober 1994

AG Gerhard Bögelein Neumünster / Autonome Infogruppe Kiel: Gegen das Vergessen. Freiheit für Gerhard Bögelein, Broschüre, September 1992

AIB-Titel Befreiung, AIB Nr. 30/1995

AK Antifa Mannheim: 10 Jahre AK Antifa Mannheim, Broschüre, Oktober 2010

AK Antifa Mannheim: Nicht verdrängen. Nicht verleugnen. Nicht verwerten. Mit Deutschland endgültig brechen, Aufruf zur Demonstration am 7. April 2006 in Mannheim

AK Antifa Mannheim: Redebeitrag zur Gedenkkundgebung an den Widerstand der Lechleiter-Gruppe im Nationalsozialismus, 15. September 2005

AK Antifa Mannheim: Scheiß Standort – Scheiß Stadtjubiläum – Scheiß G8. Flush Capitalism!, Aufruf zur Demonstration am 31. Dezember 2006 in Mannheim

Albertini, Andrea: Fanta statt Fatwa, Jungle World Nr. 43/2001

Anmerkungen zum Antifakongress in Göttingen, Flugblatt der antideutschen Kommunisten Berlin, 2001

Antifa A² Stuttgart: Patrioten, Pfaffen und Politiker – das Studienzentrum Weikersheim zwischen Nationalkonservatismus und Faschismus, Broschüre, 1995

Antifa Bonn/Rhein-Sieg: Her mit dem schönen Leben!, Aufruf zur Sozialkahlschlagsdemonstration am 15. Juni 1996 in Bonn

Antifa heißt erst mal gar nichts, AIB Nr. 45/1998

Antifa Jugendfront (AJF) Göttingen: Gegen Sozialabbau und Polizeistaat!, Aufruf zur Demonstration am 2. Oktober 1996 in Göttingen

Antifa K: In der Gesellschaft kämpfen, Phase Zwei Nr. 7/2003

Antifaschistische Aktion Berlin: Aufruf zum 1. Mai 1999 in Berlin

Antifaschistische Aktion Berlin: Es gibt kein Ende der Geschichte, Aufruf zur revolutionären 1. Mai-Demo 1996 in Berlin
Antifaschistische Gruppe Hamburg: Auftaktpapier, 1996
Antifaschistische Linke Berlin (Hrsg.): Total extrem. Die (neue) Funktion der Totalitarismus- und Extremismus-Ideologien, Broschüre, Mai 2010
Antifaschistisches Plenum Braunschweig: Der Trümmerhaufen einer ehemals linken politischen Bewegung, März 1996
autonome antifa [f]: Extremismus der Vernunft, AIB Nr. 83/2009
Autonome Antifa [M], radikal Nr. 11/1992
Autonome Antifa [M]: … folgerichtig ist Antifaschismus kriminell!, Broschüre, Oktober 1994
Autonome Antifa [M]: 1:1 für den antifaschistischen Widerstand, Broschüre, September 1996
Autonome Antifa [M]: Alle gegen Nazis!? Antifa... mehr als nur gegen Nazis!, Flugblatt zur «antifaschistischen» Kampagne von Rot-Grün, August/September 2000
Autonome Antifa [M]: Die Geschichte der Antifaschistischen Aktion, April 1995
Autonome Antifa [M]: Diskussionspapier zur Autonomen Organisierung, radikal Nr. 144/1991
Autonome Antifa [M]: Dokumentation zur Demonstration in Adelebsen am 20. März 1993, Broschüre, 1993
Autonome Antifa [M]: Gegen Faschismus und Klassenjustiz! Die Antifaschistische Aktion, Broschüre, 1995
Autonome Antifa [M]: Geschichte wird gemacht! 9. November, Broschüre, 1993
autonome l.u.p.u.s.-Gruppe: Doitschstunde, radikal Nr. 144/1991
Bundesamt für Verfassungsschutz: Militante Linksextremisten rekrutieren Nachwuchs. Schauplatz Schule und Jugendtreff, Köln 1999
Bündnis gegen Rechts Leipzig: Deutschland den Krieg erklären, Aufruf, 2001
Bündnis gegen Rechts Leipzig: Wie ich am Ende des Milleniums einen Naziaufmarsch verhindere!, 1. Dezember 1998
Bündnis gegen Rechts Leipzig / Rote Antifa Aktion Leipzig / Antifaschistische Aktion Berlin / Autonome Antifa [M]: 2001 – Das Jahr in dem wir Kontakt aufnehmen. Aufruf zum Antifa-Kongress vom 20.–22. April 2001 in Göttingen
Das Bundesweite Antifa-Treffen (BAT), AIB Nr. 57/2002
Das Ende der Straßenverkehrsordnung, G8-XTRA Nr. 4 / Frühjahr 2007
Den Überschuss der Kämpfe freisetzen, G8-XTRA Nr. 3 / Winter 2006-2007
Der «Fall Kaindl». Eine Nachbereitung, Broschüre, 1995
Der CDU-Doppelpaß mit Rechtsaußen, AIB Nr. 47/1999
Die Anderen: Auflösung der AAB, http://autox.nadir.org/archiv/auto/aab_andere.html
Die Bessere Hälfte: Auflösung der AAB, http://autox.nadir.org/archiv/auto/aab_andere.html
Die Frage der Einheit entzweit uns – Interview mit der Antifa [M] & KritikerInnen, radikal Nr. 3/1993

Diefenbach, Katja: Wenn ich von sozialen Kräfteverhältnissen ausgehe, dann wird die Frage nach dem Politischen radikal, Phase Zwei, Nr. 12/2004
Diskussionspapiere aus der Vergewaltigungsdebatte um die AAB, http://www.nadir.org/nadir/initiativ/daneben/archiv/geschlechterverhaeltnisse/aab/inhalt.html
Droste, Wiglaff: Mit Nazis reden, Arranca, Nr. 3 / Winter 1993/1994
Eine Sache der Bewegungen selbst, G8-XTRA Nr. 4 / Frühjahr 2007
Elm, Ludwig: Oberländer versus VVN, antifa. Magazin der VVN-BdA für antifaschistische Politik und Kultur, Nr. 7–8/2009
Elsässer, Jürgen als Jürgen/KB-Stuttgart: Weshalb die Linke anti-deutsch sein muss, Arbeiterkampf Nr. 315/1990
Enzensberger, Hans Magnus: Hitlers Wiedergänger, Spiegel Nr. 6/1991
Extremismus – Hochkonjunktur eines ideologischen Konzeptes, AIB Nr. 86/2010
Fachschaftsräteversammlung der Uni Göttingen (Hrsg.): Dokumentation Antifaschistischer Widerstand in Südniedersachsen 1989, Broschüre, Göttingen 1990
Fantifa Bonn: Fantifa = Feministischer Antifaschismus, 1989
G.A.L.L.E. – Militante AntifaschistInnen aus Berlin und Umland, Interim Nr. 447/1998
Gruppe 8. Mai: Who the fuck is Heiligendamm?, http://achtermai.blogsport.de/2007/01/04/who-the-fuck-is-heiligendamm/
Hachnik, Mark: Nach den Antideutschen, Phase Zwei Nr. 34/2009
Heinz, Tina: Jenseits von «Würde» und Ideologie, Bahamas Nr. 31/2000
Homepage «Faschisten in der DDR und antifaschistische Gegenwehr», http://www.antifa-nazis-ddr.de
In Bewegung bleiben. Ein Blick zurück ist immer auch ein Blick nach vorn. Zwischenstand der Mobilisierung gegen die NATO-Sicherheitskonferenz, Broschüre, Januar 2007
Initiative gegen jeden Extremismusbegriff: Gegen jeden Extremismusbegriff, Offener Brief, 2008
Interventionistische Linke: Make Capitalism History, Aufruf gegen den G8-Gipfel in Heiligendamm, Dezember 2006
MAD Köln u. a.: Einleitung: Why your revolution is no liberation!, in: Why your revolution is no liberation!, Broschüre antideutscher Gruppen zum G8-Gipfel, 2007
Muflons gegen Rechts Nürnberg / Antifaschistische Aktion Passau: Flugblatt zur bundesweiten Demonstration in Bonn, 1994
Nachrichten vom Roten Planeten, G8-XTRA Nr. 1 / Frühjahr 2006
Naziaufmärsche – Ein pragmatischer Umgang oder strategische Überlegungen, Phase Zwei Nr. 6/2002
Phase Zwei-Redaktion Bonn: Autonome Organisierung Teil 1, Phase Zwei Nr. 1/2001
Phase Zwei-Redaktion Leipzig: contact Göttingen 2001, Phase Zwei Nr. 1/2001
Politische Stellungnahme von Fatma, 27. September 1994, Herzschläge Bulletin Nr. 2/1994
Protest gegen die Aktionärsversammlung der IG Farben, AIB Nr. 48/1999

Protokoll des 1. Frauen-Antifa-Treffens vom 4. Oktober 1992 in Passau
Radek, Karl: Leo Schlageter, der Wanderer ins Nichts, Die Rote Fahne, 26. Juni 1923
Redaktion Bahamas: Hinter dem Ruf nach Frieden verschanzen sich die Mörder – Erste Stellungnahme der Bahamas-Redaktion zum islamistischen Massaker in den USA, 14. September 2001
Redaktion Bahamas: Infantile Inquisition, Bahamas Nr. 32/2000
Riots von Rechts? – Strategie der Spannung, Wildcat Nr. 60 / Oktober 1992
Rosen, Ralf: Rolle Rückwärts, Telegraph Nr. 1/1998
Rote Antifa Nürnberg: 8. Mai – Befreiung vom Nazi-Faschismus, 1995
Rote Hilfe Ortsgruppe Passau: Keinen Schritt zurück. Das §129-Verfahren gegen «Passauer» AntifaschistInnen, Broschüre, Januar 1999
Rote Zora: Milli's Tanz auf dem Eis. Von Pirouetten, Schleifen, Einbrüchen, doppelten Saltos und dem Versuch, Boden unter die Füße zu kriegen, Broschüre, 1993
Seibert, Thomas: Die Mobilisierung des Gemeinsamen, Prager Frühling Nr. 1/2008
Sinowjew, Grigorij: Der deutsche Koltschak, Internationale Pressekorrespondenz, 4. Februar 1924
Stalin, Josef: Zur internationalen Lage, Bolschewik, 20. September 1924
Verunsicherung unter jugendlichen Antifas, AIB Nr. 31/1995
Viehmann, Klaus: Drei zu Eins – Diskussionspapier, Knast Werl, März/April 1988
Wertmüller, Justus: Spätheimkehrer, Bahamas Nr. 33/2000
Wo endet der Antifaschismus?, AIB Nr. 62/2004
Zimmermann, Friedrich (Bundesinnenminister a.D.): Bedeutung und Funktion des Antifaschismus, Süddeutsche Zeitung, 18. November 1988
Zum Tod eines Faschisten, AIB Nr. 19/1992

Antifa-Ratgeber

Antifaschistische Aktion Berlin: Das Konzept Antifa – Grundsatztexte und Konkretes, 1995–1998, Broschüre, 1998
Antifaschistische Linke Berlin: Antifa … und wie!? Tips und Trix zur politischen Praxis, April 2010
Redaktionskollektiv (Hrsg.): Tipps und Tricks für Antifas – reloaded, Unrast, Münster 2009

Andrea Trumann

Feministische Theorie.
Frauenbewegung und weibliche Subjektbildung im Spätkapitalismus

Kart., 204 Seiten,
ISBN 3-89657-580-5

Diese kenntnisreiche und originelle Einführung vermittelt einen fundierten Überblick über die Geschichte der Neuen Frauenbewegung und die wichtigsten Themen, Debatten und Strömungen feministischer Theoriebildung der letzten drei Jahrzehnte. Von den Auseinandersetzungen im SDS über den Kampf gegen den § 218 bis zur Queer-Theorie. Dabei erweist sich die Geschichte der Neuen Frauenbewegung als Prozess der Verinnerlichung des staatlichen Zwangs zur Bevölkerungspolitik unter dem Banner der Selbstbestimmung.

Josef Moe Hierlmeier

Internationalismus.
Eine Einführung in die Ideengeschichte des Internationalismus

2., erw., Auflage, kart., 214 S., ISBN 3-89657-594-5

Ein kompakter Überblick zur Geschichte einer zentralen Bewegung der Linken und zugleich eine reflektierende Einführung in ihre wesentlichen Debatten sowie philosophischen und soziologischen Grundlagen. Ausgangspunkt ist dabei nicht die Situation in den Ländern des Trikont, sondern die Wahrnehmung der sogenannten Dritten Welt und ihre Projektion auf die gesellschaftlichen Verhältnisse hierzulande. Vom ausgeprägten ideengeschichtlichen Optimismus der 1960er und 1970er über die lebensphilosophischen Theoreme der 1980er bis hin zu den dialog- und konsensorientierten Ansätzen des vergangenen Jahrzehnts zeichnet der Autor die theoretischen Raster einer ebenso wichtigen wie widersprüchlichen Bewegung nach und fragt nach Perspektiven und neuen Denkansätzen.

Manuel Kellner

Kritik der Religion und der Esoterik.
Außer sich sein und zu sich kommen

Kart., 240 Seiten, ISBN 3-89657-587-2

Im europäischen Mittelalter, im 12. Jahrhundert, wagte der Verstand sein Recht zu fordern, weil er immerhin eine Gottesgabe sei. Die Frühscholastiker dienten dem Dogma, doch keimte mit ihnen eine Saat, die im Zeitalter der Aufklärung aufblühte. Im 17. und 18. Jahrhundert schienen Glaube und Aberglaube widerlegt. Doch heute grassieren weltweit religiöser Wahn, Spritualismus und Esoterik. Der Siegeszug der Diesseitigkeit ist schon lange von gestern: Das Problem ist offenbar nicht erledigt.

Der Autor geht den verschiedenen Argumentationsmustern der Religionskritik nach und fragt nach ihrer Tauglichkeit.

Michael Heinrich

Kritik der politischen Ökonomie.
Eine Einführung

9. Auflage, kart., 240 S., ISBN 3-89657-593-7

Umfassende Analysen des globalen Kapitalismus haben wieder Konjunktur, und mit ihnen kommt auch der zwischenzeitlich totgesagte Karl Marx wieder zu Ehren, wie die Bücher von Negri/Hardt, Robert Kurz u. a. zeigen. Freilich scheint diese Auseinandersetzung durchweg recht oberflächlich, findet zumindest Michael Heinrich und plädiert deshalb für eine Neuaneignung der Marxschen Theorie jenseits des traditionellen, weltanschaulichen «Marxismus». Plastisch und verständlich skizziert Heinrich die historischen, ökonomischen und sozialen Rahmenbedingungen für die Entstehung der «Kritik der politischen Ökonomie», geht auf deren methodische Grundlagen ein und stellt die wichtigsten Begriffe und Konzepte aus allen drei Bänden des Marxschen Hauptwerkes «Das Kapital» vor. Was ist eigentlich Kapitalismus, und was hat es mit der ominösen Dialektik auf sich? Was ist «abstrakte Arbeit», und wie entsteht Mehrwert? Was ist Fetischismus? Wie kommt es zu Krisen? Wie verhält es sich mit Politik und Staat?

Michael Schwandt
Kritische Theorie.
Eine Einführung
2., durchgesehene Auflage, kart., 240 Seiten, ISBN 3-89657-664-x
Dieser Band gibt eine verständliche, weitgehend voraussetzungslose und eingängig geschriebene Einführung in die Kritische Theorie. Es wird erstmals der Versuch einer Bilanz der Kritischen Theorie zu Beginn des 21. Jahrhunderts unternommen – das Dilemma politischen Engagements in der Gegenwart immer im Blick. Der Vergleich von Adorno und Marcuse, an dem sich die Darstellung orientiert, ist neu und verspricht auch erfahrenen Lesern einen Erkenntnisgewinn.

Michael Schwandt zeichnet zunächst die Geburt der Kritischen Theorie aus der Krise des Marxismus nach und skizziert die Geschichte des Frankfurter Instituts für Sozialforschung. Vor diesem Hintergrund wird die Spannweite möglicher Antworten der Kritischen Theorie auf das Praxisproblem herausgearbeitet: Wie soll, wie kann sich politisch verhalten, wer diese Welt aus tiefstem Herzen ändern will, aber mit klarem Verstand erkennen muss, dass die Chancen dazu verschwindend gering sind?

Gerald Abl
Kritische Psychologie.
Eine Einführung
2., erweiterte Auflage, kart., 240 Seiten, ISBN 3-89657-662-3
Gerald Abls Buch ist ein historischer Streifzug durch wesentliche Leistungen früherer emanzipatorischer Psychologie bis hin zu Konzeption neuerer psychologischer Strömungen mit kritischem Selbstverständnis. Es vermittelt einen Überblick über Bezugspunkte, die vor allem aus den Bemühungen verschiedener psychologischer Schulen um eine marxistische Orientierung erarbeitet wurden und von offiziellen Institutionen oftmals gerne übergangen werden.

In dieser Nachzeichnung kritischer Ansätze in der Psychologie werden Problemstellungen verdeutlicht, Kontroversen nachvollziehbar gemacht und dabei auch wesentliche Elemente einer kritischen Methodik vorgestellt. Was kritische Psychologie sein kann, wird hier schließlich vor allem aus psychoanalytischen Ansätzen heraus entwickelt.

Thomas Schroedter

Antiautoritäre Pädagogik.
Zur Geschichte und Wiederaneignung eines verfemten Begriffes

Kart., 202 Seiten, ISBN 3-89657-598-8

Der Begriff «Antiautoritäre Erziehung» leidet heute v.a. in der Wissenschaft unter einer kenntnisarmen «Verteufelung». Daher besteht nachhaltiges Interesse an einer überschaubaren und zugleich fundierten Darstellung antiautoritärer Theorie und Praxis. Dem trägt dieser Band ausführlich Rechnung.

Vorgestellt werden die wesentlichen Merkmale antiautoritärer Pädagogik, ihre Theoretiker und die Institutionen, in denen Ansätze einer solchen Pädagogik verfolgt wurden und werden. Die Beispiele einer solchen Pädagogik und ihrer Geschichte, die sich aus dieser Darstellung ergeben, sollen die Aktualität antiautoritärer Pädagogik herleiten.

Thomas Schroedter / Christina Vetter

Polyamory.
Eine Erinnerung

Kart., 180 S., ISBN 3-89657-659-3

Der Begriff der Polyamory tauchte in den 1960er Jahren in den USA auf und wird seit etwa zehn Jahren auch hier breiter diskutiert. Er steht für ein Beziehungsgeflecht, in dem mehrere Liebesbeziehungen verantwortungsvoll, ehrlich, offen und verbindlich gleichzeitig entwickelt und gelebt werden. Als Vorläufer sind die «Free-love-Bewegung» in der Mitte des 19. Jahrhunderts, die v.a. eine sexuelle Emanzipation der Frauen im Zentrum ihrer Forderung hatte, sowie flüchtige Denk- und Disskusionsansätze nach der Russischen Revolution zu sehen.

Die Auseinandersetzungen um «vielfältige Lebensweisen» werden hier aufgenommen, Polyamory wird als Aspekt in der Dynamisierung der Triade Geschlecht-Sexualität-Lebensform betrachtet.

Biene Baumeister Zwi Negator
Situationistische Revolutionstheorie.
Eine Aneignung
Kart., 240 Seiten
Vol. I: Echiridion
Hauptband, ISBN 3-89657-650-x,
2., durchgesehene Auflage
Vol. II: Organon
Begleitband mit Glossar, Anmerkungen, Chronologie etc.,
ISBN 3-89657-589-9

Mitte der 1950er Jahre entstand die Situationistische Internationale (S.I.), die frühzeitig einiges von dem theoretisch vorwegnahm, was später praktisch die 1968er-Bewegung kennzeichnen sollte: Eine radikal-moderne Infragestellung der kapitalistischen Gesellschaft. In den drei Jahren vor ihrer Auflösung 1972 sollte die S.I. wiederum zur schärfsten Kritikerin der Kurzatmigkeit jener Bewegung werden. Waren die SituationistInnen ursprünglich künstlerisch tätig, lösten sie sich von der Beschränkung auf diese Sphäre, weil sie eine «Verwirklichung der Kunst» nur im Umsturz der Gesamtheit der Verhältnisse für möglich hielten.

Hans Jürgen Degen / Jochen Knoblauch
Anarchismus. ***Eine Einführung***
2., durchgesehene Auflage, kart., 216 S., ISBN 3-89657-590-2

Seit Mitte des 19. Jahrhunderts entwickelte sich in den Ländern des Frühkapitalismus im Nordwesten Europas als Gegenbewegung der Sozialismus. Und mit der Entwicklung der ArbeiterInnen-Bewegung begann auch ein großer Entwicklungsprozess für eine allgemeine Emanzipation. Rasch formten sich aus den Diskussionen und Flügelkämpfen zwei Hauptströmungen heraus, die sich auf der radikalen Seite der Bewegung an zwei Namen festmachen lassen: Karl Marx für den autoritären und Michael Bakunin für den anti-autoritären Flügel der Arbeiterbewegung.

Diese Einführung stellt nicht nur diese verschiedenen Richtungen des Anarchismus vor, sondern auch die Rolle von AnarchistInnen in den Revolutionen von der Pariser Kommune 1871 bis zur Studentenbewegung von 1968, sie beschreibt die wichtigsten TheoretikerInnen sowie anarchistische Politik in verschiedensten gesellschaftlichen Bereichen.

Gisela Notz

Theorien alternativen Wirtschaftens.

Fenster in eine andere Welt

Kart., 192 S., ISBN 3-89657-660-7

Die Einführung liefert eine überschaubare und zugleich fundierte Darstellung exemplarischer Theorien alternativen Wirtschaftens und ihrer Umsetzung in die Praxis. Vorgestellt werden zunächst theoretische Modelle und ihre Protagonisten, von den Frühsozialisten über die Zeit der beginnenden und fortschreitenden Industrialisierung bis heute. Um eine Verständigungsbasis herzustellen, nimmt die Autorin Begriffserklärungen vor und erklärt Betriebe und Betriebsformen, die Ansätze eines solchen Wirtschaftens verfolgen. Es folgen aktuelle Beispiele aus der Genossenschaftsbewegung, aus der Alternativbewegung der 1970er Jahre, der Kommunebewegung, der Ökonomie des Gemeinwesens, der Tauschökonomie und Umsonstökonomie und der Kommunalen Gemeinschaftsgärten.

Am Ende steht die Frage, wie es angesichts des Siegeszugs der Globalisierung der warentauschenden Gesellschaft und der weltweiten Krise gelingen kann, Theorien für eine andere, herrschaftsfreie Welt in weitere Kreise zu tragen. Auch wenn utopisches Denken heute nicht gerade hoch im Kurs steht.

Henning Böke

Maoismus.

Eine Einführung

Kart., 215 Seiten, ISBN 3-89657-596-1

Mit seinem eigenständigen Sozialismus, der sich von der Sowjetunion scharf abgrenzte, bildete das China Mao Zedongs um 1970 einen bedeutenden Bezugspunkt für Befreiungsbewegungen in der 3. Welt wie für die progressive Intelligenz im Westen: Der Maoismus war damals eine maßgebliche linke Strömung, mit der große Hoffnungen auf ein Gesellschaftsmodell jenseits von Kapitalismus und bürokratischem Staatssozialismus verbunden waren.

Ist heute Maos Idee einer Gesellschaftsalternative in einem Entwicklungsland als unrealisierbarer Traum diskreditiert oder enthält sein politisches Denken Konzepte, die aktuell bleiben? Welche Rolle spielte der Maoismus für die westliche Linke? Gibt es in China heute eine Linke, und wie steht sie zu Mao? Hat Chinas Übergang von Autarkie und «Vorrang der Politik» zu Marktwirtschaft und Weltmarkt Ende der 1970er für den Siegeszug der Globalisierung nicht eine weit größere Rolle gespielt als etwa der Zusammenbruch der Sowjetunion?

Manuel Kellner

Trotzkismus.
Eine Einführung in seine Grundlagen – Fragen nach seiner Zukunft

Kart., 180 Seiten, ISBN 3-89657-584-8

Ausgehend von Trotzkis historischer Rolle vor, während und nach der Oktoberrevolution entwickelt Manuel Kellner jene Positionen, die Trotzkisten aller Fraktionen zu allen Zeiten und in allen Ländern verbinden. Er erklärt die wichtigsten Diskussionen über strategische Grundsätze und hebt die internationalistische, globale Haltung als herausragenden Teil trotzkistischer Grundpositionen hervor.

Martin Birkner / Robert Foltin

(Post-)Operaismus.
Von der Arbeiterautonomie zur Multitude. Geschichte und Gegenwart, Theorie und Praxis

2., erweiterte Auflage, 216 S., ISBN 3-89657-661-5

Diese Einführung zeichnet die theoriegeschichtliche Entwicklung des Operaismus in seiner Wechselwirkung mit den sozialen Bewegungen nach. Dabei beschränkt sich die Diskussion bewusst nicht auf Italien, sondern stellt die Auseinandersetzungen im globalen Rahmen dar. Die operaistisch beeinflussten Debatten der Gegenwart werden anhand «Multitude» und «Empire» von Hardt/Negri, Holloways «Die Welt verändern ohne die Macht zu übernehmen» und Paolo Virnos «Grammatik der Multitude» dargestellt.

Gernot Ernst
Komplexität.
«Chaostheorie» und die Linke
Kart., 200 Seiten,
ISBN 3-89657-652-6

Um die Möglichkeiten, aber auch Grenzen von Veränderungen, ob in evolutionärer oder revolutionärer Form, besser zu erkennen, ist es unverzichtbar, die Ergebnisse und Schlussfolgerungen der Komplexitätsforschung zu verstehen. Dass Systeme nicht statisch, sondern dynamisch, also in Bewegung sind, ist jedem Marxisten aus dessen Beschreibung der menschlichen Geschichte bekannt. Anarchisten haben schon lange über angenommene und beobachtete Selbstorganisationsphänomene nachgedacht. Linke sind im Grunde genommen Systemtheoretiker und Dynamiker der ersten Stunde.

In diesem Buch werden einige zentrale Ideen wie die der «Chaos-Theorie», der dynamischen Systeme oder Netzwerke entwickelt. Dabei werden, soweit wie möglich, Beispiele aus der Gesellschaftstheorie herangezogen. Ein eigenes Kapitel stellt einen Teil der bisherigen linken Diskussion dar, deren bisherigen Ergebnisse kritisch diskutiert werden.

Alexander Neumann
Kritische Arbeitssoziologie.
Ein Abriss
Kart., 200 Seiten, ISBN 3-89657-658-5
Der Band «Kritische Arbeitssoziologie» stellt die theoretischen Zusammenhänge und internationalen Verknüpfungen wieder her. Er stellt die wichtigsten Begriffe in ihren soziologischen/historischen Rahmen, ohne dabei die außeruniversitären Bewegungen zu vergessen.

In Europa ist die Arbeitssoziologie als eigenständige Wissenschaft und Theorie in der Zeit der Befreiung von Naziherrschaft und Faschismus entstanden, zu einem Zeitpunkt als die Kritik der kapitalistischen Gesellschaftsstrukturen bis weit in die gesellschaftliche Mitte hereinreichte. So entsteht eine Strömung, die Fragen der Arbeiterbewegung in die Universitäten hereinträgt. Die technische Automatisierung, die Entfremdungserscheinungen im Produktionsprozess, die Kritik an Fachidiotentum, betrieblicher und staatlicher Bevormundung und die Perspektive der Freizeit werden so von Pierre Naville und Georges Friedmann in offizielle Forschungsprogramme umgemünzt. Nach dem Pariser Mai 68 erhält diese Strömung in ganz Europa neuen Auftrieb und Impulse, mit der Kritik an bürokratischen Massenorganisationen, an der Konsumgesellschaft und an patriarchalischen Strukturen im Betrieb sowie innerhalb der Arbeiterklasse, die sich ihrerseits rasch verändert.

Die theoretische Auseinandersetzung mit dem Parteimarxismus verbindet sich hier mit libertären Einflüssen in der Infragestellung der Arbeitsnormen. Nun tritt die Analyse informeller Widerstandsformen in den Vordergrund, im Zeichen wilder Streiks, sozialer Bewegungen außerhalb der Industriebetriebe, vermittelt mit Bildungsfragen (Schulen, Universitäten, Berufsausbildung, Gewerkschaftsbildung) und ökologischen Themen. Nach der neoliberalen Hegemonie der 80er, die Kritik an der Lohnarbeit prinzipiell verdrängt hat, bricht mit der französischen Streikwelle von 1995 eine neue Forschungsgeneration auf, die sich u. a. mit Prekarität, Flexibilisierung, workfare und Globalisierung auseinandersetzt und dabei an Autoren wie André Gorz, Pierre Bourdieu, Toni Negri und Luc Boltanski abarbeitet.

Heinz-Jürgen Voß

Geschlecht.

Wider die Natürlichkeit

Kart., 180 Seiten, ISBN 3-89657-663-1

Jahrhunderte lang wandten sich engagierte Frauen – und einige Männer – gegen die Annahme, dass Unwissenheit von Frauen und ihr Ausschluss aus Machtpositionen auf «natürliche» – vorgegebene und unabänderliche – geschlechtliche Unterschiede zurückzuführen sei. Sie kennzeichneten geschlechtliche Unterschiede als Produkt gesellschaftlicher Ungleichbehandlungen. Noch Simone de Beauvoir betonte: «Kein biologisches [...] Schicksal bestimmt die Gestalt, die das weibliche Menschenwesen im Schoß der Gesellschaft annimmt.» Hinter diese Forderungen wichen Feminismen der letzten Jahrzehnte zurück.

Mit der Aufspaltung in biologisches Geschlecht (engl. «sex») und gesellschaftliches Geschlecht (engl. «gender») setzten sie biologische Geschlechterdifferenzen als gegeben voraus. Aus der unterschiedlichen Biologie von «Frau» und «Mann» dürften aber keine gesellschaftlichen Ungleichbehandlungen abgeleitet werden. Das Ziel der Gleichstellung wurde so nicht erreicht. Ein Strategiewechsel ist nötig! Die Vorlage hierfür lieferte Judith Butler. Sie bezweifelte wieder «Natürlichkeit» und stellte klar, dass auch Körperlichkeit erst durch eine «Brille» gelesen wird, die durch individuelle Erfahrungen und Lernen in Gesellschaft bestimmt ist. Organe werden erst durch die Interpretation als «geschlechtlich» und durch ihre unentwegte Betonung und Wiederholung in dieser Rolle hergestellt und bestätigt. Hier lohnt es sich weiterzuarbeiten. Mit Butlers Ansatz erscheinen «Penis», «Hodensack», «Hoden» etc. noch als gesellschaftlich formulierte Bezeichnungen für tatsächlich vorhandene Organe. Als ob, wenn man «natürliche Vorgegebenheiten» liest, sich die Notwendigkeit der Bezeichnung dieser Organe und ihre weitgehend binäre Einordnung zwingend ergibt. Hier widerspricht Heinz-Jürgen Voß. Er bereitet aktuelle Ergebnisse der Biologie anschaulich auf und zeigt, wie selbst sie in Richtung vieler Geschlechter weisen. Indem er an Gedanken der Entwicklung anknüpft, rückt er den Menschen selbst in den Mittelpunkt, wo bisher die Kategorie und Institution «Geschlecht» fetischisiert wurden. Von hier aus ergeben sich gesellschaftskritische Forderungen im Anschluss an Karl Marx.

Ralf Hoffrogge

Sozialismus und Arbeiterbewegung in Deutschland.

Von den Anfängen bis 1914

Kart., 216 Seiten,

ISBN 3-89657-655-0

Die soziale Frage, welche der klassischen Arbeiterbewegung zugrunde lag, ist heute wieder aktuell. Auch der Sozialismus als Utopie wird neu diskutiert. Die Geschichte des Sozialismus ist jedoch weder an den Universitäten noch in politischen Debatten ein prominentes Thema. Doch wie kann man über die Zukunft nachdenken, ohne die Vergangenheit zu kennen? Diese Einführung liefert einen historischen Überblick über die sozialistische Arbeiterbewegung vor dem Ersten Weltkrieg. Der Schwerpunkt liegt in Deutschland, aber Fragen von Internationalismus, Kolonialismus und Migration nehmen breiten Raum ein.

Denn Kämpfe um das Soziale waren Kernfrage, aber nie einziges Thema der Arbeiterbewegung. Sie beschäftigte sich schon im 19. Jahrhundert mit Geschlechterverhältnissen, kämpfte gegen rassistische Diskriminierung und Antisemitismus, setzte sich gegen die Kriminalisierung von Homosexualität ein. Diese Breite zeitgenössischer Diskussionen soll in der vorliegenden Einführung neu erschlossen werden.

Es gilt, neu zu untersuchen, wie in der Vergangenheit verschiedene Kämpfe um Emanzipation zusammengeführt wurden – oder auch scheiterten. Denn das Wissen um historische Niederlagen ist besser als ein geschichtsloser Zustand, in der selbst die Idee des Kampfes abwesend ist.

Für den Zeitabschnitt nach 1914 ist ein weiterer Band geplant.